NOTES

SUR

L'ILE DE LA RÉUNION

PAR

L. MAILLARD

SECONDE PARTIE.

ANNEXES

La pagination de ces documents étant spéciale à chacun d'eux, ils doivent être classés au moyen des lettres que l'on voit au bas des pages.

PARIS
DENTU, ÉDITEUR
PALAIS-ROYAL, GALERIE D'ORLÉANS, 13

1862

ANNEXE A LA LISTE DES OISEAUX

M. J. Verreaux nous communique la note suivante, qu'il a écrite à la suite de la lecture d'une liste d'oiseaux que M. Morel, directeur du Museum de Bourbon, a bien voulu nous adresser.

Nous laissons à ceux qui s'occuperont ultérieurement de l'histoire naturelle de Bourbon le soin de trancher ces questions que nous croyons utile de publier.

« Ne peut-on pas ajouter le *Zosterops chloronotos*, Vieill., qui » est le *Certhia borbonica*, Gm., venant de Maurice ; n'est-ce » pas de cet oiseau dont parle M. Morel comme d'un *albinos* du *Zos-* » *terops hæsitata*?

» Ne peut-il en être de même du *Francolinus ponticerianus*, » Tem., qui est le *Francolin à rabat*, importé de l'Inde à Maurice, » et de là à Bourbon, à ce que je crois (1)?

» La Caille nattée, *Coturnix textilis*, Tem., est-elle bien à Bour- » bon aujourd'hui? En tous les cas, elle y a été importée de l'Inde.

» Êtes-vous sûr que la *Tinnunculus punctatus*, Gray ; *Falco* » *punctatus*, Cuv., qui nous vient souvent de Maurice, ne soit » pas parfois chassée jusqu'à Bourbon ? Je viens justement de trouver » dans la collection de feu le baron de Lafresnaye tous les âges pos- » sibles de ces oiseaux, et je suis bien aise de faire savoir aux

(1) *Note de l'éditeur.* Une de ces grosses espèces a été rapportée de Pondichéry par M. Ed. Baudin, capitaine au long cours, et lâchée dans les plaines du Gol.

» ornithologistes que la *Tinnunculus gracilis* de Less. est bien » l'adulte du *Falco punctatus* de Cuvier.

» M. Morel fait erreur en disant que l'*Hypsipetes olivaceus*, Jard., » est indigène à Bourbon ; cet oiseau se trouve à Madagascar, qui » est sa vraie patrie, et aussi à Maurice.

» N'avez-vous jamais vu à Bourbon le *Foudia erythrocephala*, Bp., » *Fringilla erythrocephala*, Gm., qui est tout olive, avec la tête » rouge ; le bec assez long et noir? Il n'est pas rare à Maurice et » plus commun encore à Madagascar, sa patrie, comme celle du » *Foudi* ordinaire.

» Si vous avez les deux *Vaza*, celui qui n'est pas cité dans votre » ouvrage serait le *Coracopsis nigra*, Bp., *Psittacus niger*, Lin., le » plus petit des deux ; ils sont originaires de Madagascar.

» Ne pensez-vous pas que le *Pigeon bleu* à queue rouge, qui est » le *Funingus madagascariensis*, Bp., *Columba madagascariensis*, » Lin., ne soit pas parfois chassé jusqu'à Bourbon ? J'ai souvenance » que l'on m'a parlé plusieurs fois d'un pigeon qui se rapporterait à » cette espèce et non à celle des Seychelles.

» N'avez-vous jamais vu à Bourbon un petit *Héron* vert, à dessus » de la tête noire, qui vient de Madagascar et du sud de l'Afrique ; » il porte le nom de *Butorides atricapilla*, Bp., qui est l'*Ardea* » *atricapilla*, Afzel ?

» Il est probable que vous trouvez aussi à Bourbon l'*Actitis hypo-* » *leucus*, Boic, *Totanus hypoleucus*, Tem., qui ne ressemble en » rien au *Pelidna cinclus*, Bp.?

» Le *Flamant* dont parle M. Morel, serait mon *Phœnicopterus* » *erythræus*, J. Verr., qui vient de Madagascar et de diverses parties » de l'Afrique.

» Parmi les canards, ma *Querquedula Bernieri*, J. Verr., ne se- » rait-elle pas une des espèces qui vient de Madagascar? Puis le » *Pœcilonetta erythrorhyncha*, Eyton, qui est aussi l'*Anas erythro-* » *rhyncha*, Gm., ne serait-elle pas encore une de celles en quelque » sorte naturalisée à Bourbon ?

» Il y a encore un canard plus grand, à tête blanche, rayé en des- » sous, qui est le *Dendrocygna viduata*, Eyton, *Anas viduata*, Lin., » qui se retrouve non-seulement dans toute l'Afrique et à Madagas-

» car, mais qui vient aussi du sud de l'Amérique, fait très-remar-
» quable pour la géographie ornithologique.

» N'en serait-il pas ainsi pour le *Podiceps minor*, Lin., qui est de
» toute l'Europe, d'Afrique et de Madagascar?

» On rencontre aussi à Maurice le *Puffinus Bailloni*, Bp., qui res-
» semble beaucoup au *Puffinus obscurus*. N'est-il pas parfois aussi à
» Bourbon?

» Ne rencontrerait-on pas aussi le *Diomedea chlororhynchos*, Gm.,
» qui va jusqu'à Madagascar?

» M. Morel cite aussi.

» Le Cordonnier, *Lestris catarractes*, Quoy et Gaim, qui se trouve
» aussi à Madagascar;

» L'*Anous stolidus* de M. Morel serait, je pense, l'*Anous Rous-*
» *seaui*, Hartl., *Faun. Madag.*, p. 86, qui est distincte de la
» première;

» La *Sterna panayensis*, Gm., qui est à l'île Maurice, doit aussi
» se trouver à Bourbon, puisqu'elle figure sur la liste de M. Morel.

» Quant aux autres, il est probable qu'elles s'y trouvent aussi;
» mais je ne le savais pas (1).

» La Frégate, *Tachypetes aquilinus*, Gm.: est-ce bien cette grande,
» ou la petite, *tachypetes minor*, Gm., qui nous vient quelquefois de
» Maurice et de Madagascar? »

(1) Les autres dont il est question et qui figurent sur la note de M. Morel sont les:
Petrel Damier. *Procellaria capensis, Lin.*
Petrel géant. *Procellaria gigantea, Lin.*
Petrel échasse (satanite). *Thalassidroma Wilsonii, Bp.*
Puffin cendré. *Procellaria cinerea, Gmel.*
Puffin brun. *Procellaria æquinoctealis, Lin.*
Prion à bandeau. *Pachyptila vittata, Illig.*
Hirondelle de mer Pierre Garin. *Sterna hirundo, Lin.*
Hirondelle de mer de Nitzsch. *Sterna Nitzschii, Kaup.*
Hirondelle de mer à ventre noir. *Sterna melanogastra, Temm.*
Noddi, petit Fouquet. *Sterna Philippiana, Lath. Tn.*

ANNEXE A

DE L'OUVRAGE INTITULÉ :

NOTES SUR L'ILE DE LA RÉUNION

PAR L. MAILLARD

Paris, CHEZ **Dentu,** LIBRAIRE, PALAIS-ROYAL

ECHINIDES ET STELLERIDES

RECUEILLIS PAR **M. Maillard,** INGÉNIEUR COLONIAL DE 1856 A 1860

Dénommés et décrits

Par M. HARDOUIN MICHELIN.

ECHINIDES.

Keraïaphorus Maillardi,	Michelin (pl. 14).
Diadema Savignya,	id.
Savignya Frappieri,	id. (pl. 15).
— subularis,	Desor.
Tripneustes fuscus,	Michelin.
— zig-zag,	id.
Toxopneustes indianus,	id.
Boletia bizonata,	Desor.
Heliocidaris variolaris,	Desmoulins.
Echinometra heteropora,	Agassiz.
— Mathei,	De Blainville.
— Maugei,	id.
— lucunter,	id.
— v[tas]. complanata,	id.

a, b

Acrocladia mamillata,	Agassiz.
— trigonaria,	id.
— Blainvillei,	id.
Podophora atrata,	id.
Lobophora aurita,	id.
Clypeaster scutiformis,	id.
Echinoneus cyclostomus,	Leske.
— crassus,	Agassiz (pl. 16).
Brissus carinatus,	id.
Hemipatagus Mascareignarum,	Michelin (pl. 16).

STELLÉRIDES.

ASTÉRIDES.

Asteracanthion tenuissimum,	Muller et Troschel.
Ophidiaster ophidianus,	Agassiz.
— cylindricus,	Mull. Trosch.
— multiforis,	id.
— variolatus,	id.
— pistorius,	id.
— discoïda,	Agassiz.
Calcita nov. Guineæ,	Mull. Trosch.
Asteriscus minutus,	id.

OPHIURIDES.

Ophiolepis annulosa,	Mull. Trosch.
Ophiocoma nigra,	id.
Ophiothrix longipeda,	id.
— nereidina,	Agassiz.
Asterochema Rousseaui,	Michelin.

Parmi les diverses espèces signalées ci-dessus, nous discuterons seulement celles que nous croyons nouvelles ou peu connues.

1° *Keraïaphorus Maillardi N.* (pl. 14).

Ce genre est intermédiaire entre les Cidaris et les Hemicidaris, et nous l'avons nommé keraïaphorus (porte-corne), à cause des radioles de ses gros tubercules, qui se terminent, sur une longueur des neuf douzièmes, comme les antennes des grands capricornes (*cerambix*).

Cet oursin, de moyenne taille, est un peu comprimé. Les ambulacres sont larges et garnis de gros tubercules dans la partie inférieure; celle supérieure paraît presque lisse, quoiqu'elle soit ornée de très-petits tubercules miliaires en petits sillons transversaux. Les gros tubercules ambulacraires et interambulacraires sont lisses, perforés et à base non crénelée. Les cercles scrobiculaires sont rarement complets, étant déformés par les petits tubercules des ambulacres. Le péristome est assez grand, avec des entailles peu profondes. Le périprocte, irrégulièrement arrondi, est entouré de petits tubercules, et de plaquettes ocellaires et génitales; sauf celle madréporique qui est très-poreuse, les autres présentent des dentelures semblables à des feuilles.

Les radioles s'offrent, à peu près, sous trois formes différentes, savoir :

Ceux des gros tubercules sont longs, de 11 à 13 centimètres, un peu courbés, triangulaires à la base, avec un côté arrondi. A compter du cinquième centimètre, les radioles s'arrondissent et se terminent en pointe. Les bases sont d'un rouge violacé, mêlé d'un vert clair un peu sale, et du moment où les radioles s'arrondissent, ils deviennent d'un blanc verdâtre, orné de taches d'un rouge plus ou moins foncé.

Les radioles qui entourent le péristome sont lisses, aplatis et blancs. Un côté seulement porte des taches irrégulières d'un rouge vineux. Leur longueur atteint environ de 1 à 5 centimètres.

Quant à ceux des tubercules miliaires, ils sont aciculés, cylindriques et granulés, et dépassent rarement 12 à 15 millimètres. Leur couleur est d'un rouge brique.

Les pièces figurées (pl. 14), fig. 7 *a* à 7 *f*, font partie de l'appareil manducatoire.

Cette espèce rarissime a été ramenée dans les mers de Bourbon, d'une profondeur d'environ 200 mètres.

Nous dédions ce bel oursin à M. Maillard, qui publie l'histoire naturelle peu connue de Bourbon.

2° *Savignya Frappieri N.* (pl. 15).

Le genre Savignya a été établi par Desor, dans son *Synopsis des Echinides fossiles* (1858), pour une série d'espèces successivement placées dans les genres Cidaris, Diadema et Asteropyga. Le principal caractère consiste en ce que les ambulacres sont assez larges et couvertes en dessus de deux ou plusieurs rangs de petits tubercules granuleux de différentes grosseurs.

L'espèce que nous décrivons comme nouvelle, a été trouvée sur les bancs madréporiques de l'île Bourbon, où elle est très-commune.

Oursin circulaire, subpentagonal, comprimé, à test mince et fragile. Ambulacres saillants, portant de petites granules rangées quelquefois sur trois ou quatre lignes plus ou moins régulières. Les aires interambulacraires ont au moins huit rangs de gros tubercules distinctement crénelés et perforés dans la moitié supérieure seulement. Dans la partie inférieure, on ne rencontre que des tubercules non crénelés. Ce fait se représente au surplus dans d'autres espèces du genre.

Les gros tubercules portent des radioles en forme de baguettes, longues de 30 à 43 millimètres, grêles, tubulaires, striés, verticillés et rudes au toucher comme ceux des diadèmes. La majeure partie est annelée par des bandes alternatives vert foncé ou blanc verdâtre. Dans quelques-uns, les bandes d'en haut sont brunes et blanches. Les radioles aciculaires des granules tuberculeux sont d'un vert assez foncé, et ont de 15 à 24 millimètres de longueur. Ils sont tuberculeux, striés, lisses, et de couleur vert foncé.

Nous ferons remarquer que les zones porifères des ambulacres présentent quelquefois chaque paire de pores enfermée dans de petites ellipses entremêlées de tubercules.

Les figures 7 (pl. 15) sont différentes pièces de l'appareil manducatoire.

Cette espèce est dédiée à M. Alphonse Frappier, de Bourbon, amateur et collecteur zélé dans quelques branches de l'histoire naturelle, et qui a aidé M. Maillard dans ses explorations.

3° *Tripneustes fuscus N.*

Cette espèce assez élevée se distingue surtout par sa couleur brun-clair, ses tubercules petits et distants, et ses radioles courts et blancs. Nous devons à notre ami Michelotti un jeune échantillon de cette espèce recueilli aux îles Sandwich.

Hauteur, 5 centimètres; diamètre, 8 centim.

4° *Tripneustes zig-zag N.*

Très-jolie espèce subpentagonale, d'un gris rougeâtre, remarquable par les lignes en zig-zag qui partagent de haut en bas les zones interambulacraires. Les tubercules sont généralement petits et rares dans la moitié supérieure. Dans celle inférieure, ils sont plus gros et plus nombreux. Les zones porifères formées de trois lignes de doubles paires, sont blanchâtres, et les pores très-petits.

Les radioles sont blancs, cylindriques et courts; ceux des tubercules miliaires sont aciculaires et ont à peine 2 millimètres.

Hauteur, 3 centimètres; diamètre, 7 centimètres.

5° *Toxopneustes indianus N.*

Cette espèce offre beaucoup d'analogie avec le *Toxopneustes* (*Echinus*) *lividus;* mais elle en diffère par de nombreux tubercules petits et égaux, par sa forme un peu conique, par son péristome large, et par ses entailles larges, profondes et lamelleuses d'un côté. Les zones porifères sont composées de quatre rangées de paires de pores irrégulièrement arquées.

Hauteur, 4 centimètres; diamètre, 75 millimètres.

6° *Echinoneus crassus. Agassiz* (pl. 16).

Cet echinoneus diffère peu des autres espèces du genre; mais nous ferons remarquer que sa forme générale est quelquefois un peu arrondie; élevée vers le centre, et couverte de tubercules très-serrés sur un test très-épais.

Cette espèce se rencontre quelquefois dans les dépôts contemporains qui se forment sur quelques points des côtes de l'île.

Dimension maximum : Hauteur, 2 centimètres; longueur, 4 centimètres; largeur, 35 millimètres.

7° *Hemipatagus Mascareignarum N.* (pl. 16).

Ce nouveau genre a été créé en 1858 par Desor, aux dépens de ceux *Spatangus* et *Eupatagus*. Il se composait d'oursins des terrains tertiaires, ayant des tubercules quelquefois assez gros, disposés en guirlandes sur les aires interambulacraires comme les vrais spatangues, mais avec cette différence, que l'aire impaire des hemipatagus en est dépourvue. Plastron en général lisse; pétales étalées et allongées; quatre pores génitaux, et point de fascioles; test fragile, comprimé et d'un blanc sale; radioles de même couleur, cylindriques, un peu recourbées.

Ce genre, que l'on considérait comme éteint, vit donc encore aujourd'hui.

Le *spatangus planulatus* de Lamarck, qui se trouve dans la mer Rouge, et subfossile sur ses bords, est une seconde espèce d'*hemipatagus*, vivant aujourd'hui.

8° *Asterochema Rousseaui. Michelin.*

Ce genre a été établi par Lutken en 1857, *Add. ad hist. Ophiurides*, pour une espèce voisine des *Ophiura* et des *Trichaster*.

Le disque est très-petit, granuleux et marqué de dix côtes saillantes plus ou moins allongées. Bras très-longs, grêles, filiformes et simples, couverts de granulations, légèrement annelés, excepté vers le disque, où les anneaux sont tuberculeux.

On aperçoit deux rangées de petites épines rougeâtres sous les bras.

L'espèce ci-dessus décrite a été rapportée de l'île Bourbon par M. Maillard et y avait déjà été trouvée par M. L. Rousseau. Elle vit sur les Gorgones et sa couleur est jaune. Ce genre se retrouve dans les Antilles.

EXPLICATION DES PLANCHES.

PLANCHE 14.

Keraïaphorus Maillardi, Michelin.

1. Vu en dessus, grandeur naturelle. — 2. Vu en dessous, idem. — 3. Vu de profil, idem. — 4. Portion supérieure grossie d'un ambulacre. — 5. Portion supérieure grossie d'un interambulacre. — 6. Gros tubercule grossi. — 7. Pièces diverses de l'appareil manducatoire, de grandeur naturelle et grossies. — 8. Auricule, grandeur naturelle. — 9. Radioles des gros tubercules, de grandeur naturelle. — 10. Radioles des tubercules entourant le péristome, de grandeur naturelle. — 11. Petits radioles des tubercules miliaires. — 12. Petits radioles grossis. — 13. Pore génital grossi.

PLANCHE 15.

Savignya Frappieri, Michelin.

1. Vu de profil, grandeur naturelle. — 2. Vu en dessus, idem. — 3. Vu en dessous, idem. — 4. Portion d'ambulacre grossi. — 5. Gros tubercule supérieur grossi. — 6. Gros tubercule inférieur grossi. — 7. Pièces diverses de l'appareil manducatoire, de grandeur naturelle et grossies. — 8. Radioles des gros tubercules, de grandeur naturelle et grossis. — 9. Radioles des tubercules miliaires, de grandeur naturelle et grossis.

PLANCHE 16 (fig. 1).

Echinoneus crassus, Agassiz.

a. vu en dessus, grandeur naturelle. — *b.* en dessous, idem. — *c.* de profil, idem. — *d.* appareil génital grossi.

Hemipatagus Mascareignarum, Michelin (fig. 2).

a. vu en dessus, grandeur naturelle. — *b.* en dessous, idem. — *c.* par derrière, idem. — *d.* de profil, idem. — *e.* appareil génital grossi. — *f.* tubercules supérieurs grossis. — *g.* tubercules inférieurs, idem. — *h.* radiole supérieur, grossi et de grandeur naturelle. — *i.* radiole des tubercules miliaires grossis et de grandeur naturelle.

CNIDIAIRES.

DISTICHOPORA FULVACEA, MICHELIN.

Ce genre placé par M. Milne Edwards à la suite des *coralliaires*, 3e vol. pages 450 et suivantes, 1860, compte aujourd'hui quatre espèces, dont une fossile des terrains tertiaires du bassin de Paris, *Distichopora antiqua*, Defrance. Les autres sont :

1° *Distichopora violacea*, Lamarck. *Hist. des anim. s. vert.* nouv. édit., tome II, page 305, île de Timor.

2° — *coccinea*, Gray, îles Sandwich.

3° — *fulvacea*, Michelin. Cette nouvelle espèce, trouvée par M. Maillard sur les bancs de coraux qui entourent l'île de Bourbon, a beaucoup d'analogie avec le *D. violacea*, *Atlas du règ. anim.*, de Cuvier, Zoophytes, pl. 85, fig. 4, et porte comme lui des paquets de petites verrues sur les faces imperforées, et rougeâtres. Ce nouveau zoophyte est remarquable par ses petits rameaux ornés de deux rangs latéraux de pores se réunissant aux extrémités, par les points jaunes qui entourent les verrues ou par la couleur fauve des grosses branches.

Hauteur de 3 à 4 centimètres.

ANNEXE C

DE L'OUVRAGE INTITULÉ :

NOTES SUR L'ILE DE LA RÉUNION

PAR L. MAILLARD.

FAUNE ICHTHYOLOGIQUE,

PAR

M. GUICHENOT.

PRÉFACE.

Le cadre de l'opuscule que nous publions sur l'histoire naturelle des poissons de l'île de la Réunion nous étant rigoureusement tracé d'avance par l'auteur des notes sur cette île, nous ne décrirons brièvement, dans cet aperçu ichthyologique, que les espèces nouvelles, rapportées et offertes par M. Maillard au Muséum de Paris. Nous signalerons par une simple désignation spécifique les espèces qui ont déjà été indiquées par quelques-uns des auteurs qui ont écrit sur les poissons de l'île de la Réunion.

Nous devons cependant profiter de l'occasion qui se présente pour mentionner ici les autres espèces également nouvelles, rapportées de la même île par différents voyageurs, et qui sont déposées dans l'immense collection du Muséum de Paris, où nous avons pu les étudier, grâce à l'extrême obligeance de M. le professeur Aug. Duméril, qui a bien voulu nous permettre de les publier : ce travail complétera l'étude que nous entreprenons sur les poissons de l'île de la Réunion.

C'est avec une certaine réserve que nous indiquons comme nouvelles plusieurs des espèces que nous allons faire connaître plus loin ; toutefois, si elles ont été déjà décrites, elles l'ont été d'une manière si imparfaite et si incomplète, que nous n'avons pu les distinguer nettement dans les ouvrages d'ichthyologie, et que nous préférons leur donner une désignation particulière plutôt que de leur en rapporter une qui ne leur conviendrait pas d'une manière certaine.

POISSONS OSSEUX OU OSTICHTHES.

ACANTHOPTÉRYGIENS.

PERCOIDES.

MÉSOPRION GRÉISOÏDE. *Mesoprion griseoides*. Guich.

Cette espèce a les plus grands rapports avec le *Mésoprion gris*, dont elle est plus voisine qu'aucune autre du genre, comme l'indique la dénomination que nous employons pour désigner spécifiquement ce nouveau *Mésoprion*. Néanmoins, malgré ces analogies qui tiennent à la conformation générale et au système de coloration, il y a des différences assez marquées à noter. Celles qui se voient dans la forme du corps et de la tête sont les plus manifestes. Elle est moins allongée, et le profil de la tête descend plus obliquement en ligne droite, ce qui rend le museau du poisson que nous décrivons moins pointu et plus obtus que chez le *Mésoprion gris*, qui a le profil au contraire un peu concave.

Le bord montant du préopercule est finement dentelé ; son angle, qui est arrondi au-dessous de l'échancrure peu marquée qui reçoit la légère tubérosité de l'interopercule, a quelques dentelures plus fortes que les autres. Les dents sont coniques, aiguës et assez fortes, surtout à la mâchoire supérieure, où elles le sont beaucoup plus. Derrière cette rangée antérieure, il y a une petite bande de dents en velours ou en carde. La dorsale et l'anale s'élèvent autant que dans les autres Mésoprions. Les pectorales sont longues, pointues et atteignent les ventrales, qui se terminent également en pointe. La caudale est légèrement échancrée.

D. 10-15; A. 3-8; C. 20; P. 16; V. 1-5.

Le Mésoprion griséoïde est d'une teinte grise-olivâtre, plus pâle sous le ventre, avec sept ou huit lignes verticales jaunes. Les nageoires sont brunes, sans aucune marque distinctive.

Le Muséum de Paris possède cette espèce, qui vient de l'Ile de la

Réunion. Elle ne nous est encore connue que par un seul individu, qui a onze centimètres de long.

GLYPHODE. — *Glyphodes*. Guich.

Le poisson type de ce nouveau genre, bien que très-voisin des *Aprions* par sa conformation générale, en diffère néanmoins par une disposition remarquable de ses dents, qui sont sur une seule rangée aux deux mâchoires, toutes aplaties et échancrées à leur bord, au lieu d'être pointues et coniques, comme celles des poissons que nous lui comparons. Le vomer et les palatins du *Glyphode* sont garnis de dents fines et en velours, comme dans la plupart des autres genres de la grande famille des Percoïdes. Son préopercule lisse ou sans dentelures, et la terminaison de son opercule en deux pointes faibles et à peine sensibles au travers de la membrane, lui donnent de nouveaux rapports avec les *Aprions*, malgré les grandes écailles pointues aux côtés et dans l'intervalle des ventrales qu'il a de moins que ces derniers.

Nous donnons à ce singulier genre l'épithète de *Glyphode*, pour rappeler la forme des dents, et à l'espèce celle de :

GLYPHODE APRIONOÏDE. — *Glyphodes Aprionoides*. Guich.

Cette espèce, par l'ensemble de ses formes, ressemble aux *Aprions*. Son corps est allongé, étroit et arrondi ; sa hauteur est contenue cinq fois dans la longueur entière. Sa tête est petite, et un peu plus longue que haute ; sa hauteur est un peu moindre que la hauteur du corps. Le museau est court ; il est gros, obtus et arrondi. Le front, dans ce poisson, est large, aplati entre les yeux, qui sont grands, ronds et placés tout à fait sur le haut de la joue ; son diamètre ne fait pas le tiers de la longueur de la tête. La ligne du dos est très-légèrement convexe et celle du ventre presque droite. Le préopercule est grand, à peu près deux fois aussi long que haut ; ses bords sont lisses et sans dentelures. L'opercule se termine par deux très-petites pointes. L'ouverture de la bouche est petite. Les deux mâchoires sont d'égale longueur. L'une et l'autre sont garnies d'une rangée de dents très-fines ; celles du rang externe sont beaucoup plus fortes ; elles sont aplaties, et ont leur bord arrondi et dentelé.

La dorsale est assez élevée, et presque égale dans toute sa longueur; ses rayons sont faibles. Les pectorales sont oblongues et de forme pointue. L'anale est aussi longue que la partie molle de la dorsale. Les ventrales sont triangulaires, et n'ont point d'écailles particulières ni sur elles ni entre elles. La caudale est légèrement échancrée.

D. 10-11; A. 3-8; C. 17; P. 18; V. 1-5.

La couleur de ce singulier poisson, tout altérée qu'elle est, conserve encore une teinte verdâtre uniforme en dessus, dorée sur les parties latérales du corps, et qui devient plus claire ou argentée sur l'abdomen. Les nageoires sont brunes.

L'espèce que nous venons de décrire, d'après un individu existant au Muséum de Paris, est la seule que nous puissions encore rapporter à ce genre. Sa taille est de treize centimètres.

GROWLER A LUNULES. — *Grystes lunulatus*. Guich.

Nous rapportons au groupe des *Growlers* un poisson d'un aspect particulier et un peu différent de celui du genre, mais que l'absence de canines, comme dans les *Centropristes*, l'intégrité du préopercule et son opercule épineux, assimilent de la manière la plus évidente aux *Growlers*, bien qu'il diffère néanmoins de ses congénères nommés *Grystes Salmoides* et *Macquariensis*, par quelques caractères spécifiques. Sa forme est beaucoup plus allongée, son museau plus pointu et le profil de sa tête plus droit. Les écailles du corps sont aussi plus grandes. Toutes les dents sont en velours aux mâchoires, aux palatins et au vomer.

La partie épineuse de la dorsale est séparée de la molle par une échancrure profonde. L'anale est plus haute que longue. Ces deux nageoires se terminent en pointe obtuse. Les pectorales sont médiocres; leur forme est allongée. Les ventrales sont petites, et la caudale coupée carrément.

D. 10-11; A. 3-8; C. 17; P. 11; V. 1-5.

Ce Growler présente un système de coloration qui lui est particulier. Son corps est couvert de petites taches noires, qui affectent la forme d'un croissant, ce qui nous a fait donner à ce poisson la dénomination sous laquelle nous le faisons connaître ici. Le ventre est argenté. L'anale et la caudale sont marquées de petits points noirs.

L'espèce soumise à notre examen a quinze centimètres de long. L'unique spécimen par lequel elle nous est connue vient de l'île de la Réunion, d'où le Muséum de Paris l'a acquise.

SPAROIDES.

PENTAPODE RACCOURCI. *Pentapus curtus*. Guich.

Ce poisson a le corps plus court, plus élevé et plus trapu qu'aucune autre espèce de *Pentapode*, ce qui lui donne une physionomie un peu différente de celle du genre, et qui constitue le principal caractère d'après lequel nous établissons l'espèce dont nous parlons maintenant. Sa forme est ovalaire et plus élevée en avant qu'en arrière. La hauteur du corps fait le tiers de la longueur totale. La courbe du dos et celle du ventre sont assez marquées. La tête est presque aussi haute que longue; son profil est oblique, à partir de la nuque jusqu'au bout du museau, qui est gros, court et obtus. Le sous-orbitaire est large et arrondi; il est sans écailles, ainsi que la tête, et la peau qui le recouvre est percée d'un grand nombre de petits pores, de même que le limbe du préopercule, le sous-opercule et les branches de la mâchoire inférieure. L'opercule est plus haut que large, et se termine par une petite pointe peu marquée. Il y a à chaque mâchoire trois dents pointues, fortes et crochues, surtout à la supérieure, et derrière lesquelles en sont d'autres en cardes; les dents latérales de l'une et de l'autre mâchoire sont coniques et pointues, excepté les dernières, qui sont au contraire plus fortes et plus obtuses.

La portion épineuse de la dorsale est un peu moins élevée que la partie molle; ses épines sont hautes, grêles et faibles. L'anale est moins haute que la portion molle de la dorsale; elle est courte et arrondie en arrière. Les pectorales sont longues, pointues et légèrement taillées en faux. Les ventrales sont aussi allongées que les pectorales; elles sont également pointues, et ont, comme dans tous les autres *Pentapodes*, une écaille allongée entre elles et une autre dans leur aisselle. La caudale est fourchue.

D. 10-10; A. 3-10; C. 17; P. 14; V. 1-5.

Tout le poisson est d'une teinte verdâtre, plus rembrunie sur le dos et les flancs, avec des marbrures brunes, nuageuses, et dont quelques-unes s'élargissent en bandes verticales. Il y a aussi de nombreuses lignes longitudinales, brunes ou noirâtres et très-peu marquées, tracées le long du corps. Les nageoires sont brunes, sans taches ni bandes.

Nous avons trouvé cette curieuse espèce dans le Muséum de Paris, parmi les poissons rapportés de l'Ile de la Réunion par M. Dussumier. La longueur du spécimen que nous venons de décrire est de vingt centimètres.

SQUAMMIPENNES.

CHÉTODON MÉLAPTÈRE. *Chœtodon melapterus*. Guich.

Cette espèce appartient à la division des *Chétodons* qui ont, outre la bande oculaire, quelques parties noires en arrière du corps, mais sans ocelles ni filet à la nageoire du dos, et où les stries ou lignes du corps sont longitudinales. C'est celle que l'on peut le plus rapprocher des *Chétodons trois-bandes, en deuil* et *tau-noir*, par la disposition de ses stries. Son museau est d'ailleurs aussi court que celui des espèces que nous venons de nommer; mais le profil de sa tête est plus oblique, sa dorsale et son anale sont arrondies et élevées, ce qui donne au corps du poisson une forme presque arrondie, en sorte que sa longueur entière égale sa largeur, la tête et la queue non comprises. Les dents de ce Chétodon sont en soies pointues, comme dans les autres espèces du genre.

La dorsale commence au-dessus de la base de la pectorale; ses épines sont fortes et croissent graduellement à partir de la première jusqu'à la dernière. Les pectorales sont ovales; elles se terminent un peu en pointe. Les ventrales sont de même longueur que les pectorales et de forme triangulaire. L'anale ressemble pour la forme à la partie molle de la dorsale, seulement sa pointe est un peu plus saillante.

D. 13-22; A. 3-22; C. 17; P. 10; V. 1-5.

Le fond de la couleur de ce *Chétodon* est jaune, avec des stries brunes, dirigées longitudinalement, et semé partout de très-petits points noirs qui font paraître le corps comme sablé. Le tour de la bouche, la bande oculaire et une ligne qui lui est parallèle, et qui descend dès les premiers rayons de la dorsale sur l'opercule, sont noires ; toutes ces bandes ont un liséré jaune ; mais ce qui donne à ce poisson un caractère fort distinctif, c'est la couleur entièrement noire de ses nageoires verticales, si ce n'est le bord terminal de la caudale qui est jaune, comme l'est celui qui règne le long de la base de l'anale. Les pectorales et les ventrales sont jaunes aussi.

La collection du Muséum de Paris possède deux exemplaires de cette espèce. Ils viennent de l'île de la Réunion ; le plus grand est long de huit centimètres.

PIMÉLEPTÈRE ALTIPINNOÏDE. *Pimelepterus altipinnoides*. Guich.

Parmi les Piméleptères à hautes nageoires, nous en trouvons un dans la collection du Muséum de Paris, qui ressemble tellement au *Piméleptère à hautes nageoires*, qu'il faut y regarder avec soin pour ne pas confondre ces deux poissons entre eux, car ils ont les mêmes formes générales, les mêmes détails d'organisation et à peu près les mêmes couleurs. Mais ce qui distingue le *Piméleptère* que nous décrivons ici, quand on le compare à l'espèce dont il est le plus voisin dans le genre, c'est sa forme un peu plus allongée, le profil de sa tête moins convexe, son front pas aussi bombé entre les yeux, qui sont aussi plus grands ; il a, en outre, les écailles plus grandes à proportion et la caudale plus étroite. Ce poisson a d'ailleurs, comme toutes les autres espèces de son genre, le corps ovale et comprimé, la tête obtuse, les nageoires paires recouvertes d'écailles et les dents tranchantes, disposées sur un seul rang : elles sont portées sur une base ou talon qui se prolonge horizontalement en arrière.

La dorsale de ce poisson est haute et forme une pointe aiguë en arrière, ainsi que l'anale, qui lui ressemble pour la forme, mais qui est plus courte. Les pectorales sont ovales, et la caudale échancrée.

D. 10-12; A. 3-10 ; C. 16 ; P. 19 ; V. 1-5.

La couleur de ce poisson diffère peu de celle du Piméleptère à hautes nageoires ; c'est un argenté plus jaune, plus foncé sur le dos et les flancs, avec des lignes longitudinales brunes. Les nageoires sont brunes aussi.

Ce Pimélepière vient de l'île de la Réunion, où on lui donne, au dire de M. Dussumier, le nom de *Poisson-laye*. Ce voyageur ajoute que la chair de cette espèce est délicate et de bon goût.

L'individu que nous décrivons est long de trente centimètres.

TEUTHIES.

ACANTHURE GAHMOÏDE. — *Acanthurus gahmoides*. Guich.

Outre les *Acanthures* qui se font remarquer entre tous les autres par le grand nombre des rayons épineux du dos et les pointes prolongées de la caudale, nous en trouvons un, d'espèce différente de toutes celles qui ont déjà été indiquées dans les auteurs, mais très-semblable d'ailleurs pour les formes à l'*Acanthure gahm*, et que nous distinguons, pour cette raison, sous le nom de *Gahmoïde*, pour rappeler les affinités marquées du poisson que nous décrivons avec ce dernier. Son corps est cependant un peu moins élevé et par conséquent de forme plus ovale ; sa hauteur est deux fois et demie dans sa longueur totale. Ses yeux sont également plus grands ; leur diamètre fait le tiers de la longueur de la tête, dont le profil descend aussi moins obliquement que dans l'*Acanthure gahm*. Son museau n'est point proéminent. Les stries de ses pièces operculaires et de ses os de l'épaule sont faibles et peu nombreuses. Chaque mâchoire porte une rangée de dents ; elles sont tranchantes, oblongues, arrondies au bout et dentelées en scie sur leur pourtour.

La dorsale est élevée et uniforme, ainsi que la caudale; la portion molle de ces deux nageoires est aiguisée en pointe. Les pectorales sont ovales et un peu pointues. Les ventrales sont effilées et prolongées. La caudale est échancrée, et ses pointes moins aiguës que dans l'*Acanthure Gahm*. Ses écailles sont fort petites.

D. 9-27 ; A. 3-26 ; C. 16 ; P. 17 ; V. 1-5.

Quant aux couleurs de ce poisson, elles diffèrent peu de celles de l'espèce que nous lui comparons. C'est un brun noirâtre uniforme, un peu rembruni sur le dos et les flancs. Toutes les nageoires ont une teinte noirâtre, excepté la moitié externe des pectorales, qui est jaune, ainsi que la base de la caudale, qui porte une tache jaune et son bord terminal un liséré blanc, comme dans *l'Acanthure gahm,* remarquable par la bande longitudinale noire qui part de l'œil en s'étendant jusqu'au milieu de la pectorale, mais qui manque dans l'espèce dont nous parlons maintenant, ce qui établit une distinction spécifique de plus entre ces deux *Acanthures,* si voisins l'un de l'autre.

La longueur du poisson rapporté de l'Ile de la Réunion au Muséum de Paris est de quatorze centimètres.

GOBIOIDES.

Cotylope. — *Cotylopus.* Guich.

Les poissons que M. Valenciennes (*Hist. nat. Poiss.* tom. xii, pag. 167) a le premier distingués, comme genre, sous le nom de *Sicydium,* sont des espèces très-analogues par toute leur conformation aux *Gobies,* et en partie confondues avant lui avec ces derniers. Les *Sicydium* se distinguent néanmoins par plusieurs caractères éminemment tranchés ; leurs ventrales sont réunies de manière à former une sorte de disque concave ou de ventouse, que l'animal emploie comme un suçoir, pour adhérer aux divers corps sous-marins. Les espèces du groupe des *Cotylopes* se distinguent, en outre, de tous les autres *Gobies,* par la disposition remarquable de leur système dentaire ; leur mâchoire supérieure porte des dents nombreuses, serrées les unes contre les autres, fines et flexibles comme des cheveux, mobiles sur la gencive comme celles des *Salarias,* et des dents tout aussi fines, mais plus courtes, et horizontales au bord de la mâchoire inférieure, avec une rangée de plus fortes implantées sur l'os lui-même. A toutes ces combinaisons que nous offrent les *Sicydium,* dont le nom exprime la singulière disposition des nageoires ventrales en ventouse, nous en trouvons une autre qui ne paraît pas encore avoir été observée, c'est celle des poissons du genre dont nous parlons maintenant, et qui ont à la mâchoire supérieure des dents semblables pour la forme à celles des *Sicydium*, mais où l'extrémité obtuse et un peu dilatée en une petite palette est profondément échancrée, au lieu d'être simplement coniques et pointues, comme le sont les dents des *Sicydium*. Les *Cotylopes* se distinguent encore des poissons que nous leur comparons par l'absence de dents semblables à des soies très-courtes, horizontales et extérieures à la mâchoire inférieure, qui porte de plus à la place ordinaire une rangée de véritables dents, fortes, coniques, pointues et un peu crochues, comme le sont celles de la mâchoire inférieure des *Sicydium*. Les *Cotylopes* ressemblent d'ailleurs pour tout le reste de leur conformation générale aux *Sicydiums*.

C'est pour faire allusion à la forme des nageoires ventrales ou catopes en ventouse, que nous donnons à cette nouvelle division générique le nom de *Cotylope*, signifiant, chez ces poissons, pieds en ventouse.

Nous commençons la description des deux espèces de ce genre par celle qui se rapproche le plus de certains *Gobies*, par les prolongements de ses nageoires en pointes aiguës, et que nous nommons, à cause de cette particularité :

COTYLOPE ACUTIPENNE. — *Cotylopus acutipinnis*. Guich.

Cette espèce a le corps arrondi en avant, comprimé en arrière et plus allongé que dans les *Sycidium*. Sa hauteur est comprise huit fois dans la longueur entière du poisson. Sa tête est grosse, courte et un peu moins haute que longue, longueur qui fait le septième de celle du corps ; son profil est plat. Le museau est obtus et arrondi, les mâchoires égales entre elles, et garnies de lèvres épaisses et saillantes. La bouche est fendue obliquement jusque sous le bord antérieur des yeux. Ceux-ci sont ronds, éloignés l'un de l'autre et presque verticaux ; ils sont petits et ont en diamètre le cinquième de la longueur de la tête. Le préopercule est arrondi. L'opercule forme un angle assez saillant en arrière ; l'ouverture branchiale, quoique ouverte seulement dans sa partie verticale, est cependant assez ample. Les deux dorsales de ce poisson sont hautes, simples et flexibles ; les derniers rayons de chacune de ses nageoires se prolongent en un filet délié, surtout ceux de la seconde dorsale, dont la pointe dépasse la base de la caudale. Les pectorales, charnues à leur base, sont ovales et composées de rayons branchus, dont les médians sont les plus longs; leur longueur égale celle du corps sous elles. Les ventrales sont réunies de manière à former un disque ou ventouse circulaire, et dont le diamètre occupe la moitié de la longueur de la tête. La caudale, fort large, est arrondie du sixième de la longueur totale, et a dix-sept rayons, dont les internes sont un peu plus longs, ce qui rend cette nageoire pointue. Derrière l'anus, est l'appendice génital ou péniforme, commun aux *Blennies* et aux *Gobies*; il est petit, aplati et obtus. Les écailles sont grandes relativement aux dimensions de l'animal; elles sont plus larges que longues et fortement ciliées à leur bord externe; elles sont beaucoup plus petites sous le ventre que sur le dos et les côtés du corps; elles manquent sur la tête, sous la gorge, à la poitrine, sur les régions humérales et sur toutes les nageoires.

D. 7-1-11; A. 1-10; C. 17; P. 16; V. 1-5.

La couleur de ce poisson est d'un noir profond, plus clair sur les parties latérales du corps, et d'une teinte grise ou blanchâtre très-pâle sous le ventre. Le milieu de chaque écaille porte en travers un trait noir plus ou moins bien déterminé, surtout vers l'extrémité du corps, où il prend la forme de tache. Les deux dorsales sont noires, et ont de grosses taches rondes très-foncées. Cette même disposition de coloration a lieu pour l'anale. Les pectorales sont grises : le bord de ces nageoires est noirâtre. Cette teinte devient noire sur la caudale, qui n'a aucune tache.

L'espèce que nous venons de décrire a été donnée au Muséum de Paris par M. Maillard, qui nous apprend que ce poisson se nomme *Cabot marare* à l'île de la Réunion. Le spécimen unique de cette espèce est long de treize centimètres.

Cotylope parvipenne. *Cotylopus parvipinnis*. Guich.

Le second de ces cotylopes, par toute son organisation générale, ressemble beaucoup à celui précédemment décrit, quoique d'espèce éminemment distincte, ainsi que l'indique la dénomination spécifique de *parvipenne* que nous lui donnons, et employée ici par opposition à celle d'*acutipenne*, consacrée à son congénère. Du reste, si l'on compare l'un à l'autre ces deux poissons, on trouve chez l'espèce qui nous occupe en ce moment les particularités suivantes : 1° un corps un peu plus court, plus trapu à proportion, et dans lequel la hauteur fait le septième de la longueur entière ; 2° l'ouverture plus petite de la bouche, qui descend obliquement en arrière, et qui n'est pas fendue au delà du bord antérieur de l'œil ; 3° les yeux un peu plus grands, dont le diamètre fait deux fois la largeur du front, qui est plat ; 4° l'opercule plus arrondi, sans angle saillant en arrière ; 5° enfin l'absence d'écailles sous le ventre. Mais ce qui fait surtout remarquer cette espèce de sa congénère, c'est la forme de ses nageoires, qui ne se prolongent pas en pointes aiguës. La première dorsale est de moitié plus longue que haute. La seconde commence sur le milieu du corps qu'elle égale presque en hauteur ; sa longueur fait le cinquième de celle du corps ; ses rayons sont grêles et flexibles, et dépassent la membrane qui les unit : les derniers se prolongent un peu en pointe. L'anale, plus basse que la première dorsale, a presque autant d'étendue qu'elle. Les pectorales sont ovales : elles sont un peu pointues, et comprises près de sept fois dans la longueur du poisson. Les ventrales, aussi hautes que longues, font l'entonnoir. La queue est arrondie et comprise près de six fois dans la longueur du corps. Cette brièveté relative des nageoires donne à cette espèce une physionomie un peu différente de celle du *Cotylope acutipenne* et facile à saisir : ce sont cependant les mêmes formes, soit de corps, soit de tête, soit de museau, soit de dents : les écailles ne diffèrent pas non plus.

D. 7-1-10 ; A. 1-10 ; C. 17 ; P. 16 ; V. 1-5.

La couleur de ce poisson est d'un jaune paille et par tache sur chaque écaille, dont le bord est brun. La première dorsale a une tache noire ; le reste de sa surface est jaunâtre, avec des taches brunes, ainsi que la seconde dorsale et l'anale, qui a un liséré noir. Les pectorales et les ventrales ont leur extrémité brune ; leur couleur est également jaunâtre. On retrouve cette teinte plus rembrunie sur la caudale, qui n'a aucune tache. Le ventre est grisâtre.

Cette espèce vient de l'île de la Réunion, on la nomme *Cabot de cascade*. Le Musée de Paris l'a reçue de M. Maillard, elle ne nous est connue que par un seul spécimen, dont la longueur est de onze centimètres.

LABROIDES.

Cossyphe spilote. *Cossyphus spilotes*. Guich.

Ce *Cossyphe*, qui est différent de tous ceux que nous connaissons, offre, par toute son organisation, une analogie plus grande avec le *Cossyphe bodian* qu'avec aucune autre espèce du genre. Son corps, de forme également ovalaire, est néanmoins plus long à proportion; il est compris cinq fois dans la longueur de tout le poisson. Son museau est plus pointu aussi, sans avoir cependant la tête plus longue; elle est moins haute que le tronc n'est élevé : la ligne du profil en est presque droite. Les dents de ce *Cossyphe* sont semblables à celles du poisson que nous lui comparons dans cet article, si ce n'est qu'elles sont plus tuberculeuses jusque vers la commissure des mâchoires; à l'angle de la supérieure, il existe une autre dent, grosse, et qui dépasse la gencive. On voit à l'extrémité des deux mâchoires quatre fortes canines coniques, dont les deux du milieu sont les plus petites, surtout celles d'en bas. Les dents grenues sont sur une bande étroite. Les dentelures du préopercule sont fines et ne paraissent qu'au bord vertical de cette pièce. La dorsale épineuse est haute; elle est soutenue par des rayons raides et poignants, quoique grêles : sa base est couverte par les grandes écailles du corps, qui se relèvent de chaque côté des rayons et forment une espèce de gouttière profonde, dans laquelle ils se cachent quand ils s'abaissent, comme dans beaucoup d'autres Labres. La portion molle de cette nageoire est plus dégagée; elle est courte et pointue en arrière : l'anale l'est de même. Les pectorales sont courtes et atteignent la fin des ventrales, qui sont allongées. La caudale est coupée presque carrément. Toutes les parties de la tête sont écailleuses; celles du corps sont grandes, fortes et amincies à leur bord.

D. 12-10; A. 3-12; C. 15; P. V. 1-5.

Le système de coloration de l'espèce que nous décrivons n'est pas non plus le même que celui du *Cossyphe bodian*, ni celui des autres espèces, ses congénères; il est spécial à ce poisson : c'est cette circonstance qui nous a fait le désigner sous l'épithète citée plus haut.

La couleur du corps est jaunâtre, plus claire en dessous qu'en dessus, où elle est surtout plus foncée le long de la région dorsale et où se voient de grandes taches jaunes, au nombre de quatre de chaque côté. Il existe une trace de ces taches jaunes sur le haut du tronçon de la queue, en avant de la caudale. D'autres taches, de forme irrégulière et de même couleur que celles du dos, couvrent la poitrine et le ventre. Des lignes longitudinales et parallèles sont tracées sur le corps et sur le ventre; elles sont au nombre de huit ou dix et s'effacent dès qu'elles ont atteint la ligne latérale. Il y a aussi de nombreuses taches rousses ou brunes entre la portion molle de la dorsale, la ligne latérale et sur les côtés de la queue. Toutes les nageoires sont jaunâtres; la dorsale et l'anale n'ont point de taches, mais on en voit une large, noire et ronde, sur le milieu de la caudale, et une autre de même couleur, mais beaucoup plus petite, à la base des derniers rayons de l'anale.

Cette nouvelle espèce est originaire de l'Ile de la Réunion, comme toutes celles dont nous avons parlé jusqu'à présent. Le Muséum n'en possède qu'un seul individu, sec et en mauvais état de conservation. Sa longueur est 20 centimètres.

MALACOPTÉRYGIENS ABDOMINAUX.

CYPRINOIDES.

Carpe de Maillard. *Cyprinus Maillardi.* Guich.

Parmi les espèces du genre *Cyprin* proprement dit, sans barbillons aux mâchoires, il en est une toute particulière qui ne ressemble à aucune de celles déjà décrites, et qui se rapproche sous beaucoup de rapports, bien plus de la *Carpe dorée* de la Chine et des autres espèces voisines de celle-ci par sa forme allongée, que de celles dans le même genre qui ont le corps élevé, court et trapu, quoique analogue aux unes et aux autres par tous les traits essentiels de son organisation : telle est celle qui porte ici la dénomination de *Cyprinus Maillardi*. La grande dimension comparative des yeux, la mâchoire inférieure qui dépasse un peu la supérieure, et la forme de la tête bombée en arrière et déclive en avant sont les particularités les plus notables qui séparent l'espèce dont nous parlons ici de tous les autres *Cyprins* de son genre. Elle a le corps allongé et le dos arrondi, mais peu élevé. Sa hauteur est comprise quatre fois dans tout le poisson. Sa tête a la même proportion que la hauteur du tronc ; elle est grosse et saillante en avant des yeux. Ceux-ci sont hauts sur la joue et grands, ce qui donne un caractère assez reconnaissable à cette espèce ; leur diamètre fait le tiers de la longueur de la tête, qui est arrondie ou même bombée en arrière, et plus peut-être encore que dans aucun autre *Cyprin* de son genre, relativement aux petites dimensions de l'animal. La bouche est petite et sans dents, comme c'est l'ordinaire. La mâchoire inférieure est un peu plus longue que la supérieure, et la cache presque entièrement quand la bouche est fermée ; c'est le seul *Cyprin* connu dans le genre, que nous sachions qui présente cette disposition. L'opercule est petit. Le préopercule est grand et terminé en angle arrondi ; il est plutôt strié que grenu ; les autres pièces paraissent lisses. Le troisième sous-orbitaire est grand et cache en partie le haut de la joue. Ce poisson a la dorsale aussi étendue que l'est celle du *Cyprin doré* et un peu plus haute de l'avant ; sa hauteur fait à peu près la moitié de celle du corps sous elle ; son second rayon épineux est fortement dentelé. L'anale, assez basse et peu longue, est pourvue d'un second rayon épineux bien dentelé pour la grosseur et un peu courbe. Les pectorales sont étroites, pointues, et ne dépassent pas les ventrales ; nageoires aussi allongées et pointues. La caudale est presque fourchue ; ses lobes sont égaux et pointus. Les écailles sont grandes et striées, comme le sont en général celles des autres *Cyprins*.

D. 2-18 ; A. 2-5 ; C. 26 ; P. 18 ; V. 1-5.

Ce poisson, dit M. Maillard dans ses notes, est d'une belle couleur argentée, plus foncée sur le dos que sur les côtés du corps, où l'on ne voit aucune tache ni aucune bande. Toutes les nageoires sont jaunâtres. La dorsale est brune à son bord. Il y a du brun mêlé à la teinte jaunâtre de la caudale. Le dessous du ventre est blanc mat.

Nous avons cru devoir donner à cette nouvelle espèce le nom de M. Maillard qui, le premier, nous l'a fait connaître, et auquel le Muséum de Paris la doit. Elle vit dans les eaux douces de l'île de la Réunion. La description qu'on vient de lire est faite d'après un sujet altéré, et qui a dix centimètres de long.

CLUPÉOIDES.

HARENGULE SPILURE. —*Harengula spilura*. Guich.

L'Harengule que nous indiquons sous le nom spécifique de *spilure*, est une petite clupée distincte de toutes celles observées jusqu'à présent dans le genre, bien qu'elle leur soit analogue quant aux parties essentielles de son organisation, et qui se rapproche, sous beaucoup de rapports, bien plus des espèces à formes élevées et trapues, que de celles, dans le même genre, dont le corps est au contraire allongé et étroit. En effet, l'Harengule dont nous parlons est grosse, courte, aussi bien que comprimée et élevée, surtout de la région dorsale. Sa plus grande hauteur est comprise quatre fois dans la longueur de tout le poisson. L'œil est grand ; le diamètre surpasse le tiers de la longueur de la tête. Celle-ci est longue et égale la hauteur du tronc. Quand la bouche est fermée, le museau paraît un peu pointu. Les sous-orbitaires sont minces et étroits. Le préopercule est grand ; son limbe couvre tout le bas de la joue ; l'angle est arrondi. L'opercule est plus haut que large ; son bord postérieur présente une légère échancrure vers le haut. Le sous-opercule est plus petit et a son angle arrondi. L'interopercule est presque entièrement caché sous le limbe de la première pièce operculaire. La membrane branchiostège est tronquée en arrière et fortement entaillée en avant de la pectorale. On voit quelques veinules ou stries sur la surface des pièces operculaires. La mâchoire supérieure est, comme à l'ordinaire, un peu plus courte que l'inférieure, qui fait une petite saillie au devant de la supérieure. Celle-ci n'a pas d'échancrure dans le milieu. L'une et l'autre sont garnies de dents pointues, extrêmement fines et à peine visibles, comme le sont du reste celles des autres *Harengules*, et dont la présence est plus facile à reconnaître par le tact que par la vue. On en voit de semblables, mais un peu plus fortes, sur les palatins et sur la langue : les ptérygoïdiens en ont aussi. Les dentelures du ventre sont fortes et saillantes. La dorsale est courte et triangulaire. L'anale est longue et basse ; son bord paraît droit. Les pectorales sont petites et étroites; leur forme est pointue. Les ventrales sont excessivement petites et triangulaires. La caudale est peu fourchue. Les écailles sont grandes et caduques ; elles sont striées.

D. 17 ; A. 19 ; C. 27; P. 14; V. 1-5.

Cette petite Clupée paraît avoir été d'une belle couleur dorée, à peine teinte de bleu d'acier sur le dos, et argentée sur tout le reste du corps, qui est traversé sur les côtés de plusieurs lignes longitudinales brunes, et marqué de quelques points noirs, épars et si petits sur le dessus de la tête, le museau et les mâchoires que ces différentes parties paraissent comme couvertes d'un sablé très-fin, ainsi que la dorsale, dont le fond est faiblement coloré en jaune. C'est aussi la teinte des autres nageoires, qui ne portent ni bandes, ni taches, si ce n'est la caudale où l'on voit de gros points noirs; particularité notable de cette espèce, et qui est exprimée par la dénomination indiquée plus haut, de *Harengule spilure*.

M. Maillard a rapporté cette espèce de l'île de la Réunion pour le Musée de Paris. Nous en connaissons deux spécimens : ils ont onze centimètres de long.

MALACOPTÉRYGIENS SUBBRACHIENS.

ÉCHÉNÉIDES.

ÉCHÉNÉIDE RETARDEUR. *Echeneis remeligo*. Aug. Dum.

Espèce qui n'est encore qu'indiquée par M. Aug. Duméril, dans son travail sur les Échénéides (*Compt. rend. Acad. des Sc.*, 1858,

2e semestre, t. XLVII, n° 9, p. 374), sous le nom que nous lui conservons ici. Son corps est trapu et ramassé, comme l'est celui de l'*Échénéide rémore* et de beaucoup d'autres espèces voisines de celle-ci, ce qui constitue dans la manière de voir de ce zoologiste, qui est aussi la nôtre, la section des *Rémores*.

Ce poisson a le corps arrondi, diminuant sensiblement de grosseur jusqu'à l'extrémité de la queue, et couvert d'écailles excessivement petites, rondes et membraneuses. La tête est allongée du tiers de la longueur de tout le poisson, aplatie et déprimée ; son bord supérieur est dépassé par la mâchoire inférieure, qui se termine en pointe arrondie. Le disque qui la protége est ovalaire, grand et garni de lames osseuses transversales, lesquelles sont munies de deux ou trois rangées d'épines acérées, et dont la longueur augmente à mesure qu'elles sont plus près du bord postérieur : ces lames, disposées en deux séries parallèles, sont au nombre de dix-sept à dix-neuf, suivant les individus de l'espèce à laquelle on les rapporte. La bouche est grande, fendue horizontalement, comme l'est celle de tous les autres Échénéides. Les mâchoires sont armées de dents en carde, fort nombreuses et disposées sur plusieurs rangs ; les externes sont généralement plus longues et plus fortes que les internes, surtout celles de la mâchoire inférieure, où les latérales sont plus longues encore, plus acérées et crochues. D'autres dents excessivement petites, fines, ciliées et disposées en series régulières garnissent le bord des os maxillaires supérieurs de cette espèce, ainsi que cela existe du reste dans les autres *Échénéides*, si l'on en excepte ceux dits *isodonte* et *homodonte*, espèces distinctes de tout le reste du genre, comme M. Aug. Duméril le signale dans son Mémoire sur les *Échénéides* (*loc. cit.*), en parlant des deux poissons que nous venons de nommer. Toute la surface du vomer est couverte d'une fine âpreté ; la langue a aussi quelques scabrosités. Les yeux sont grands relativement aux dimensions que présente l'espèce dont il est ici question.

La dorsale et l'anale ont la même étendue et le même décroissement en hauteur, à mesure qu'elles sont plus près de la queue ; elles sont grandes à proportion, et se terminent un peu en pointe en arrière. Les ventrales offrent à peu près la même forme que les pectorales, nageoires qui sont larges, de forme carrée, et dont tous les rayons sont mous et articulés, comme le sont ceux des espèces rapportées à la division des *Malacochires*, parmi les *Échénéides*. La dorsale est assez grande; elle est échancrée, comme dans beaucoup d'autres espèces comprises dans le groupe des *Rémores*.

D. 1-23; A. 1-22; C. 22; P. 26; V. 1-5.

La couleur générale de ce poisson est d'un brun foncé, sans bandes ni taches. La dorsale, l'anale, les ventrales et la caudale sont noirâtres et couvertes partout de très-petits points noirs, ainsi que la base des pectorales, qui sont d'un beau jaune uniforme dans tout le reste de leur étendue.

Cette espèce fait partie de la collection ichthyologique formée à Bourbon par M. Maillard. L'exemplaire qu'il a offert au Muséum n'a que sept centimètres de long, mesure que dépasse un peu le plus grand des autres *Échénéides retardeurs* que nous connaissons de Buénos-Ayres (Amér. mér.), et que possède aussi notre Musée.

ÉCHÉNÉIDE DE BOURBON. *Echeneis Borboniensis*. Guich.

On trouve la première indication de cette espèce dans le travail que M. Aug. Duméril a publié sur les *Échénéides* (*Compt. rend. Acad. des Sc.*, 1858, 2e semestre, t. XLVII, n° 9, p. 374), sous le nom que nous lui avons d'abord imposé. C'est dans la section des *Rémores* ou espèces à formes lourdes et ramassées que cet Échénéide doit prendre rang. Son corps, en effet, est court, gros et trapu; il est arrondi et diminue progressivement de grosseur jusqu'à l'extrémité de la queue, comme dans les autres *Échénéides*. La bouche de ce poisson est fendue horizontalement jusqu'au bord antérieur des yeux. Ces organes sont comparativement assez grands, ronds; leur diamètre fait un peu plus du quart de la longueur de la tête. Celle-ci paraît grande à cause du développement de la mâchoire inférieure, qui dépasse de beaucoup la supérieure, laquelle se termine en une petite pointe aiguë. Sa longueur n'a pas tout à fait le quart de celle du corps, qui est couvert d'écailles très-peu apparentes, rondes et membraneuses, comme dans les autres *Échénéides*. Les dents sont en carde sur plusieurs rangs; celles de la rangée externe de l'une et de l'autre mâchoire sont plus grandes et plus coniques que les autres; on en voit de semblables sur le bord antérieur du vomer; le reste de cette pièce est garni d'une fine âpreté; la langue a aussi quelques scabrosités. Le long du bord des os maxillaires supérieurs de ce poisson, assez mal conservé, on voit encore quelques-unes des très-petites dents, fines, ciliées et disposées par séries régulières, comme le sont d'ailleurs celles des mêmes parties des autres espèces de ce genre, mais qui, par exception, manquent néanmoins chez les *Echénéides isodonte* et *homodonte*, ainsi que nous l'avons déjà indiqué du reste en parlant de l'espèce précédemment décrite. Le disque sus-céphalique est grand et de forme ovalaire; il est composé de lames osseuses et transversales, au nombre de dix-sept, et munies d'épines dont les postérieures sont généralement plus fortes et plus acérées que les autres. La dorsale est haute et assez étendue; ses premiers rayons sont plus longs que ceux qui les suivent, lesquels vont en diminuant de hauteur jusqu'à la base de la nageoire. L'anale lui ressemble pour la forme et pour l'étendue. Les pectorales sont larges, petites et de forme à peu près ovalaire; elles n'ont que des rayons mous et articulés. Les ventrales, aussi longues que les pectorales, sont triangulaires. La caudale est fourchue; ses lobes sont assez longs et pointus.

D. 24; A. 22; C. 20; P. 24; V. 1-5.

La couleur générale de cet *Échénéide* est brune, plus foncée sur le dos que sur la partie inférieure du corps, et sur lequel on ne distingue ni taches ni bandes. Toutes les nageoires sont d'un noir faible uniforme.

Cette description est faite d'après un individu rapporté de l'Ile de la Réunion par M. Maillard. Sa longueur est à peine de 30 centimètres.

ÉCHÉNÉIDE LOPHIOÏDE. *Echeneis lophioides*. Guich.

Aux deux espèces d'Echénéides dont nous venons de parler, il faut ajouter celle que nous n'avons seulement que mentionnée dans le travail de M. Aug. Duméril sur ces poissons (*Compt. rend. Acad. des Sc.*, 2e semestre, tom. XLVII, n° 9, pag. 374), sous le nom déjà cité de *Échénéide lophioïde*.

La largeur de la tête de cette espèce et la grandeur comparative de sa bouche lui donne une apparence un peu différente de celle des autres *Échénéides*. Sa bouche est grande et fendue horizontalement jusqu'au bord antérieur de la narine. Les yeux de cette espèce sont excessivement petits, car leur diamètre fait à peine le sixième de la longueur de la tête : ils sont ronds. La mâchoire inférieure fait une forte saillie au-devant de la supérieure, qui se termine en s'arrondissant en angle très-obtus; elle est fort large, et présente une forme demi-circulaire, ce qui donne à ce poisson, en effet, quelque chose de la physionomie d'une *Lophie*, à laquelle d'ailleurs il ne ressemble en rien. Son corps est gros, court, trapu et ramassé, comme l'est celui des autres espèces d'*Echénéides* du groupe des *Rémores*. Il est, du reste, comme à l'ordinaire, rond et diminue graduellement de grosseur jusqu'à l'extrémité de la queue; les écailles qui le recouvrent sont rondes, excessivement petites, membraneuses, comme cachées dans des enfoncements réguliers de l'épiderme, et qui le font paraître comme maillé. La tête est grosse, large, et égale en longueur celle de tout le poisson. Elle est recouverte d'un large disque ovalaire, formé, comme à l'ordinaire, de lames osseuses transversales, dont le nombre n'est, par exception, que de treize, ainsi que s'exprime M. Aug. Duméril, dans son Mémoire sur les *Echénéides*, et munies chacune à leur bord postérieur de deux rangées d'épines longues et pointues. Les deux branches de la mâchoire inférieure forment une sorte de petite palette couverte de dents en carde, disposées sur plusieurs rangs, et qui vont en diminuant de grosseur et de longueur à mesure qu'elles s'avancent au bord interne de la mâchoire. Quant aux dents de la mâchoire supérieure, elles sont semblables à celles de l'inférieure, de même sur plusieurs rangs, mais toutes sont égales entre elles. Au bord antérieur du vomer, il y a deux rangées de dents plus grosses et plus grandes, mais ayant la même forme que celles des mâchoires; le reste de cet os est hérissé d'aspérités; la langue en a quelques-unes aussi. En outre, on voit encore à la mâchoire supérieure de l'espèce que nous décrivons, quelques-unes des dents extrêmement fines et ciliées qui existent le long du bord des os maxillaires supérieurs des autres Echénéides, si ce n'est chez les *Echénéides isodonte et homodonte,* les seuls qui manquent de ces mêmes dents, et qui constituent le groupe des Homodontes, ainsi que nous l'avons déjà dit en parlant des deux Echénéides précédemment décrits. La dorsale, basse et haute, est presque de même hauteur partout ; elle se termine un peu en angle saillant. L'anale, plus longue et plus haute que cette dernière, lui ressemble pour la forme. Les pectorales, qui n'ont que des rayons mous et articulés, sont courtes, allongées et triangulaires, ainsi que les ventrales, nageoires excessivement petites. La caudale est courte et quadrangulaire.

D. 14; A. 16; C. 14; P. 24; V. 1-5.

La couleur que présente la surface entière du poisson est d'un brun jaunâtre uniforme, un peu plus foncé sur le dos que sur les autres parties du corps. Les nageoires sont noires ou noirâtres, et sans aucune marque distinctive.

Cette curieuse espèce a été découverte à l'Ile de la Réunion par M. Maillard. Elle est longue de 25 centimètres.

Ici se termine l'étude des espèces nouvelles dont nous avons eu à parler avec quelques détails. Nous complétons, du reste, l'énumération des poissons recueillis jusqu'à présent à la Réunion, par la liste générale suivante, qui en comprend trois cent vingt-six, rassemblés dans la riche collection ichthyologique du Muséum de Paris, et que nous indiquons dans l'ordre que Cuvier et M. Valenciennes leur assignent, dans l'*Histoire générale des Poissons*. Sur les *quinze* qui n'étaient pas encore connus et que nous avons dénommés, *trois* n'ayant pu être rapportés à aucun des genres déjà établis, sont devenus pour nous les types de deux divisions particulières (*Glyphode* et *Cotylope*) parmi les *Aprions* et les *Sicydium*. *Trois* autres, enfin, ne sont pas encore décrits, mais seulement indiqués par M. le professeur Valenciennes (sous une dénomination spéciale) sur les Catalogues du Muséum de Paris. Ce sont : deux espèces appartenant au singulier genre des *Axinures*, l'une, l'*Axinurus leptopeltis*, très-bien caractérisée par la faiblesse de l'armure de sa queue, qui consiste en deux très-petites lames tranchantes; l'autre, l'*Axinurus dipeltis,* à formes moins ramassées, est distinguée par la force notable de ces mêmes lames caudales, comparées à celles des autres espèces connues dans le genre. La troisième espèce, rapportée au groupe très-naturel des *Cossyphes,* est celle nommée *Cossyphus maxillosus*, remarquable surtout par le développement ou renflement de ses mâchoires.

POISSONS DE L'ILE DE LA RÉUNION.

ACANTHOPTÉRYGIENS.

PERCOIDES.

I. *Etelis,* Cuv. Val.

1. E. carbunculus, Cuv., Val.
2. E. coruscans, Val. (Flamme) (1).

II. *Apogon*, Lacép.

3. A. quadrifasciatus, Cuv., Val.

III. *Cheilodipterus*, Lacép.

4. C. octovittatus, Cuv., Val.

IV. *Ambassis,* Commers.

5. A. Commersonii, Cuv., Val. (Ambache du large).

V. *Grammistes,* Cuv., Val. (*Bl. Schn.*).

6. G. orientalis, Bl. Schn. (Savon).
7. G. punctatus, Cuv., Val. (id.).

VI. *Serranus*. Cuv., Val.

8. S. filamentosus, Cuv., Val. (Vivaneau commun).
9. S. argyro-grammiscus, id.
10. S. zonatus, id., id.
11. S. Borbonius, id.
12. S. dermochirus, id.
13. S. marginalis, id. (Rougette).
14. S. analis, Cuv., Val.
15. S. formosus, id. (indienne).
16. S. rivulatus, id.
17. S. merra, id. (Macabit).
18. S. faveatus, id. (id.)
19. S. hexagonatus, id.
20. S. morrhua, id.
21. S. guttatus, id. (Pintade).
22. S. punctulatus, id. (Druide).
23. S. myriaster, id.

VII. *Diacope*, Cuv., Val.

24. D. sebœ, Cuv., Val.
25. D. rivulata, id. (Lèvre de bœuf).
26. D. octolineata, id. (Jaune de côte).
27. D. albo-guttata, id.
28. D. decemlineata, id. (Jaune de fond).
29. D. duodecimlineata, id.
30. D. marginata, id.
31. D. quadriguttata, id.
32. D. analis, id.

VIII. *Mesoprion*, Cuv., Val.

33. M. griseoides, Guich.

(1) Nous avons mis entre parenthèses, et en caractères romains, les noms vulgaires sous lesquels ces poissons sont connus à l'Ile de la Réunion.

IX. *Aprion*, Cuv., Val.

34. A. virescens, Cuv., Val. (Tazard).
35. A. brevirostris, Cuv., Val.

X. *Glyphodes*, Guich.

36. G. aprionoides, Guich.

XI. *Aulacocephalus*, Schl.

37. A. saponaceus, Guich. Centropristes saponaceus, Val. (Savon).

XII. *Grystes*, Cuv., Val.

38. G. lunulatus, Guich.

XIII. *Apsilus*, Cuv., Val.

39. A. fuscus, Cuv., Val. (Ail).

XIV. *Cirrhites*, Commers.

40. C. maculatus, Cuv., Val. (Domingue).
41. C. pantherinus, Cuv., Val.

XV. *Cirrhitichthys*, Blkr.

42. C. oxycephalus, Blkr. (Niche-Madame).

XVI. *Priacanthus*, Cuv., Val.

43. P. speculum, Cuv., Val.
44. P. Japonicus, id. (Beau clair du large).
45. P. niphonius, id. (id.).
46. P. fax, id. (Cardinal).
47. P. alticlarens, Val. (Beau clair du large).

XVII. *Doules*, Cuv., Val.

48. D. tæniurus, Cuv., Val. (Harang).
49. D. fuscus, id.
50. D. rupestris, id. (Poisson plat). *Eau douce.*

XVIII. *Myripristis*, Cuv., Val.

51. M. Borbonicus, Cuv., Val.
52. M. hexagonatus, id.
53. M. Japonicus, id.
54. M. refulgens, Val. (Beau clair du large).
55. M. archiepiscopus, Val. (Cardinal).

XIX. *Holocentrum*, Cuv., Val.

56. H. leo, Cuv., Val. (Cardinal lancette).
57. H. sammara, id.

XX. *Rhynchichthys*, Cuv., Val.

58. R. brachyrhynchos, Blkr.

XXI. *Percis*, Bl. Sch.

59. P. nebulosa, id.
60. P. punctata, id.

SPHYRÉNOÏDES.

XXII. *Sphyræna*, Bl. Sch.

61. S. obtusa, Cuv., Val. (Bécune).

POLYNÉMIDES.

XXIII. *Polynemus*, Gronov. (*Art.*).

62. P. plebeius, Brouss. (Barbe).

UPÉNOÏDES.

XXIV. *Upeneus*, Cuv., Val.

63. U. vittatus, Cuv., Val, (Capucin).
64. U. flavolineatus, id. (id.)
65. U. lateristriga, id. (id.)
66. U. bifasciatus, id. (id.)
67. U. chryserydros, id. (id.)
68. U. cyprinoïdes, id. (id.)

JOUES CUIRASSÉES.

XXV. *Dactylopterus*, Cuv., Val.

69. D. orientalis, Cuv., Val. (Poisson volant).

XXVI. *Cephalacanthus*, Lacép.

70. C. spinarella, Lacép.

XXVII. *Platycephalus*, Bl. Schn.

71. P. Borboniensis, Cuv., Val.
72. P. Rodericensis, id.

XXVIII. *Scorpæna*, Lin.

73. S. Mesogallica, Cuv., Val.

74. S. Mauritiana, Cuv., Val.

XXIX. *Pterois*, Cuv., Val.

75. P. volitans, Cuv., Val. (Poisson armé).
76. P. antennata, id. (id.).
77. P. muricata, id. (id.).
78. P. zebra, id. (id.).

XXX. *Pelor*, Cuv., Val.

79. P. filamentosus, Cuv., Val.

XXXI. *Synanceia*, Bl. Schn.

80. S. horrida, Bl. Schn. (Crapaud).
81. S. brachio, Cuv., Val. (id.).

SCIÉNOÏDES.

XXXII. *Pristipoma*, Cuv., Val.

82. P. anas, Val. (Coin-coin).

XXXIII. *Diagramma*. Cuv., Val.

83. D. gaterina, Cuv., Val. (Gueule pavée).

XXXIV. *Latilus*, Cuv., Val.

84. L. doliatus, Cuv., Val. (Tongole).

XXXV. *Amphiprion*, Cuv., Val. (*Bl. Schn.*).

85. A. trifasciatus, Cuv., Val.
86. A. chrysogaster, id.

XXXVI. *Pomacentrus*, Cuv., Val. (*Lacépède*).

87. P. cæruleus, Cuv., Val.
88. P. pristiger, id.

XXXVII. *Dascyllus*, Cuv., Val.

89. D. aruanus, Cuv., Val.

XXXVIII. *Glyphisodon*, Cuv., Val. (*Lacépède*).

90. G. celestinus, Soland. (Petit bleu).
91. G. sordidus, Cuv., Val. (id.).
92. G. sparoides, id.
93. G. margariteus, Cuv., Val.
94. G. limbatus, id.

XXXIX. *Heliases*, Cuv., Val.

95. H. cinerascens, Cuv., Val. (Petit cafre).

SPAROÏDES.

XL. *Chrysophrys*, Cuv., Val.

96. C. sarba, Cuv., Val. (Gueule pavée).

XLI. *Pagrus*, Cuv., Val.

97. P. filamentosus, Cuv., Val. (Aigrette).

XLII. *Pentapus*, Cuv., Val.

98. P. dux, Val. (Capitaine).
99. P. curtus, Guich.

XLIII. *Lethrinus*, Cuv., Val.

100. L. Borbonicus, Cuv., Val.

MÉNIDES.

XLIV. *Cæsio*, Commers.

101. C. cærulaureus, Lacép. (Maquereau).

XLV. *Gerres*, Cuv., Val.

102. G. Richii, Cuv., Val.
103. G. oyena, id.
104. G. argyreus, id.

XLVI. *Aphareus*, Cuv., Val.

105. A. cærulescens, Cuv., Val. (Latanier noir).
106. A. rutilans, id. (Latanier).

SQUAMMIPENNES.

XLVII. *Chætodon*, Cuv. (*Lin.*).

107. C. virescens, Cuv., Val. (Papillon).
108. C. vittatus, Bl. Schn. (id.).
109. C. melapterus, Guich. (id.).
110. C. vagabundus, Lin. (id.).
111. C. lunula, Cuv., Val. (id.).

112. C. biocellatus, Cuv., Val. (Papillon).
113. C. mesogallicus, id. (id.).
114. C. bimaculatus, Bl. Schn. (id.).
115. C. setifer, id. (id.).
116. C. maculatus, Lién. (id.).

XLVIII. *Heniochus*, Cuv.

117. H. macrolepidotus, Cuv., Val. (Pavillon).
118. H. monoceros, id. (id.).

XLIX. *Zanclus*, *Commers.*

119. Z. cornutus, Cuv., Val.

L. *Holacanthus*, Lacép.

120. H. trimaculatus, Lacép.

LI. *Platax*, Cuv.

121. P. Blochii, Cuv., Val.

LII. *Psettus*, *Commers.*

122. P. rhombeus, Cuv., Val.
123. P. Commersonii, Cuv., Val.

LIII. *Pimelepterus*, Lacép.

124. P. altipinnis, Cuv., Val. (Poisson d'aye).
125. P. altipinnoïdes, Guich.

LIV. *Nemobrama*, Val.

126. N. Webbii, Val.

PHARYNGIENS LABYRINTHIFORMES.

LV. *Osphronemus*, *Commers.*

127. O. olfax, Commers. (Gouramier), *eau douce.*

SCOMBÉROÏDES.

LVI. *Thynnus*, Cuv. (*Lin.*).

128. T. vulgaris, Cuv., Val.
129. T. thunnina, id. (Bonette).

LVII. *Pelamys*, Cuv., Val.

130. P. sarda, Cuv., Val. (Bonite).

LVIII. *Cybium*, Cuv., Val.

131. C. Commersonii, Lacép. (Thon blanc).

LIX. *Gempylus*, Val.

132. G. Prometheus, Cuv., Val.

LX. *Trichiurus*, Lin.

133. T. savala, Cuv., Val. (Sabre).

LXI. *Naucrates*, Rafin.

134. N. indicus, Cuv., Val.

LXII. *Chorinemus*, Cuv., Val.

135. C. Commersonii, Cuv., Val. (Lubine).
136. C. sancti Petri, id.
137. C. Mauritianus, id. (Pompre).

LXIII. *Trachinotus*, Lacép.

138. T. Baillonii, Cuv., Val. (Lime).

LXIV. *Caranx*, Cuv., Val. (*Lacép.*).

139. C. Mauritianus, Q., G. (Pêche cavale du large.)
140. C. Forsteri, Val. (Carangue).
141. C. cæruleo pinnatus, id.

LXV. *Hynnis*, Val.

142. H. insanus, Val. (Carangue folle).

LXVI. *Irex*, Val.

143. I. indicus, Val.

LXVII. *Coryphæna*, Cuv. (*Lin.*).

144. C. chrysurus, Lacép. (Dorade).

LXVIII. *Pteraclis*, Gronov.

145. P. trichipterus vel ocellatus, Val.

LXIX. *Equula*, Cuv.

146. E. ensifera, Val.
147. E. dentex, id. (Ambache blanc).

TEUTHIES.

LXX. *Amphacanthus*, Bl. et Lacép.

148. A. sutor, Val.

149. A. luridus, Ehrenb. (Marguerite du large).

LXXI. *Acanthurus*, Bl. et Lacép.

150. A. guttatus, Bl. Schn.
151. A. triostegus, id. (cordonnier).
152. A. annularis, Val.
153. A. nigro fuscus, Forsk. (Chirurgien noir).
154. A. xanthopterus, Val. (Chirurgien).
155. A. galmoïdes, Guich.
156. A. lunulatus, Lién.
157. A. orbicularis, Q., G.
158. A. velifer, Bl. Schn.

LXXII. *Naseus*, *Commers.*

159. N. fronticornis, Commers. (Licorne).
160. N. brevirostris, Val.
161. N. tuber, Commers.

LXXIII. *Axinurus*, Val.

162. A. dipeltis, Val.
163. A. leptopeltis, id.

ATHÉRINOÏDES.

LXXIV. *Atherina*, Lin.

164. A. pectoralis, Val.

MUGILOÏDES.

LXXV. *Mugil*, Lin.

165. M. Borbonicus, Val. (Mulet). *Eau douce et salée.*
166. M. axillaris, id.

LXXVI. *Nestis*, Val.

167. N. cyprinoïdes, Val. (Chitte), *Eau douce.*
168. N. dobula, id. (id.). *id.*

BLENNOÏDES.

LXXVII. *Blennoïdes*, Val.

169. B. Dussumieri, Val.

LXXVIII. *Salarias*, Cuv.

170. S. periophthalmus, Val.
171. S. quadripinnis, id.
172. S. quadricornis, id.
173. S. alticus, id.
174. S. frenatus, id.

GOBIOÏDES.

LXXIX. *Cobius*, Cuv., Val. (*Lin.*).

175. G. albo punctatus, Val. *Eau douce.*
176. G. kokius, id. (Loche). *id.*
177. G. ocellaris, Brouss. (id.), *id.*
178. G. nigripinnis, Val. *id.*
179. G. filifer, id., *id.*
180. G. cæruleus, Lacép. (Bouche rongue.) *id.*

LXXX. *Sicydium*, Val.

181. S. lagocephalum, Val. (Cabot lézard). *Eau douce.*
182. S. laticeps, id. (Cabot, bouche ronde.) *id.*

LXXXI. *Cotylopus*, Guich.

183. C. acutipinnis, Guich. (Cabot marare). *Eau douce.*
184. C. parvipinnis, id. (Cabot de cascade). *Eau douce.*

LXXXII. *Eleotris*, Grouov.

185. E. niger, Q., G. (Cabot noir). *Eau douce.*
186. E. porocephala, Val. (Cabot marare). *id.*
187. E. cyprinoïdes, id., *id.*

LXXXIII. *Callionymus*, Lin.

188. C. curvicornis, Val.
189. C. sagitta, Pall.
190. C. lineolatus, Val.

PECTORALES PÉDICULÉES.

LXXXIV. *Chironectes*, Cuv.

191. C. Mesogallicus, Val.
192. C. hispidus, id.

193. C. scaber, Val.
194. C. Commersonii, id.
195. C. coccineus, Less., Garn.

LABROÏDES.

LXXXV. *Cossyphus*, Val.

196. C. bodianus, Val. (Chien).
197. C. spilotes, Guich.
198. C. maldat, Val. (Chien).
199. C. atrolumbus, Val. (id.).
200. C. diana, Val. (id.).
201. C. opercularis, Guich.
202. C. bilunulatus, Val. (Chien).
203. C. maxillosus, Val. (id.).

LXXXVI. *Tautoga*, Val.

204. T. fasciata, Val. (Chien noir).

LXXXVII. *Malacanthus*, Val.

205. M. tæniatus, Val.

206. M. brevirostris, Guich.

LXXXVIII. *Chelio, Commers.*

207. C. auratus, Commers.
208. C. cyano-chloris, Val.

LXXXIX. *Julis*, Cuv., Val.

209. J. vittatus, Val.
210. J. Commersonii, id.
211. J. viridis, id.
212. J. hortulanus, id.
213. J. trilobatus, id.
214. J. formosus, id. (Bon parterre).
215. J. æruginosus, id.
216. J. Leschenaulti, id.
217. J. Souleyetii, id.
218. J. Coris, id.
219. J. axillaris, id.
220. J. balteatus, Val.
221. J. annulatus, id.
222. J. doliatus, id.

XC. *Anampses*, Cuv., Val.

223. A. cæruleo-punctatus, Rüpp.
224. A. Cuvieri, Quoy.

XCI. *Gomphosus*, Lacép.

225. G. fuscus, Val.
226. G. cæruleus, id.

XCII. *Xyrichthis*, Cuv.

227. X. pavo, Val. (Vieux monde).

XCIII. *Cheilinus*, Lacép.

228. C. trilobatus, Lacép. (Lachaux).
229. C. lunulatus, Val. (id.)
230. C. diagrammus, Val.
231. C. arenatus, Val. (Lachaux).

XCIV. *Scarus*, Lin.

232. S. venosus, Val. (Perruche).
233. S. Blochii, id. (Perroquet vert).
234. S. capitanus, id. (Perroquet).
235. S. scaber, id.

XCV. *Odax*, Commers.

236. O. Borbonicus, Val.

XCVI. *Pseudodax*, Blkr.

237. P. Mollucanus, Blkr.

BOUCHES EN FLUTE.

XCVII. *Fistularia*, Lacép.

238. F. tabacaria, Lin. (Trompette).

XCVIII. *Aulostoma*, Lacép.

239. A. Chinensis, Lacép.

MALACOPTÉRYGIENS ABDOMINAUX.

SILUROÏDES.

XCIX. *Plotosus*, Lacép.

240. P. lineatus, Val. (Machouaran).

CYPRINOÏDES.

C. *Cyprinus*, Cuv. (*Lin.*)

241. C. thoracatus, Val. (Mont-brun). *Eau douce.*

242. C. Maillardi, Guich. id. (id.)

LUCIOÏDES.

CI. *Belone*, Cuv.

243. B. crocodilus, Less. (Aiguille).
244. B. melanostigma, Ehrenb. (id.)

CII. *Hemiramphus*, Cuv.

245. H. Commersonii, Val.
246. H. erythrorynchus, Les. (Balaou).

CIII. *Exocœtus*, Lin.

247. E. Commersonii, Val. (Poisson volant).
248. E. evolans, Lin. (id.)

LUTODEIRES.

CIV. *Chanos*, Lacép.

249. C. lubina, Val.

CV. *Gonorhynchus*, Grouov.

250. G. Grouovii, Val.

BUTIRINS.

CVI. *Albula*, Grouov.

251. A. bananus, Lacép. (Banane).

ELOPIENS.

CVII. *Elops*, Lin.

252. E. saurus, Lin.

CLUPÉOÏDES.

CVIII. *Harengula*, Val.

253. H. spilura, Guich.

CIX. *Clupeonia*, Val.

254. C. Jussieui, Val. (Sardine).
255. C. fasciata, id., (id.)
256. C. Commersonii, Val. (Sardine, queue noire).

CX. *Alausa*, Cuv., Val.

257. A. melanura, Val.

CXI. *Engraulis*, Cuv.

258. E. Bœlama, Val.

SALMONOÏDES.

CXII. *Saurus*, Cuv.

259. S. cynodus, Val.
260. S. myops, id.

CXIII. *Saurida*, Val.

261. S. nebulosa, Val.

MALACOPTÉRYGIENS SUBBRACHIENS.

PLEURONECTES OU HÉTÉROSOMES.

CXIV. *Rhombus*, Cuv.

262. R. lunatus, Cuv. (Sole).
263. R. Bourbonensis, Kp. (id.)

CXV. *Achirus*, Lacép.

264. A. marmoratus, Lacép.

ECHÉNÉIDES.

CXVI. *Echeneis*, Lin.

265. E. remora, Lin. (Pilote).
266. E. remeligo, Aug. Dum. (id.)
267. E. Borboniensis, Guich. (id.)
268. E. lophioides, id. (id.)

MALACOPTÉRYGIENS APODES.

OPHISURIDÉS.

CXVII. *Pisodonophis*, Kp. (*Ophisurus*, *Lacép.*)

269. P. cancrivorus, Kp. (Congre).
270. P. maculatus, id. (*Cuv.*) (id.)

ANGUILLIDÉES.

CXVIII. *Anguilla*, Thunb.

271. A. marmorata, Q., G. (Anguille). *Eau douce.*

MURÉNIDÉES.

CXIX. *Muræna*, Thunb. (*Murænophis*, *Lacép.*).

272. M. Mauritiana, Kp. (Congre).
273. M. flavimarginata, Kp. (id.)

CXX. *Sidera*, Kp. *Muræna*, Thunb. *Murænophis*, Lacép.

274. S. pantherina, Kp. Lacépède (Congre).

CXXI. *Thyrsoidea*, Kp. *Muræna*, Thunb. *Murænophis*, Lacép.

275. T. bullata. Rich. (Congre).
276. T. grisea, Kp. Commers. (id.).
277. T. tile, Kp. Ham. (id.).

CXXII. *Pœcilophis*, Kp. *Muræna*, Thunb. *Murænophis*, Lacép.

278. P. variegatus, Kp. *Rich.* (Congre).

CXXIII. *Uropterygius*, Rüpp.

279. U. unicolor, Rüpp. (Congre).

CONGÉRIDÉS.

CXXIV. *Conger*, Cuv.

280. C. altipinnis, Kp. (Congre).

OPHIDINÉES.

CXXV. *Fierasfer*, Cuv.

281. F. Homei, Kp. (Mastaba).

LOPHOBRANCHES.

PÉGASIDÉS.

CXXVI. *Pegasus*, Lin.

282. P. draco, Lin.

SYNGNATIDÉES.

CXXVII. *Hippocampus*, Cuv.

283. H. hystrix, Kp.

CXXVIII. *Corythoïchthys*, Kp. *Syngnathus*, auct.

284. C. fasciatus, Gray.

Syngnathus, Art.

285. S. pelagicus, Lin.
286. S. brachyrhynchus, Kp.

PLECTOGNATHES.

DIODONIENS.

CXXIX. *Diodon*, Lin.

287. D. hystrix, Lin.
288. D. orbicularis, Bl. Schn. (Bouvetanne).

CXXX. *Chilomycterus*, Bib. *Diodon*, Lin.

289. C. tigrinus, Bib. Cuv. (Bouvetanne).

TÉTRODONIENS.

CXXXI. ***Promecocephalus***, Bib. *Tetraodon*, Lin.

290. P. argentatus, Bib. Lacép. (Bouvetanne).

291. P. lagocephalus, Bib. (*Bl. Schn.*).

CXXXII. ***Dilobomycterus***. Bib. *Tetraodon*, Lin.

292. D. hispidus, Bib. *Lacép.* (Bouvetanne).

293. D. sordidus, Bib. *Rüpp.* (id.).

CXXXIII. *Tetraodon*, Lin.

294. T. lineatus, Lin.

CXXXIV. *Amblyrhynchotus*, Bib. *Tétraodon*, Lin.

295. A. oblongus, Bib. (*Bl. Schn.*) (Bouvetanne).

CXXXV. *Rhynchotus*, Bib.

296. R. Gronovii, Bib. Cuv. (Bouvetanne).

ORTHAGORISCIENS.

CXXXVI. *Orthagoriscus*, Bl. Schn.

297. O. mola, Bl. Schn. (Lune).

TRIODONIENS.

298. T. bursarius, Reinw. (Bouvetanne).

BALISTIDES.

CXXXVII. *Balistes*, Cuv. Art.

299. B. angulosus, Val. (Bourse).

300. B. lineo-punctatus, Holl. (id.).

301. B. calolepis, id. (id.).

302. B. reticulatus, id. (id.).

303. B. niger, Lacép. (id.).

304. B. frenatus, id. (id.).

305. B. conspicillum, Bl. Schn. (Bourse piastre).

306. B. assasi, Forsk. (Bourse).

307. B. aculeatus, Lin. (id.).

308. B. arcuatus, id. (id.).

309. B. gutturosus, Holl. (id.).

310. B. cinereus, Bonnat (id.).

CXXXVIII. *Aluterus*, Cuv.

311. A. lævis, Cuv.

312. A. rhinoceros, id.

OSTRACIONIDES.

CXXXIX. *Ostracion*, Lin.

313. O. quadricornis, Lin. (Coffre).

314. O. triqueter, id. (id.).

315. O. concatenatus, Bl. Schn. (id.).

316. O. cornutus, Lin. (id.).

317. O. cubicus, Lacép. (id.).

318. O. punctatus, Bl. Schn. (id.).

CHONDROPTÉRYGIENS A BRANCHIES FIXES

(PLAGIOSTOMES PLEUROTRÈMES, C. DUMÉR.)

CXL. *Alopéciens*.

319. A. vulpes, Bonap. (Loup de mer).

NOTIDANIENS.

CXLI. *Hexanchus*, Raf.

320. H. griseus, Bonap. Lin. (Griset).

SPINACIENS.

CXLII. *Acanthias*, Bonap.

321. A. vulgaris, Riss. (Requin aiguillat).

PRISTIDES.

CXLIII. *Pristis*, Lath.

322. P. antiquorum, Lath.

CHONDROPTÉRYGIENS A BRANCHIES FIXES.

(Plagiostomes hypotrèmes, C. Dumér.)

Torpédiniens.

CXLIV. *Torpedo*, C. Dumér.

323. T. marmorata, Rudol. (Trembleur).

Trygoniens.

CXLV. *Trigon*, Adans.

324. T. pastinaca, Bonap.

Myliobatides.

CXLVI. *Myliobatis*, C. Dumér.

325. M. aquila, Risso.

CXLVII. *Aetobatis*, Mull. et Henlé.

326. A. narinari, Müll., Henlé.

ANNEXE D

DE L'OUVRAGE INTITULÉ :

NOTES SUR L'ILE DE LA RÉUNION

PAR L. MAILLARD.

ETHNOLOGIE

PAR

M. J C.

Peu de pays offrent une galerie ethnologique plus complète que l'île Bourbon ; peu de pays fournissent, sur un territoire aussi restreint, autant de faits intéressants au point de vue anthropologique. Les travailleurs de toute provenance que la traite autrefois, l'immigration volontaire aujourd'hui, y ont réunis en si grand nombre, présentent une diversité de types très-remarquable, qui permet une étude fort utile des races pures et des produits de leur croisement.

On sait que parmi les savants les uns admettent que l'espèce humaine est unique, et que les influences reconnues propres à produire les races ont seules contribué à la formation de ces types si différents; et parmi eux quelques-uns se sont trouvés, et des plus illustres, qui n'ont pas reculé devant l'idée prodigieusement orgueilleuse, et qui dépasserait par trop les bornes de la vanité, si elle n'était la conséquence d'un spiritualisme aveugle et inconsidéré, de regarder l'homme comme formant à lui seul un règne à part, le règne humain ; ce qui revient à dire, qu'entre ce singe (dont l'organisation, de leur propre aveu, ne diffère en rien de celle de l'homme) et celui-ci, il y a la même distance qu'entre une plante et ce singe.

D

Les savants qui repoussent ces idées, ne voient aucune hérésie religieuse ou autre à admettre que les hommes peuvent et doivent se traiter en frères, et que toutes les lois de la justice restent intactes, en laissant la science rester la science, et proclamer l'existence de plusieurs espèces dans le genre humain.

Ce n'est ici nullement le lieu de rentrer dans cette interminable discussion ; qu'il nous suffise d'énoncer que tous les faits constatés par nous relativement aux diverses races que nous avons sous les yeux, à leurs croisements, à leur organisation, ne nous laissent aucun doute au sujet de la seconde opinion, que nous adoptons avec une entière conviction.

Nous n'avons à exposer ici que d'une manière très-succincte la physionomie générale des races de Bourbon.

La population de la colonie ne se composa d'abord que de quelques Européens et de quelques nègres et négresses; plus tard, elle s'augmenta de quelques Européennes. De ce premier noyau est sortie cette classe des *petits blancs* ou *petits créoles*, possédant une physionomie particulière bien reconnaissable, mais presque impossible à définir. Ils ont le teint d'un blanc sale, les traits assez réguliers, les jambes arquées, le mollet placé très-haut, les yeux presque toujours bleus et les cheveux châtains. Au moral, les *petits créoles* sont bien caractérisés par la vanité, la fierté et l'*indisciplinabilité*, alliées à une incurie, une paresse, une insouciance, une apathie incomparables. Ils ne sont à peu près bons à rien. On n'a rien à attendre d'eux comme membres de la société. Ils croiraient se déshonorer par le travail, surtout par le travail de la terre; la culture est une sorte de honte pour eux. Ils sont pêcheurs, chasseurs, ouvriers forestiers, charpentiers ou charretiers; tels sont les seuls métiers qui sourient à quelques-uns. Les autres vivent de paresse dans une petite case enfumée où grouille, en compagnie de porcs, de chiens et de volailles, une nuée d'enfants. Parmi ces *petits créoles,* quelques-uns, sans doute, sont descendants de race européenne pure; mais il faut considérer la plupart comme les produits de mélanges anciens retournés au type primitif, ainsi que cela se voit toujours.

Quant au type créole *blanc*, il a été trop souvent décrit pour qu'il soit utile d'y revenir; il diffère du reste bien peu, maintenant, du type européen dont il descend, et dont il ne se distingue que par une intelligence plus générale, alliée à moins d'activité et de volonté.

Nous n'avons pas besoin de dire que l'union de toutes ces races est féconde, et que l'on rencontre à Bourbon un grand nombre de mulâtres provenant du croisement de la race blanche avec la race nègre ou indienne. Un fait remarquable, c'est que ce mélange n'améliore ni l'une ni l'autre des races. Evidemment, le mulâtre est toujours supérieur à son parent nègre par l'intelligence, mais il lui est inférieur par le développement physique ; il est de fait rarement supérieur à son parent blanc, il le devient souvent par amour-propre, et à force d'étude et de travail.

Tout en tenant compte des beaux hommes et des femmes magnifiques qu'on rencontre parmi les mulâtres, il est permis de dire que le plus grand nombre, les femmes surtout, ont le système musculaire peu développé, la taille peu élevée, enfin qu'ils n'ont rien gagné physiquement au croisement des races.

Le fait capital présenté par les familles de mulâtres, c'est que, loin de se continuer à l'état de race, leurs descendants retournent à l'un des types primitifs. C'est ainsi que les unions entre mulâtres ne produisent pas indéfiniment des mulâtres, mais des individus qui passent rapidement au blanc ou au noir : ce dernier cas est plus rare pourtant. Ce que nous disons là est un fait des mieux établis ; il n'y a qu'à ouvrir les yeux pour s'en assurer, et de plus, il est général et sans exceptions. Non-seulement les produits des mulâtres ne restent pas mulâtres et retournent au type spécifique blanc, mais au blanc avec le plus beau de son teint ; on peut même dire, qu'à quelques signes imperceptibles près, les visages les plus éclatants de blancheur, les joues les plus rosées, les cheveux du blond le plus cendré, les yeux du plus bel azur appartiennent aux femmes *retour d'Ethiopie*.

Quant au moral, les mulâtres sont infiniment supérieurs aux petits créoles ; ils sont, au moins en grande partie, assez actifs, entreprenants, ambitieux, jaloux de bien faire et de rivaliser avec les blancs ; ils recherchent les honneurs et la fortune, et déploient pour les acquérir de l'intelligence et beaucoup d'opiniâtreté.

Le nègre, qui fut longtemps le seul travailleur à Bourbon, a presque complétement disparu des ateliers. Il a éludé par mille moyens les lois qui l'auraient forcé au travail, et il vit dans une oisiveté presque complète. Il est tout entier sous l'influence du clergé, et enrégimenté en congrégations ou en sociétés religieuses. Sa grande affaire, c'est la messe, qu'il manque rarement; les processions, où il est très-fier de figurer; les instructions, etc., etc.

Les besoins des anciens esclaves étant fort limités, leur ambition nulle, on les voit presque tous retirés à la lisière des bois de l'intérieur et dans les *îlets* des rivières, où ils vivent de presque rien, c'est-à-dire de la vente de quelques poules, du produit d'un jardinet exigu, et trop souvent de rapine et de recel.

Ils ont contribué beaucoup à des déboisements faits sans règles et sans mesures, et qui, dans certaines localités, ont suffi pour tarir les rivières.

A côté des esclaves d'autrefois ou citoyens, comme ils se plaisent à se faire appeler depuis leur émancipation, il faut placer les immigrants malgaches, qui n'en diffèrent guère par les mœurs et les coutumes. Astreints par leur engagement au travail, s'acclimatant sans aucune difficulté dans notre pays, ce sont, après les Cafres, les plus robustes et les plus actifs de nos travailleurs; parfaitement inoffensifs d'ailleurs, relativement honnêtes et pleins de bonne volonté.

Les femmes malgaches sont parfois d'une beauté plastique remarquable, et ne connaissent pas cette saleté immonde et repoussante où croupissent les femmes indiennes. Elles tressent coquettement leurs cheveux en mille petites nattes qu'elles groupent d'une façon très-pittoresque. Le trait le plus singulier de leurs mœurs est cette habitude, surtout chez les femmes qui travaillent aux champs, de porter leur enfant sur le dos, attaché par une pièce de linge qui ne lui laisse que la tête dehors. J'ai lu souvent que ces femmes donnaient à téter à leurs enfants dans cette attitude, en leur passant le sein par-dessus l'épaule. L'idée est ingénieuse, mais nous avouons que, bien que ces femmes aient, il est vrai, les seins très-longs et pendants, quand elles ont eu des enfants, nous n'avons jamais vu ce fait se produire et qu'il ne nous paraît guère possible.

Les Malgaches ont, autant que possible, une femme attitrée; il n'en est pas de même des Cafres et des Mozambiques. Ceux-ci vivent dans un communisme presque complet sous ce rapport, insouciants de la fidélité féminine comme de tout le reste. Ils offrent aussi quelques particularités de mœurs qui rappellent nos vieux noirs d'autrefois; neufs à la civilisation, ils gardent, en dépit du contact, les mille petits enfantillages de la sauvagerie.

Voués au fétichisme, et n'ayant nullement l'air d'avoir des idées religieuses plus relevées, sujet qu'il est, d'ailleurs, difficile d'étudier auprès d'eux, ils n'ont aucune cérémonie de leur culte. On les voit les jours de chômage courir les rues pleins de gaieté et d'entrain, chantant et dansant, couverts d'une simple pièce de toile attachée autour de la ceinture. Mais dans leur courte chevelure est presque invariablement fixé un objet quelconque, le plus souvent un morceau de bois pointu, une plume, une fleur, des graines de verroterie, qui leur sont à la fois et un ornement et un symbole religieux.

Les Cafres s'acclimatent moins facilement que les Malgaches; plusieurs maladies peuvent les enlever rapidement dans les premiers temps de leur arrivée. La dyssenterie et le séringos, auxquels ils sont le plus sujets, le tétanos et quelques autres maladies les trouvent incapables de réaction, et les conduisent au tombeau avec une facilité incroyable(1).

Cette chance de réaction est d'autant plus extraordinaire, que ces hommes sont des plus robustes, de haute stature, quelques-uns même gigantesques. J'en connais beaucoup qui ont au delà de six pieds, doués d'une musculature magnifique, d'une force extraordinaire.

Les femmes cafrines sont d'une laideur repoussante. Leurs cheveux crépus, leur face couverte de tatouages, leurs dents aiguisées comme celles des hommes, leurs formes herculéennes, leur vêtement, qui ne diffère de celui des hommes qu'en ce que la pièce de toile est nouée autour de la poitrine, au-dessus des seins qui sont ainsi comprimés et allongés en bas, les rendent si peu différentes des

(1) *Note de l'Éditeur.* Ces maladies que les Cafres semblaient contracter sur la côte et à bord des navires de transport où l'on entassait à tort les malades avec les individus bien portants, seraient de beaucoup diminuées par une immigration régulière convenablement réglementée, et où l'on admettrait que des travailleurs sains et déjà préparés au régime du bord par une alimentation préalable.

hommes, qu'il faut une certaine habitude pour distinguer les deux sexes, d'autant que beaucoup d'hommes ont également l'habitude de se comprimer le thorax à l'aide d'un lien quelconque, auquel ils fixent souvent leur vêtement.

Au bout de peu de temps les Cafres sont acclimatés et deviennent d'excellents travailleurs.

Le plus grand nombre de nos immigrants est composé d'Indiens venant de Mahé et de Pondichéry.

Moins robustes que les précédents, mais plus intelligents, plus rusés, plus civilisés, ils sont bons domestiques, et sont employés à tous les genres de travaux, ceux des champs et ceux de la domesticité. Mais ils sont lâches, paresseux, voleurs, exigeants, et le service domestique est devenu détestable depuis qu'il leur est confié. Industrieux, thésauriseurs et usuriers, bon nombre d'entre eux amassent un petit pécule qui leur permet de retourner dans leur pays avec une aisance relativement considérable, ou de rester à Bourbon, où ils s'établissent nécessairement marchands. L'Indien est né marchand; il excelle dans le mercantilisme; et, nanti d'avance de la clientèle de ses compatriotes, il se livre à nombre de petits trafics plus ou moins avouables. Il est rare que tous ces marchands-là n'arrivent pas à faire leurs affaires.

L'Indien est essentiellement religieux; il ne manque que bien rarement à toutes les nombreuses et interminables cérémonies de son culte. Chaque habitation où sont employés des Indiens est munie d'un énorme mât, où chaque soir est hissée une lanterne et déposée une offrande composée de riz, de noix de coco, de bananes, etc. A l'époque du jour de l'an, c'est le Pungol qui dure quatre jours, et où l'image de leur divinité est promenée dans une sorte de dais fabriqué avec des troncs de bananiers, des feuilles de cocotiers, des papiers de couleur, etc. Le cortége est précédé de diablotins grimés de la façon la plus originale, ornés d'une queue, et tenus en laisse au moyen d'une chaîne. Ils se livrent, au son du tambourin, à mille contorsions et aux danses les plus excentriques. Le Pungol fini, tout l'appareil est précipité à la rivière.

Ce cortége est conduit par le prêtre appelé *Kourou*, qui, au moins une fois la semaine, donne des conférences où sa parole traînante et rhythmée est entrecoupée en manière de ponctuation par un « heum » poussé par toute l'assemblée.

Parmi ces Indiens, on trouve quelques hommes d'une beauté remarquable, à type pur et distingué, aux proportions élégantes, à mine des plus intelligentes.

Auprès de l'Indien du Malabar se place le Bengali ou Indien de Calcutta, le plus triste, et le plus mauvais de nos travailleurs. L'immigration du Bengale est aujourd'hui condamnée en principe, et personne ne veut plus pour travailleurs de ces malheureux êtres, étiques, hâves, décharnés, qu'on nous apporte ici de Calcutta, et dont la moitié périt dans la première année de son arrivée.

Les neuf dixièmes sont affectés de maladies de peau presque incurables et qui les rendent souvent impropres au travail. Le béri-béri, la myélite, la dyssenterie, etc., les enlèvent rapidement, sans que la médecine y puisse rien.

Prenez les plus robustes et les plus sains ; ils sont à peu près incapables de travailler à la terre, et ont tout au plus assez de force et d'énergie pour être domestiques, emploi auquel une certaine intelligence les rend assez propres.

La liste des travailleurs introduits à Bourbon se termine par les Chinois et les Abyssins. Quant aux premiers, il ne faut les noter que pour mémoire ; car très-peu sont employés à la culture ou au service domestique. C'étaient d'ailleurs d'assez mauvais sujets ; vindicatifs, malhonnêtes, querelleurs et méchants, ils ont commis des crimes nombreux, et il ne reste aujourd'hui à Bourbon que ceux que la guillotine ou le bagne ont épargnés. Ceux-là sont marchands, et pour n'être pas criminels ils n'en sont pas plus honnêtes. La police les connaît en général comme des recéleurs de profession, prêtant la main aux mille petits forfaits domestiques des Indiens (1).

Le Chinois est comme l'Indien né marchand ; c'est là sa vocation bien décidée ; il a toutes les qualités désirables pour réussir promptement dans cette voie.

Le petit contingent d'Abyssins arrivé dans la colonie est presque

(1) *Note de l'Éditeur.* L'Auteur oublie de dire que beaucoup de bons Chinois sont retournés dans leur pays et, aussi, que tous ceux qui ont été amenés à Bourbon ont été pris dans le rebut de la population des ports de mer ; pour avoir de bons travailleurs chinois il faudrait les recruter dans l'intérieur des terres.

tout entier employé aux travaux de batelage. Ce sont , au moins dans cette spécialité, les meilleurs de tous nos travailleurs. Race fortement mélangée de sang arabe, à face peu ou point prognathe, à cheveux à peine crépus, à mine intelligente et ouverte, à corps bien fait et vigoureux, elle est tout à fait supérieure aux autres types de travailleurs.

Ils apprennent le français très-rapidement, et le parlent beaucoup plus correctement que tous les autres.

Pleins d'adresse, d'intelligence et d'excellentes qualités, ils sont de très-bons domestiques.

ANNEXE E

DE L'OUVRAGE INTITULÉ :

NOTES SUR L'ILE DE LA RÉUNION

PAR L. MAILLARD.

MOLLUSQUES.

Il avait été, jusqu'à ce jour, tellement accepté en principe, que l'île de la Réunion était un des pays du monde le plus pauvre en mollusques, que les voyageurs ne se donnaient pas la peine de faire des recherches sur cette partie de la zoologie, ou restaient convaincus de l'exactitude du fait admis, en voyant la pauvreté des plages de Saint-Denis et de quelques autres points où tous allaient généralement attérir. Pourtant de riches mines étaient encore à exploiter dans ce pays; aussi, nos recherches ont-elles eu pour résultat de nous faire découvrir sur les côtes de la colonie et dans ses baies ou ses eaux douces, plus de six cents espèces de mollusques, non compris les mollusques nus. Sur cette énorme quantité (comparée à la faible surface du lieu qui nous occupe) un grand nombre de sujets étaient connus, il est vrai, parce qu'ils avaient été trouvés soit à Maurice, soit à Madagascar ; mais très-peu étaient considérés comme appartenant à la Faune de Bourbon. De plus, nous avons récolté et rapporté dans notre collection près de cent espèces inconnues, dont plusieurs vont être les types de genres nouveaux. M. Deshayes a bien voulu se charger de faire un long travail sur cette partie de l'histoire naturelle coloniale. Malheureusement l'étendue de cette publication, qui comportera 12 à 15 planches coloriées et un texte en propor-

E

tion, ne nous a pas permis de la joindre à ce volume, déjà très-considérable (27 planches et 600 pages de texte). Nous ferons donc de cette partie un ouvrage spécial qui ne pourra, du reste, être livré que dans quelques mois, et qui eût par conséquent trop retardé la publication de l'œuvre principale.

L. M.

L'importance du travail sur la conchyliologie nous oblige à en faire un volume spécial; toutefois, voulant, autant que possible, favoriser les souscripteurs des notes sur l'Ile Bourbon, nous avons pris les mesures nécessaires pour que cette partie de nos travaux sur la colonie leur soit livrée au prix coûtant et même un peu au-dessous. En conséquence cette publication dont le prix est fixé à 10 francs leur sera délivrée sur présentation du bon ci-joint pour la somme de CINQ FRANCS.

Jusqu'au 1er juillet 1863 et sur présentation de ce bon, l'auteur des Notes sur l'île de la Réunion ou ses commettants remettront pour le prix de CINQ FRANCS, *la Conchyliologie de Bourbon qui sera publiée très-prochainement.*

Signature,

ANNEXE F

DE L'OUVRAGE INTITULÉ :

NOTES SUR L'ILE DE LA RÉUNION

PAR L. MAILLARD

FAUNE CARCINOLOGIQUE

DE L'ILE DE LA RÉUNION

Par M. Alph. MILNE-EDWARDS,

DOCTEUR ÈS SCIENCES ET EN MÉDECINE, MEMBRE DE LA SOCIÉTÉ PHILOMATIQUE, ET DE LA SOCIÉTÉ DE BIOLOGIE.

La plupart des crustacés mentionnés dans cette note proviennent de la collection formée à l'île Bourbon, et donnée au Muséum d'histoire naturelle de Paris par M. Maillard. Je me suis borné à indiquer nominalement les espèces qui sont bien connues des entomologistes, mais j'ai cru devoir décrire avec quelques détails, et dans certains cas figurer, celles qui m'ont paru nouvelles ou imparfaitement caractérisées.

Cette faune carcinologique n'a été jusqu'ici que très-peu explorée; et d'après le nombre d'espèces nouvelles dont M. Maillard a enrichi les collections du Muséum, il me paraît probable qu'elle devra encore fournir d'autres objets intéressants. Nous savons qu'il existe dans ces parages beaucoup de crustacés dont les musées d'Europe ne possèdent aucun représentant : des Gecarciniens et des Astaciens, par exemple. Il est aussi à noter que, dans les collections que nous avons pu consulter, il ne se trouve aucun Amphipode, et que les Salicoques sont en très-petit nombre. Quelques Isopodes appartenant aux genres Lygie et Armadille existaient dans la collection de M. Maillard, mais leur état de conservation était trop mauvais pour que l'on pût les déterminer. Il serait fort à désirer que l'on entreprît de nouvelles recherches dans le but de combler ces lacunes.

ORDRE DES CRUSTACÉS DECAPODES

SECTION DES BRACHYURES PROPREMENT DITS
BRACHYURES MACROCÉPHALÉS.

SÉRIE DES EUSTOMÉS. — *CYCLOMETOPES.*

FAMILLE DES PORTUNIENS.

1. NEPTUNUS SANGUINOLENTUS.

Cancer sanguinolentus. Herbst, Krabben und Krebse, 1796. T. I, p. 161, pl. VIII, fig. 56-57.

Neptunus sanguinolentus. Alph. Milne-Edwards. Etudes zoologiques sur les Portuniens récents. Archives du Muséum, t. X, p. 319.

2. NEPTUNUS VIGILANS.

Amphitrite vigilans. Dana. United States expl., exp. crust., t. I, p. 278, pl. XVII, fig. 3.

Neptunus vigilans. Alph. Milne-Edwards. Etudes zoolog. sur les Portuniens, Archives du Muséum, t. X, p. 336.

3. NEPTUNUS SIEBOLDI.

Alph. M. Edwards. Loc. cit., p. 323, pl. XXXV, fig. 5.

4. ACHELOUS GRANULATUS.

Lupa granulata. Milne-Edwards. Histoire naturelle des crustacés, t. I, p. 454.

Achelous granulatus. Alph. M. Edwards. Loc. cit., p. 344.

5. SCYLLA SERRATA.

Cancer serratus. Forskal. Descriptiones animalium quæ in itinere orientali observavit Petrus Forskal. 1755, p. 90.

Scylla serrata. De Haan. Fauna Japonica. Crustacea, p. 40.

6. THALAMITA INTEGRA.

Dana. Loc. cit., t. I, p. 281, pl. XVII, fig. 6.

7. GONIOSOMA PAUCIDENTATUM.

Alph. Edwards. Loc. cit., p. 381.

8. PODOPHTHALMUS Vigil.

Portunus Vigil. Fabricius. Suppl. Entom. syst., p. 368, n° 1.

Podophthalmus Vigil. Leach. Zool. miscell., t. II, pl. CXVIII.

FAMILLE DES CANCÉRIENS.

9. Œthra scruposa.

Cancer scruposus. Linné. Mus. Lud. Ulr., p. 450.

Œthra scruposa. Milne-Edwards. Hist. nat. des crust., t. I, p. 371.

10. Carpilius maculatus.

Cancer maculatus. Linn. Mus. Lud. Ulr., p. 433.

Carpilius maculatus. Milne-Edwards. Hist. nat. des crust., t. I, p. 382.

11. Carpilius convexus.

Cancer convexus. Forskal. Descript. animal., p. 88.

Carpilius convexus. Ruppell. Crust. de l'Egypte, pl. x, fig. 3.

G. Carpiloxanthus (nobis).

La carapace est moins déprimée que chez les Xanthes; par la forme générale, ce genre se rapproche beaucoup des Carpilodes.

L'article basilaire des antennes externes ne rencontre le prolongement frontal que par son angle antéro-interne; la tigelle mobile est presque exclue de l'orbite tant l'hiatus est étroit. Les pattes antérieures sont courtes; les suivantes ne présentant pas de crêtes. Ce genre renferme le Zozymus Rugatus(1) et le Zozymus Canaliculatus (Lucas) (2) qui d'ailleurs ne doit pas être distingué de l'espèce précédente.

12. Carpiloxanthus Vaillantianus (nobis).

Carapace très-élargie, bombée dans le sens antéro-postérieur, surface très-finement granuleuse, surtout en avant; régions gastriques et branchiales parcourues par six sillons longitudinaux; partie postérieure de la carapace lisse; bords latéro-antérieurs divisés en lobes, les deux postérieurs plus gros que les antérieurs; les sillons qui séparent ces deux lobes se continuant sur les régions branchiales; front large, presque droit, obscurément séparé en quatre lobes, les

(1) Cancer Rugatus. Latreille, collect. du Museum. — Zozymus Rugatus. Milne-Edwards, Hist. nat. des crust., t. V, p. 385.

(2) Zozymus Canaliculatus. Lucas, Voyage de *l'Astrolabe* au pôle Sud, Crust. p. 21, pl. III, fig. II.

deux médians plus larges, séparés sur la ligne médiane par une petite scissure, les deux latéraux très-petits. Pattes antérieures très-granuleuses, les tubercules disposés en séries sur la face externe de la main, doigts cannelés généralement noirs et terminés en cuillère ; pattes suivantes courtes, le pied et la jambe granuleux, la cuisse presque lisse.

Largeur de la carapace $0^{m},011$; longueur $0^{m},006$.

Par sa taille et son aspect général, cette petite espèce pourrait être confondue avec le Carpiloxanthus Rugatus ; mais par un examen un peu attentif il est facile de distinguer ces deux espèces. Le Carpiloxanthus Rugatus est plus large et plus bombé que le Carpiloxanthus Vaillantianus, et les sillons qui traversent la carapace sont beaucoup plus profonds et plus étendus. Ainsi, dans l'espèce qui nous occupe, le sillon qui part du dernier lobe latéro-antérieur et qui s'étend sur la région branchiale, est plus court que le sillon partant de l'avant-dernier lobe latéro-antérieur, tandis qu'au contraire chez le Carpiloxanthus Rugatus il est de beaucoup le plus long, et va rejoindre les sillons qui limitent la région cardiaque ou s'arrête à peu de distance d'eux. Enfin, chez le Carpiloxanthus Rugatus le front est plus droit que chez le Carpiloxanthus Vaillanti.

13. ZOZYMUS ÆNEUS.

Cancer æneus. Linnée. Mus. Lud. Ulr., p. 451.

Zozymus æneus. Leach in Desmarest, op. cit. p. 105.

14. XANTHO RUFO-PUNCTATUS.

Milne-Edwards. Hist. nat. des crustacés, t. I, p. 389.

15. XANTHO LAMARCKII.

Milne-Edwards. Hist. nat. des crustacés, t. I, p. 391.

16. XANTHO RADIATUS.

Milne-Edwards. Hist. nat. des crust., t. I, p. 398.

17. EUDORA IMPRESSA.

Cancer impressus. Lamarck. Hist. des an. s. vert., t. V, p. 272.

Eudora impressa. De Haan. Fauna Japonica. Crustacea, p. 22.

18. ACTŒA PILOSA (nobis).

Carapace très-élargie, fortement bosselée, les parties saillantes couvertes de granulations et hérissées de poils longs et fins, bords latéro-antérieurs de la carapace obtusement divisés en quatre lobes;

bords latéro-postérieurs fortement excavés, front divisé en quatre dents égales et très-obtuses; pattes antérieures petites, granuleuses et poilues; pattes suivantes comprimées et également hérissées de poils.

Largeur de la carapace, 0m,019. Longueur, 0m,015.

Cette espèce, qui ressemble beaucoup à l'Actœa Hirsutissima (Ruppell), s'en distingue cependant au premier coup d'œil par la forme des poils qui, chez cette dernière, sont courts et raides, tandis que chez l'espèce de l'île Bourbon ils sont longs et fins; de plus, chez l'Actœa Hirsutissima l'œil est cerné en dessous par un sillon qui suit le bord sous-orbitaire et ce sillon manque chez l'Actœa Pilosa. L'absence de poils, la forme très-élargie et l'existence de bosselures très-faibles qui se remarquent chez l'Actœa Areolata (Dana) la distinguent de notre espèce. Quant à l'Actœa Cellulosa (Dana), elle est trop bien caractérisée par les dépressions en forme de cellules qui couvrent la carapace, pour que l'on puisse la confondre un seul instant avec l'Actœa Pilosa.

L'Actœa Nodulosa (Adams et White), au lieu de présenter des granulations est couverte de gros tubercules.

19. Actœa nodulosa.

Adams et White. Zoology of the voy. of m. s. Samarang. Crust. p. 38, pl. viii, fig. 4.

20. Eriphia lœvimana.

Latreille. Collection du Museum.

Milne-Edwards. Hist. nat. des crust. t. p. 427.

21. Melia tessellata.

Grapsus tessellatus. Latreille. Encyclopédie, pl. cccv, fig. 2.

Melia Tessellata. Milne-Edwards. Hist. nat. des Crust. t. I, p. 431, pl. xviii, fig. 8 et 9, et Règne animal de Cuvier, Crustacés. Atlas, pl. xv, fig. 3.

FAMILLE DES CATOMETOPES OCYPODIENS.

22. Elamene Mathæi.

Hymenosoma Mathœi. Latreille, Collection du Museum.

Elamene Mathœi. Milne-Edwards; Hist. nat. des crustacés, t. II, p. 35.

23. Ocypode ceratophthalma.

Cancer ceratophthalmus. Pallas. Speciel. Zool. fasc. 9, p. 83, pl. v, f. 17.

Ocypode Ceratophthalma. Fabricius, Supp. p. 347.

24. Gelasimus tetragonon.

Cancer tetragonon. Herbst, t. I, p. 257, pl. xx, fig. 110.

Gelasimus tetragonon. Ruppell. Crust. de l'Egypte, p. 25, pl. v, fig. 5.

25. Gelasimus chlopophthalmus.

Latreille, Collection du Museum.

Milne-Edwards. Hist. nat. des crust., t. II, p. 54.

26. Macrophthalmus parvimanus.

Latreille, Collection du Museum.

Milne-Edwards, Hist. nat. des crust., t. II, p. 65.

FAMILLE DES GRAPSOIDIENS.

27. Cyclograpsus Latreillei.

Grapsus venosus. Latreille, Collection du Museum.

Cyclograpsus Latreillei. Milne-Edwards. Observations sur la classif. des crustacés. Annales des sciences naturelles. Zoologie, 3e série, t. XX, p. 134.

28. Grapsus Pharahonis. Milne-Edwards. Hist. n. des crust., t. II, p. 80.

29. Nautilograpsus minutus.

Cancer minutus. Fabricius. Ent. syst. t. XI, p. 443, et Suppl. p. 343.

Nautilograpsus minutus. Milne-Edwards. Hist. nat. des crust., t. II, p. 98.

FAMILLE DES OXYRYNQUES.

30. Arctopsis styx.

Cancer styx. Herbst, pl. lviii, fig. 6.

Arctopsis styx. Adams et White. Zoolog. of the voy. of Samarang, Crust., p. 10.

30. Menœthius monoceros.

Pisa monoceros. Latreille, Encyclop. t. X, p. 139.

Menœthius monoceros. Milne-Edwards. Hist. nat. des crust. t. I, p. 339.

31. MENŒTHIUS RUGOSUS (nobis), pl. XVII, fig. 2ª.

Carapace très-allongée ressemblant à un triangle, très-peu bosselée en avant sur la région gastrique, mais présentant un gros tubercule sur la région cardiaque et deux autres sur la partie postérieure des régions branchiales. Surface couverte de petites granulations. Bords latéro-antérieurs divisés en trois dents, dont la postérieure est bien marquée et les deux antérieures obtuses; bords latéro-postérieurs portant deux tubercules au-dessus de la base des pattes de la cinquième paire. Un Rostre long et mince, angles antérieurs des orbites terminés par une pointe dirigée en avant et atteignant le tiers du rostre. Pattes antérieures, longues et grêles. Pattes suivantes tuberculeuses. Longueur de la carapace 0ᵐ 015.

Cette espèce se rapproche beaucoup de la précédente, mais elle se distingue par la disposition des tubercules qui garnissent la carapace, par la présence des granulations qui manquent chez le Mœnethius Monoceros, et enfin les cuisses des pattes marcheuses au lieu d'être épineuses comme chez cette dernière espèce sont couvertes de tubercules.

32. ACANTHONYX CONSOBRINUS (nobis), pl. XVII, fig. 3, 3ª, 3ᵇ.

Carapace élargie et un peu renflée; surface non granuleuse. Région gastrique portant trois petits tubercules peu marqués. Région cardiaque lisse ou montrant quelquefois les traces d'un tubercule rudimentaire. Bords latéro-antérieurs découpés en quatre ou cinq dents, la première ou angle orbitaire externe, petite et pointue, la deuxième plus grosse et à extrémité mousse; les autres de plus en plus petites. Front fourchu, les branches de la fourche fortes et peu développées; bord orbitaire supérieur spiniforme. Pattes antérieures courtes, doigts pourvus de petites dents égales (fig. 3ᵇ); pattes suivantes terminées par un crochet recourbé. L'abdomen du mâle composé de cinq articles; les 2, 3 et 4 étant soudés.

Longueur de la carapace 0ᵐ,015. Cette petite espèce ne peut se confondre avec la suivante. En effet les tubercules qui ornent les régions gastrique et cardiaque sont beaucoup moins développés, les dents du bord latéro-antérieur n'ont pas la même forme; le pouce au lieu de présenter une grosse dent est finement denté; enfin l'abdomen du mâle se compose de cinq articles au lieu de sept.

33. ACANTHONYX LIMBATUS (nobis). Pl. XVII, fig. 4; 4_a, 4^b.

Carapace allongée et non granuleuse; région gastrique portant

3 tubercules disposés en triangle, dont la base serait tournée en avant. Région cardiaque présentant également un tubercule qui se termine par une crête au bord postérieur de la carapace. Bords latéro-antérieurs découpés en 3 dents. La première, plus longue et aplatie; la deuxième plus petite, mais dépassant encore la troisième. Entre la première et la deuxième, on voit les rudiments d'une petite dent. Front fourchu et regardant un peu en bas. Bord susorbitaire terminé par une dent dirigée en avant et en dehors et atteignant à peine la base de la fourche rostrale. Angle orbitaire externe non spiniforme. Pattes antérieures médiocres; mains renflées, pouce ne portant qu'une seule grosse dent et finement denticulé du reste (fig. 4^b). Abdomen du mâle composé de 7 articles. Longueur de la carapace 0^m,018.

34. HUENIA DEPRESSA (nobis). Pl. XVII, fig. 1, 1^a.

Carapace aplatie, très-allongée, un peu quadrangulaire, non tuberculeuse, portant sur la ligne médiane 2 tubercules vigoureusement marqués, l'un sur la région gastrique, l'autre sur la région cardiaque. Bords latéro-antérieurs de la carapace fortement échancrés et divisés en deux lobes plats et arrondis. Bords latéro-postérieurs portant un tubercule au-dessus de la base des pattes de la cinquième paire.

Rostre médiocrement allongé, arrondi à son extrémité et assez épais, bord sus-orbitaire non spiniforme. Pattes antérieures grêles chez la femelle. Doigts terminés en cuillère et finement denticulés. Pattes suivantes grêles. Longueur de la carapace, 0^m,016.

De toutes les espèces connues de ce genre, l'Huenia Proteus est celle qui présente le plus d'analogie avec le H. Depressa. Cependant il n'est pas possible de les confondre; car l'espèce décrite par de Haan et ensuite par MM. Adams et White présente toujours sur son bord sus-orbitaire une petite épine dirigée en avant de telle sorte que le front est tridenté. Chez notre espèce les épines latérales manquent et le front n'est formé que par le rostre.

35. PARTHENOPE SPINOSISSIMA (nobis). Pl. XVIII, fig. 1, 1_a, 1_b.

Cancer spinosus seu *Hipocarcinus hispidus Aldrovandi.*

Seba. Locupletissimi Rerum naturalium Thesauri. 1758. t. III, pl. XXII, fig. 2, 2^a, 2^b.

Carapace très-élargie et triangulaire, horizontale, très-fortement bosselée et épineuse en dessus; région gastrique très-renflée et divisée en trois lobes, deux antérieurs et un postérieur, hérissés d'épines.

Régions cardiaque et branchiales épineuses. Bords latéro-antérieurs de la carapace armés d'épines longues et denticulées, se réunissant aux bords latéro-postérieurs, qui eux-mêmes sont garnis d'épines, par un angle aigu se continuant en forme de crête spiniforme sur les régions branchiales ; front étroit, terminé en pointe ; au-dessus, en avant de la cloison interantennulaire, se trouve une forte épine. Régions ptérygostomiennes épineuses. Pattes mâchoires, externes hérissées d'épines acérées (fig. 1^a, 1^b). Pattes antérieures très-longues, bras longs, triangulaires, hérissés sur leurs faces et sur leurs bords d'épines denticulées. Avant-bras très-épineux. Main prismatique, couverte d'épines rameuses. Doigts couverts d'épines. Pattes marcheuses également couvertes d'épines sur tous les articles y compris le doigt. Abdomen de la femelle large et très-épineux. Largeur de la carapace 0^m,160 ; longueur 0^m,100.

Cette espèce paraît avoir été jusqu'à présent confondue avec la Parthenope horrida (Linné) qui habite l'Océan Indien. Séba en 1758 en avait donné une figure très-exacte que l'on rapportait toujours à la P. Horrida ; il est cependant impossible de confondre un seul instant ces deux espèces, quand on les a sous les yeux, car elles diffèrent sous tous les rapports, aussi bien par la forme générale que par les détails de structure. Chez la P. Horrida la carapace est beaucoup moins élargie, et les angles latéro-antérieurs ne se terminent pas en arrière par une pointe aussi longue et aussi pointue que chez la P. Spinosissima. Ce sont des tubercules obtus et arrondis qui couvrent la carapace, et non pas des épines. Les pattes antérieures sont également garnies de gros tubercules, mais on n'y voit pas de ces épines rameuses qui donnent à l'espèce qui nous occupe un aspect si remarquable. Les pattes suivantes sont également tuberculeuses, et enfin le doigt est lisse, tandis que chez la P. Spinosissima il est très-épineux. Les régions ptérygostomiennes, les pattes-mâchoires et l'abdomen sont tuberculeux mais sans épines, enfin cette dernière partie est remarquable par des dépressions profondes qui se voient sur chaque article de chaque côté de la ligne médiane. Chez l'espèce de l'île Bourbon ces dépressions sont à peine indiquées et l'abdomen est épineux.

La Parthenope spinosissima doit donc former une espèce distincte sans aucun autre rapport avec la P. Horrida que ceux qui peuvent exister entre des espèces d'un même genre.

36. Lambrus contrarius.

Cancer contrarius. Herbst, pl. 60, fig. 3.

Lambrus Contrarius. Milne-Edwards. Hist. nat. des Crust., t. i, p. 354.

SÉRIE DES OLIGORYNQUES.

TRIBU DES CALAPPIENS.

37. Calappa gallus.

Cancer gallus. Herbst, t. III, p. 46, pl. 58, f. 1.

Calappa gallus. M.-Edwards, Hist. n. des Crust., t. II, p. 105.

38. Matuta victor.

Fabricius, Suppl., p. 369.

BRACHYURES MICROCÉPHALÉS.

39. Ixa canaliculata.

Leach. Zool. Misc. t. III, p. 26, pl. 129, f. 1.

BRACHYURES ANORMAUX.

FAMILLE DES DROMIENS.

40. Dromia fallax.

Lamarck, Hist. des anim. s. vert., t. V, p. 264.

41. Dynomene hispida.

Desmarest, Consid. sur les Crust., p. 133, pl. xviii, fig. 2.

FAMILLE DES RANINIENS.

42. Ranina dentata.

Latreille, Encyclop., t. X, p. 268.

FAMILLE DES LITHOSCAPTES.

43. Lithoscaptus paradoxus (nobis).

M. Maillard a rapporté de l'île Bourbon deux petits crustacés, qui vivent dans des trous creusés dans la substance d'un polypier du genre Méandrine. Malheureusement ces deux individus sont des femelles. Mais leur organisation est si remarquable et s'éloigne tellement de toutes les formes connues de l'ordre des Décapodes, qu'ils ne peuvent prendre place dans aucune des divisions déjà établies et qu'ils me paraissent devoir être pris pour types d'une famille particulière. Au premier abord, et à raison de leur aspect, on aurait pu les regarder comme des larves de Crustacés Brachyures, voisins des Dromies, mais ces deux femelles sont adultes, car elles portent suspendus aux fausses pattes abdominales un grand nombre d'œufs. La région céphalo-thoracique est beaucoup moins développée que la région abdominale dont la disposition est très-anormale, mais elle ne porte à son extrémité aucun vestige d'une nageoire caudale, et son pénultième article est complétement dépourvu d'appendices, en sorte que c'est dans la grande division des Brachyures plutôt que dans celle des Macroures que ce type doit prendre place. Je le désignerai sous le nom de Lithoscaptus (1) paradoxus pour rappeler à la fois son genre de vie et sa structure singulière.

La carapace est subquadrilatère, plus longue que large, et fortement infléchie en bas, à partir de son tiers antérieur, de telle sorte que la portion antérieure de la région gastrique et la région frontale sont presque verticales. Les régions gastrique et cardiaque sont nettement indiquées et couvertes, ainsi que le reste de la carapace, de tubercules miliaires. Le front est droit et recouvre à peine la base des antennes et des antennules. Les pédoncules oculaires sont dirigés en avant et en bas et ne sont pas logés dans une cavité orbitaire. Les antennes externes, appliquées contre le bord interne des pédoncules oculaires, sont grêles, presque rudimentaires et un peu moins longues que ces derniers. Les antennes internes naissent sur le même niveau. Leur article basilaire est grand, aplati et terminé antérieurement par un bord denticulé qui dépasse notablement les yeux. Leur tigelle mobile est repliée longitudinalement le long du bord interne de l'article basilaire. La région antennaire rappelle donc un peu celle des Raniniens. Les pattes-mâchoires externes ressemblent un peu à celles des Rémipèdes. Cependant leur troisième article est plus large et la tigelle est moins forte.

Les pattes antérieures sont remarquablement grêles et petites, elles ne présentent ni tubercules ni épines et se terminent par une pince didactyle bien constituée. Celles des deux paires suivantes sont trapues, comprimées, tuberculeuses et peu extensibles; leur

(1) De λίθος, pierre, et de σκάπτω, creuser.

doigt est élargi. Les pattes de la quatrième paire sont les plus courtes de toutes et terminées par un crochet aigu. Celles de la cinquième paire sont cylindriques, plus allongées que les précédentes et reployées en dessus sur les côtes du thorax. Le plastron sternal, élargi entre la base des trois premières paires de pattes, est linéaire entre la base des deux dernières, disposition qui rappelle encore ce qui se voit chez les Ranines.

L'abdomen présente un mode d'organisation fort singulier, il est recourbé en dessous comme chez les Macroures; mais au lieu de pouvoir s'étendre comme chez ceux-ci, il est maintenu dans cette position par la soudure latérale des cinq derniers anneaux, qui, par leur réunion, constituent une sorte de grande poche ovoïde dont l'ouverture serait dirigée en avant, et dont la paroi interne est formée par la face inférieure de l'abdomen. Cette cavité sert de chambre incubatrice pour les œufs, qui sont fixés, comme chez les Brachyures ordinaires, aux fausses pattes abdominales des quatre premiers anneaux de l'abdomen; mais ces appendices, qui sont pairs et symétriques, ne sont pas bifides.

D'après l'ensemble des caractères que je viens d'exposer, on voit que par sa région céphalothoracique, le Lithoscapte se rapproche des Ranines plus que tout autre groupe de Décapodes; mais il s'en éloigne par la forme des pattes-mâchoires externes et par le développement de son abdomen. Je ne connais aucun exemple d'une poche incubatrice constituée ainsi aux dépens de l'abdomen et complétement indépendante du thorax.

CRUSTACÉS MACROURES.

MACROURES ANORMAUX.

TRIBU DES HIPPIENS.

44. Albunea symnista.

Fabr. Suppl., p. 397.

45. Remipes ovalis (nobis), pl. xvii, fig. 5.

Carapace de forme ovalaire élargie vers la partie moyenne et fortement rétrécie en avant, surface lisse sans granulations ni stries, front étroit, échancré au milieu, presque aussi saillant que les angles orbitaires externes. Bords latéraux de la carapace minces et bordés par une ligne de ponctuations donnant insertion à des poils. Le septième article de l'abdomen du mâle long, mince et triangulaire.

Longueur de la carapace $0^m,025$.

Cette espèce, dont nous n'avons qu'un individu chez lequel les pattes antérieures sont brisées, ne peut être confondue avec le R. Testitudinarius, dont la carapace est garnie de stries transversales crénelées et dont le front, assez large, est beaucoup moins proéminent que les angles orbitaires externes. De même que chez le R. Testudinarius, la carapace du R. Pacificus de Dana est couverte de stries crénelées. Le R. Hirtipes du même auteur présente bien une carapace lisse, mais son front, au lieu d'être échancré sur la ligne médiane, présente une petite dent.

TRIBU DES PAGURIENS.

46. Pagurus deformis.

Milne-Edwards, op. cit. Ann. sc. nat., 2e série, t. VI, p. 272, pl. XIII, fig. 14.

47. Pagurus aniculus.

Fabricius, Suppl., p. 411.

48. Cenobita rugosa.

Milne-Edwards, Hist. nat. des crust., t. II, p. 241.

TRIBU DES PORCELLANIENS.

49. Porcellana asiatica.

Pisidia asiatica, Leach, Dict. des sc. nat. t. XVIII, p. 54.
Porcellana asiatica, Gray, Zool. Miscell., p. 15.

Les descriptions que l'on a données de cette espèce ne permettent pas d'arriver avec certitude à sa détermination; aussi, je crois nécessaire d'exposer ici les caractères à l'aide desquels on peut la distinguer des autres du même genre.

Carapace plate, plus longue que large, renflée latéralement vers les régions branchiales, couverte de très-petites stries transversales hérissées de poils extrêmement courts et visibles à la loupe seulement. Front avancé, présentant en dessus un sillon médian peu profond et divisé en trois lobes dont le médian, légèrement infléchi en bas, est plus proéminent que les latéraux. Bords latéraux de la carapace sans pointes ni épines. Pattes antérieures longues et fortes; avant-bras long et portant sur son bord antérieur trois fortes épines dirigées en dehors, et, à l'extrémité de son bord postérieur, au-dessus de l'articulation de la main, une petite dent spiniforme; main lisse sur sa face externe, portant quelques petites épines sur son bord inférieur; pouce hérissé de petites épines sur son bord supérieur; pattes suivantes larges, comprimées, poilues, et portant quelques très-petites épines. Longueur de la carapace $0^m,009$. La forme du front, combinée à la disposition des pattes antérieures, ne permet pas de confondre la P. Asiatica avec aucune des nombreuses espèces de ce genre

MACROURES NORMAUX.

TRIBU DES SCYLLARIENS.

50. Scyllarus squammosus.

Milne-Edwards. Hist. nat. des crustacés, t. II, p. 384.

51. Ibacus antarcticus.

Scyllarus antarcticus. Fabricius, Suppl. p. 399.
Ibacus. A. Milne-Edwards. Hist. nat. des crust., t. II, p. 287.

TRIBUS DES PALINURIENS.

52. Palinurus ornatus.

Bosc, Hist. des crust. t. II, p. 93.

53. Palinurus penicillatus.

Astacus penicillatus. Olivier, Encyclopédie, t. VI, p. 343.
Palinurus P. Olivier, Encyclopédie, t. VIII, p. 674.

TRIBU DES ASTACIENS.

54. Genre enoplometopus (nobis), pl. xix, f. 1, 1[a], 1[b], 1[c].

Ce genre doit prendre place dans la famille des Astaciens. Il présente en effet la forme générale caractéristique des animaux de ce groupe, et la base de l'article basilaire des antennes externes est recouverte par un large appendice squammiforme. Il se rapproche beaucoup du genre Homarus par la forme de son rostre, assez grêle et armé de chaque côté de quatre petites épines. Mais il diffère complétement non-seulement de ce genre, mais encore de tous ceux de la même famille par la conformation des pattes des deuxième et troisième paires qui au lieu d'être terminées par une pince didactyle, sont monodactyles (fig. 1[b, c]). L'angle antéro-inférieur de leur pénultième article est simplement spiniforme et ne constitue pas un doigt indicateur comme chez les écrevisses, les homards, etc.

54. Enoplometopus pictus (nobis), pl. xix, fig. 1, 1[a], 1[b], 1[c].

Carapace lisse, excepté sur les parties moyennes de la région gastrique, où l'on voit trois rangées longitudinales de dents spiniformes et dirigées en avant (au nombre de 5 par rangée). Au-dessus du bord sus-orbitaire, en dehors des séries latérales d'épines, se trouve une autre dent spiniforme. Le rostre, assez long et déprimé sur la ligne médiane, présente sur chacun de ses bords quatre petites épines recourbées en avant. L'extrémité du rostre dépasse la base des antennes (fig. 1 et 1[a]). Abdomen portant sur chaque segment un petit nombre de soies longues, raides et généralement isolées. Ces poils deviennent plus nombreux sur la nageoire caudale dont l'article médian est armé de deux paires d'épines latérales, et garni d'une bordure de soies raides et crochues. Les lames externes sont nettement divisées en deux parties par une série transversale de petites épines, qui elle-même est divisée en deux par une dent spiniforme. Un prolongement du même genre se remarque à l'extrémité des pièces mitoyennes dont le bord, ainsi que celles des pièces externes, est frangé comme l'article médian.

Pattes antérieures égales, fortes, très-épineuses et garnies sur leur bord de longues soies raides. Mains très-déprimées; les deux faces garnies de tubercules subspiniformes en dessus et obtus en dessous. Bords de la main armés de tubercules spiniformes dont la pointe est recourbée en avant. Les doigts sont bordés de la même manière, mais dépourvus de tubercules sur leurs deux faces. L'index plus long que le pouce et se recourbant en crochet sur l'extrémité de ce dernier. Pattes ambulatoires grêles et presque toutes de même forme; les premières ayant cependant le pénultième article un peu élargi vers le bout et armé d'une dent spiniforme plus forte à l'angle antérieur au-dessous de l'articulation du doigt (fig. 1[b] et 1[c]).

Couleur générale d'un rouge violet, avec des taches blanches cerclées de bleu. Lames de la nageoire caudale marquées de bleu.

Longueur de l'animal, 0[m] 13.

TRIBU DES ALPHÉENS.

55. Alpheus villosus.

Palœmon villosus. Olivier, Encyclop., t. VIII, p. 664.

Alpheus villosus. Milne-Edwards, Hist. nat. des crustacés, t. II, p. 354.

56. Alpheus ventrosus.

Milne-Edwards, Hist. nat. des crustacés, p. II, p. 252.

TRIBU DES PALŒMONIENS.

57. Palœmon natator.

Milne-Edwards, *loc. cit.*, t. II, p. 393.

58. Palœmon hirtimanus.

Olivier, Encyclop., t. VIII, p. 683.

Milne-Edwards, Hist. nat. des crustacés, t. II, p. 400.

ORDRE DES STOMAPODES.

59. Squilla stytifera.

Lamarck, Hist. des anim. s. vert. t. V, p. 189.

60. Gonodactylus chiragrus.

Squilla chiragra. Fabricius, Supp. entomol. syst.

Gonodactylus chiragrus. Latreille, Encyclop. méthod., t. X, p. 473, pl. cccxxv, fig. 2.

61. Gonodactylus scyllarus.

Squilla scyllarus. Fabricius, Suppl., p. 416.

Gonodactylus scyllarus. Latreille, Encyclop., t. X, p. 472.

ORDRE DES ISOPODES.

Cymothœ Mathæi.

Leach, Dictionn. des scienc. nat., t. XII, p. 352.

ANNEXE G

DE L'OUVRAGE INTITULÉ :

NOTES SUR L'ILE DE LA RÉUNION

PAR L. MAILLARD.

LÉPIDOPTÈRES

Par M. A. GUENÉE.

Les insectes de cet ordre sont peu nombreux à la Réunion, et subissent la loi qui veut que les îles soient plus pauvres en Lépidoptères que les continents. J'aurai donc peu d'espèces à ajouter, dans les tribus supérieures, à celles qui ont été décrites par M. Boisduval dans sa Faune de Madagascar; mais j'en ferai connaître une certaine quantité dans les tribus inférieures. Je suis persuadé qu'il en existe encore bien d'autres nouvelles, et je ne considère le présent travail que comme une première étape. Le zèle dont fait preuve l'un des observateurs qui m'ont fourni les matériaux de cet opuscule, m'est un sûr garant que, d'ici à quelques années, je parviendrai à compléter l'histoire si intéressante des Lépidoptères de notre colonie, surtout en ce qui concerne les premiers états. On trouvera déjà ici la description de ceux de plusieurs des espèces qui composent ce résumé, et leur comparaison avec ceux de nos Lépidoptères européens fera voir que, proportion gardée, ils confirment les éléments de la classification naturelle.

Une autre cause qui rend l'Entomologie de la Réunion plus intéressante de jour en jour, c'est l'immigration, bien avérée maintenant, des espèces des îles voisines, et en particulier de Madagascar. C'est ainsi que la *Salamis Rhadama* s'y est acclimatée depuis une dizaine d'années, au point d'y devenir plus commune que dans sa patrie originaire. Une acquisition beaucoup moins inoffensive es celle de la désastreuse Schœnobide qui dévore les plantations d cannes, funeste cadeau de l'île Maurice, qui, elle-même, l'avait reç de Ceylan.

Malgré ces additions à la Faune de l'île, la très-petite quantité de Lépidoptères de la Réunion fera paraître sans doute les divisions de genres, de familles et de tribus, bien nombreuses relativement aux espèces, en sorte qu'on trouvera le cadre souvent trop large pour le tableau; mais je prie le lecteur d'observer qu'il ne dépend pas plus de moi de restreindre ces divisions (prises sur un catalogue général des Lépidoptères du globe que j'ai dressé pour mon usage) que de combler les lacunes, souvent immenses, que le Créateur a laissées, à la Réunion, dans la série générale de ces petits êtres, ce qui fait ressembler son Entomologie à une chaîne dont les neuf dixièmes des anneaux auraient été capricieusement enlevés. Ainsi, dans les Diurnes, la nombreuse famille des Piérides, si répandue par tout le globe, est complétement absente. Les Acrées, si communes dans les autres régions de l'Afrique, y manquent totalement aussi. Dans les Nymphalides, les *Cyrestis*, les *Lexias*, les *Harma*, les *Euryphene*, genres essentiellement africains, n'y ont point pénétré. Les Satyrides, si abondants partout, n'y ont que de rares représentants; enfin les Lycénides et les Hespérides n'y comptent que bien peu d'espèces, tandis qu'elles pullulent dans les autres contrées.

Si nous passons aux Nocturnes, après les Sphingides dont le vol puissant et les migrations bien constatées expliquent l'abondance relative dans l'île, nous ne trouverons pas plus d'espèces des tribus supérieures que dans les Diurnes. Les Syntomides et les Glaucopides n'ont pas trouvé le moyen de franchir la distance qui la sépare de Madagascar. Quelques Euchélides et Lithosides y représentent la nombreuse phalange des Bombyx; mais toute la tribu des Bombycides proprement dits, si répandue par tout le globe, y fait complétement défaut.

Un peu plus riche en Noctuélides, l'île de la Réunion offre çà et là quelques échantillons des familles propres aux régions tropicales. Les Ophiusides, les Rémigides, les Thermésides y dominent, et, dans les autres familles plus répandues, celle des Plusides se fait remarquer par quelques belles espèces. Les Géomètres y sont plus clair-semées et appartiennent principalement aux Boarmides et aux Géométrides proprement dites. Les Deltoïdes sont abondantes et paraissent une des légions privilégiées de l'île, où il en reste certainement beaucoup à découvrir. Quant aux Microlépidoptères et principalement aux Pyralides, si prodigieusement répandues dans certaines parties du globe, je n'ose en rien dire de général, car il est probable que la majeure partie a échappé à mes correspondants.

Tel est le bilan des productions lépidoptériques de notre colonie. Maintenant, si l'on fait abstraction du nombre pour étudier la physionomie des espèces, on voit qu'elle tient à la fois des types indien et américain ; mais, chose bien remarquable, c'est peut-être du type européen qu'elle se rapproche le plus, comme si Dieu avait destiné cette belle terre à être française. Les Vanessa *Cardui* et *Hippomene,* la Limenitis *Dumetorum*, les Lycæna *Bœtica*, *Telicanus*, *Lysimon* et *Mylica* et l'Hesperia *Borbonica*, qui forment le *tiers* des Diurnes de l'île, ont une incontestable affinité avec nos espèces européennes, et quatre d'entre eux sont mêmes complétement identiques aux nôtres. Dans les Nocturnes, les Sphinx *Celerio*, *Nerii*, *Convolvuli*, *Atropos*, la Deiopeia *Pulchella*, les Noctua *Retina*, *Armigera*, *Chalcites*, *Ni,* et la Stenia *Ornatalis* sont dans ce dernier cas, et quant aux espèces à physionomie européenne, il me suffira de citer les Macr. *Milvus*, Lithos. *Squalida*, Geom. *Mauritiata* et *Borbonicata*, la Chlœoph. *Insulana*, l'Eurhip. *Blandiatrix*, toutes les *Plusia*, les Ophiusa *Torrida* et *Ammonia*, toutes les *Hypena* et *Simplicia*, les deux *Pyralis* et toutes les Phycides, pour démontrer complétement une assertion qu'on pourrait croire au premier abord inspirée par la prévention.

J'ai parlé plus haut des emprunts que la Réunion a faits aux îles voisines pour enrichir sa Faune; il faut donc constater en retour ce qu'elle a de spécial et d'exclusif. Rien de plus tranché sous ce rapport que l'existence du Papilio *Disparilis* qu'elle garde seule, sans l'échanger avec le *Phorbanta* de Maurice ou l'*Epiphorbas* de Madagascar, et ce fait est d'autant plus curieux que les *Citrus*, qui nourrissent les trois espèces de *Papilio*, sont communs dans les trois îles; aussi il serait peut-être difficile de citer, en Lépidoptérologie, d'autres preuves d'un exclusivisme aussi prononcé. Les Macroglossa *Apus* et *Milvus*, le Leptosoma *insulare* et l'Aganais *Borbonica* paraissent également particuliers à l'île. Quant aux espèces des autres familles, leur récolte est trop négligée en général pour que je puisse affirmer qu'elles ne se rencontrent pas dans les îles voisines; c'est donc sous toutes réserves que je citerai comme ayant une physionomie propre à celle-ci les *Boarmia orygaria*, *Hypopalpis terebraria* et *perforaria*, *Chlœophora insulana*, *Eurhipia blandiatrix*, *Odontina excavata*, *Ophisma finita*, *Ophiusa torrida*, *Gracilodes nysa*, *Lepyrodes geometralis*.

Je finis cet aperçu en recommandant de nouveau à l'indulgence des lecteurs les inévitables imperfections qui résultent, dans le travail qui va suivre, du petit nombre et de la mauvaise conservation de mes sujets d'étude. L'histoire naturelle des espèces exotiques est encore dans des conditions de grande infériorité, quand on songe aux belles préparations des sujets européens et aux exigences de fraîcheur et d'intégrité que nos entomologistes poussent quelquefois même jusqu'à l'extrême; mais elle sortira peu à peu de cette infériorité, et les naturalistes à venir suivront avec facilité une route que nous ne pouvons que jalonner. Il suffit pour cela de quelques hommes aussi zélés que les deux observateurs qui m'ont mis à même de faire ce travail : M. Maillard, en m'apportant une série nombreuse de Lépidoptères recueillis par lui avec toutes sortes de peines dans la colonie, où il a séjourné un grand nombre d'années; M. Vinson, en m'expédiant à plusieurs reprises les espèces qu'il continue à recueillir sur les lieux mêmes, et en m'envoyant, presque à chaque courrier, d'excellentes observations sur leurs premiers états.

Châteaudun, mai 1862.

Achille GUENÉE

DIURNI, Lat.

Divis. 1. **BICALCARATI**, Gn. — Legio 1. **FUSIFORMES**, Gn.

Phalanx HEXAPI, Lin.— tribu *TENTACULATÆ*, Gn.

Fam. PAPILIONIDÆ, Lat. — Gen. *PAPILIO*, Lin.

Papilio **Disparilis**, Bdv.

Bdv. Faun. Mad., p. 15, pl. 1.— Spec. gén., p. 227.—Herr. Sch. exot. 63-64. — *Phorbanta*, Esp. 37-2. — Herbst. 12-3.

Ce beau Papilio n'est pas rare à la Réunion; mais la femelle est beaucoup moins commune que le mâle. On en rencontre vingt de ce dernier sexe contre une du premier. Il voltige dans les allées des bois, autour des grands arbres.

Tribu. GRANULOSÆ, Gn.

Fam. RHODOCERIDÆ, Bdv. — Gen. *CALLIDRYAS*, Bdv.

C'est un des genres les plus difficiles des Diurnes. La synonymie surtout est très-délicate à établir d'une manière certaine, surtout dans le groupe auquel appartient l'unique espèce qui se trouve à la Réunion, et M. Boisduval, qui a beaucoup fait pour l'éclaircir, a laissé encore bien des doutes à résoudre et quelques erreurs à corriger.

Callidryas **Florella**, Fab.

Ent. syst. 666. — God. Enc., p. 96.—Bdv. Spec. gén., 608.

J'admets avec M. Boisduval que cette espèce est la *Florella* de Fabricius, ce qui n'est pas absolument hors de doute, cet ancien auteur n'ayant décrit que la femelle et sur une variété des plus marquées, puisqu'il lui donne en dessous trois points argentés, dont le premier beaucoup plus gros, et cette femelle venant de Sierra-Leone, pays dont je n'ai vu aucun individu. Néanmoins comme Fabricius dit : *Apex alæ maculis aliquot fuscis*, et que cette espèce est la seule de ce groupe dont la femelle n'ait pas le sommet entièrement noir, je regarde comme très-probable que l'espèce de Sierra-Leone est la même que celle-ci. Par contre, la femelle décrite par M. Boisduval n'appartient certainement point à la *Florella*, comme il est facile de s'en convaincre en lisant sa description, bien que celle du mâle lui soit tout à fait applicable (si l'on change toutefois le mot *points* blancs du thorax en celui de *poils* qui était certainement dans l'intention de l'auteur). Pour mieux préciser toutefois l'espèce de notre colonie et faire qu'elle ne soit plus confondue avec ses congénères, je décrirai même le mâle; et quant à la femelle, qui l'a été d'une manière trop imparfaite par Fabricius, et nullement depuis lui, j'indiquerai ses deux variétés, qui sont bien tranchées.

Le mâle est de la taille de *Pyranthe* ou un peu plus petit. On le reconnaîtra d'abord au bord terminal des premières ailes qui est *concave*, cas unique, je crois, dans ce genre. Le dessus est d'un blanc glauque, avec les deux tiers postérieurs recouverts d'écailles plus veloutées, mais qui s'arrêtent un peu avant le bord terminal. Les ailes supérieures sont marquées d'un très-petit point noir sur la discocellulaire. Elles portent en outre, au bord interne, comme *Pyranthe* et *Philippina*, un faisceau de longs poils blancs qui s'épanouit souvent par-dessus les inférieures. Le dessous est d'un glauque jaunâtre luisant, couvert de petites hachures plus obscures et souvent rosées, avec un petit point rose, pupillé de couleur de chair, sur la disco-cellulaire. Les ailes supérieures ont, en outre, toute la moitié interne blanche, et les inférieures portent, au-dessus de la nervure médiane, une bandelette plus mate et plus jaune, formée par des écailles accumulées. Ces écailles correspondent, en dessus, à un espace oblong que M. Boisduval appelle improprement *sac glanduleux*, et qui, dans cette section des *Callidryas*, est médiocrement étendu. Le thorax est couvert de poils blancs qui se teignent de rose sale sur la partie antérieure et sur la tête. Les antennes sont d'un gris rosé, plus claires que chez *Pyranthe* et *Philippina,* et plutôt jaunes que roses en dessous.

La femelle est plus petite, d'un blanc plus sale et dépourvue d'écailles veloutées. Le point cellulaire est plus gros et plus arrondi. L'apex et le sommet de la côte sont étroitement teintés de brun jaunâtre, et quelques groupes d'atomes de même couleur, isolés et placés entre les nervures, descendent jusqu'à moitié du bord. La naissance de la côte est lavée de gris. En dessous, le fond est plus carné, et on aperçoit un second point rose au-dessus de la disco-cellulaire des inférieures. Les supérieures sont lavées de jaune à la jonction du blanc avec le carné. Inutile de dire qu'elle n'a ni faisceau de poils ni sac glanduleux; mais il est bon d'observer qu'elle est dépourvue de la bandelette mate sur la médiane qui n'est point l'attribut exclusif des mâles puisqu'on la retrouve chez les femelles des *Gonopteryx* (*Rhamni, Ecclipsis, Gueneana,* etc.).

Telle est la femelle typique; mais elle présente une charmante variété, d'un jaune serin très-pur en dessus, avec l'apex et les groupes terminaux d'un brun roux; le dessous est d'un jaune safran mat, haché de rose, à bord interne des supérieures bien plus étroitement blanc. Chez cette variété on trouve, au haut de la cellule des inférieures, trois points argentés cerclés de rose sanguin et une série de taches ou groupes d'atomes du même rouge, bien au-dessus du bord terminal. Cette belle variété, que je fais figurer pl. XXII, fig. 1, est si tranchée, qu'elle ne paraît pas appartenir à la même espèce, ni même au même groupe, et qu'on la croirait facilement de celui de *Marcellina.* Je dois dire, au reste, que je possède une variété correspondante de la *Philippina,* quoique d'un jaune moins tranché.

La chenille de la *Florella* a été très-bien observée par M. Vinson. Elle a la forme des autres chenilles de *Callidryas,* et est d'un joli vert, avec les granulations ordinaires noires, divisées sur le dos en cinq à six sillons transversaux. La stigmatale est d'un blanc jaunâtre et surmontée d'une série de points noirs, plus gros que les granulations. Toute la partie ventrale est d'un vert pâle, ainsi que les pattes membraneuses. La tête est concolore et aussi pointillée de noir. M. Vinson a remarqué que toutes les chenilles qui doivent donner la variété jaune ont le premier sillon du cou entièrement noir, tandis qu'il est concolore chez la variété blanche. Cette curieuse observation a besoin d'être répétée et généralisée.

Cette chenille vit sur la *Cassia glauca* DC ; elle se change en une chrysalide de la forme propre aux *Callidryas* et *Colias,* d'un vert bleuâtre tendre, avec une ligne latérale d'un blanc jaunâtre brillant et une arête dorsale d'un jaune vif. La pointe céphalique est teintée de noir. Le papillon éclot en novembre.

On peut voir, par ces descriptions, en quoi les premiers états de la *Florella* diffèrent de ceux des C. *Pyranthe* et *Philippina* que M. Horsfield nous a fait connaître dans son bel ouvrage sur les Lépidoptères de l'Inde.

La *Florella* est très-commune à la Réunion. Elle se rassemble, comme ses congénères, par groupes nombreux, dans les endroits où un peu d'humidité a séjourné, ou sur le bord des flaques marécageuses.

Fam. TERIADÆ, Gn. — Gen. *TERIAS*, Bdv.

Terias **Floricola**, Bdv.

Faun. Mad., p. 21 ; — Spec., p. 671.

Elle me paraît bien distincte de l'*Hecabe*, et elle est toujours la même. Les femelles sont beaucoup moins abondantes que les mâles.

La chenille vit sur le *Guilandina bonduc,* arbrisseau sarmenteux de la famille des Cœsalpinées. Je n'en ai pas la description, mais M. Vinson m'a envoyé un joli dessin de la chrysalide. Elle est d'un vert jaunâtre et passe au jaune-citron vif quand elle approche de son éclosion.

Phal. TETRAPI, Lin. — Tribu *FILAMENTOSÆ*, Gn.

Fam. DANAIDÆ, Lat. — Gen. *EUPLOEA*, Fab.

Euplœa **Goudotii**, Bdv.

Faun. Mad., p. 36, pl. III, fig. 2.

Elle est très-commune et habite toutes les localités; mais elle se plaît surtout dans les grands bois de l'intérieur de l'île, où elle vole avec grâce au-dessus des branches, se posant souvent sur les panicules des jeunes palmiers pour en sucer le nectar, et contrastant, par sa belle couleur noire veloutée, avec le blanc de neige de leur fleur.

M. Boisduval a décrit, comme chenille de cette *Euplœa*, une espèce qui ne lui appartient pas. Celle-ci est d'un vert blanchâtre glacé, tirant un peu sur le jaune, avec une ligne vasculaire formée de petits points noirs et une stigmatale orangée, bordée supérieurement par une ligne noire festonnée et extérieurement par un filet jaune pâle. Ces bandes sont parsemées de points noirs isolés, de diverses grosseurs. Elle a huit épines ou filaments charnus, noirs, dont deux plus longs sur le cou. La tête est noire, et le premier anneau d'un jaune orangé, avec deux points noirs. Les pattes sont noires, avec une tache blanche intermédiaire.

Elle vit, dans le voisinage des habitations, sur le *Nerium oleander* Linn., comme le dit M. Boisduval ; mais dans les forêts, où elle est bien plus abondante, on la trouve sur le *Jussenda aventa*, DC. La chrysalide est épaisse, du plus bel argent poli, avec des reflets d'or et de bronze. Elle brunit en conservant son éclat jusqu'à son éclosion, qui arrive le quinzième jour.

Gen. *DANAIS*, Latr.

Danais **Chrysippus**, Lin.

Syst. Nat., 119. — Fab., 154. — Cram., 118, BC. — Hb., Ex-Schm. — God., p. 187. — Bdv., Faun. Mad., p. 35 ; Icon., pl. XXIII. — Dup. sup., 37. — Dev. et Gn., p. 135.

Rien à dire sur cette espèce si connue, si ce n'est que le type de la Réunion est très-beau, et que les ailes supérieures sont très-chaudes de ton et généralement plus foncées que celles des exemplaires de Chine et de la côte de Guinée. J'observe aussi que la bordure noire des ailes inférieures n'est ponctuée de blanc, en dessus, *que dans sa dernière moitié*.

Je ne sache pas qu'on ait rencontré à la Réunion la variété *Alcippus*.

Tribu *SPINOSÆ*, Gn.

Fam. VANESSIDÆ, Dup. — Gen. *ATELLA*, Dbd.

Atella **Phalanta**, Dr.

Drur., I, pl. xxi. — Fab., 455. — God., p. 259. — Bdv., Faun. Mad., p. 41. — *Columbina*, Cr., 238, AB, et 337, DE.

Elle est très-commune à la Réunion, mais elle est presque toujours fanée ou déchirée, ce qui provient probablement de la rapidité de son vol. Les femelles sont beaucoup plus rares que les mâles.

Gen. *VANESSA*, Latr.

Vanessa **Cardui**, Lin.

Lin., S. N., 157. — Fab. — God., — Bdv., etc.

Se trouve à la Réunion, comme dans la plupart des contrées du globe.

Vanessa **Hippomene**, Hb.

Hb. Ex. Schm. Nymph. VI. Hamadr. B, simpl. 2. — Bdv., Faun. Mad., p. 43, pl. viii.

Cette superbe *Vanessa* est rare à la Réunion; mais le type y est de toute beauté. La figure de Hubner n'en saurait donner une idée, car elle est presque moitié plus petite, et les couleurs en sont ternes et pâlies. Celle de M. Boisduval, qui approche bien plus de la nature, est pourtant encore plus petite d'un cinquième, et les bandes fauves ne sont pas encore assez vives. En réalité, cette belle Vanesse tient le milieu pour les couleurs entre *Itea* et *Atalanta*, et, pour la taille, égale au moins notre *Antiopa*.

Elle n'habite point le littoral et se plaît dans les régions élevées et froides de l'intérieur. M. Vinson a découvert, dans les montagnes des Salazes, la chenille, qui est d'un pourpre vineux, avec sept rangs d'épines rameuses d'un jaune vif, à extrémité noire. Elle vit sur la *Bœmeria urticæfolia* Spreng, plante de la famille des Urticées. La chrysalide est fortement anguleuse, à tête formant deux pointes bifurquées, avec une grande arête thoracique sécuriforme, et une série de pointes dorsales inégales, d'un brun marron clair, avec des reflets dorés, les épines d'un beau jaune métallique et des taches d'un argent poli.

Gen. *SALAMIS*, Bdv.

(Junonia, Dbd.)

Salamis **Rhadama**, Bdv.

Faun. Mad., p. 44, pl. VII, fig. 2.

Ce brillant papillon n'est pas originaire de la Réunion, et y a été transporté de Madagascar ou plutôt s'y est propagé seul depuis quelques années. Il y est très-commun.

La chenille a été découverte par M. Vinson, sur la *Justicia ventricosa*, et retrouvée depuis en très-grande quantité sur les *Baleria spinosa* et *multiflora*, où elle vit en familles nombreuses. Cet aimable entomologiste en a fait un dessin exact qu'il se propose de publier dans un mémoire séparé, dont je ne veux point déflorer l'intérêt, même par une description sommaire.

La *Rhadama* varie peu ou point en dessus, mais il n'en est pas de même pour le dessous. Il existe, surtout chez les femelles, deux types fort éloignés, dont l'un est varié de gris noirâtre et de blanc, avec une bande médiane sinueuse, aux secondes ailes, et la bordure des quatre de cette dernière couleur. Deux yeux aussi marqués qu'en dessus, et à iris jaune, dont le premier est surmonté d'un gros point blanc, et le second est pupillé de bleu et teinté supérieurement de rouge grenat, se découpent nettement aux inférieures, et l'angle anal y est marqué d'une liture noire et bleue, d'où part un filet de cette dernière couleur. Aux ailes supérieures se voient aussi deux yeux, mais plus petits, le premier seul cerclé de jaune et surmonté d'un ou deux points blancs, et le second empâté de noir.

La seconde variété est d'un gris violacé clair ou gris de lin, uni, et sans aucune tache ni marbrure blanche. La bande des secondes ailes devient ici une simple ligne noire, légèrement éclairée de gris jaunâtre fondu, et elle est tout à fait droite. Les yeux ont disparu et sont remplacés : aux inférieures, par une série de points roussâtres, et aux supérieures, par une grosse tache noire. Ce qu'il y a de plus extraordinaire, c'est que la forme des ailes elle-même est modifiée, la dent correspondant à la première aux secondes ailes, et à l'*Indépendante* aux premières, étant notablement plus saillante.

Ces deux types si distincts proviennent pourtant de la même chenille, et notre étonnement diminuera si nous examinons les S. *Orithya* et *Lavinia*, chez lesquelles il se présente des variations analogues, mais presque toujours locales, tandis qu'ici les deux variétés et des individus intermédiaires sont produites par une même ponte.

Cette belle espèce va devenir si répandue dans les collections européennes, qu'il me paraît inutile de faire ressortir la différence considérable qui existe entre les sexes, différence que M. Boisduval n'a pu faire valoir dans sa description, mais que chaque entomologiste appréciera du premier coup d'œil.

Salamis **Augustina**, Bdv.

Faun. Mad., p. 47, pl. VIII, fig. 1.

Cette grande *Salamis* est rare à la Réunion. Je n'en ai que deux devant les yeux, une mâle et une femelle. Cette dernière a le bord terminal des premières ailes plus profondément creusé sous l'angle subapical; sa tache est plus grande, plus blanche, surmontée d'un groupe d'atomes violets, et, au-dessous d'elle, on voit trois ou quatre espaces blancs, vagues, rangés le long de la bordure brune. Enfin, en dessous, la bande brune des secondes ailes est largement éclairée de blanc en dehors, tandis que, chez le mâle, cette portion de l'aile est du même ton que celle du disque.

Tribu. CARUNCULATÆ, Gn.

Fam. DIADEMIDÆ, Gn. — Gen. *DIADEMA*, Bdv.

Diadema **Bolina**, Dr.

Drury, I, pl. XIV. — Cram. 65 EF. — God., p. 396. — Bdv. Faun. Mad., p. 39. = *Misippus*. Lin., 118. — Fab., 153. — God., p. 188 et 394. = *Diocippus*. Cram., 28 BC. — Fab., 158.

N'est pas rare. On trouve ici la belle variété femelle *Inaria* Cr. 214 AB, chez laquelle les taches blanches et toute la partie apicale noire des premières ailes ont tout à fait disparu, en sorte que les quatre ailes sont entièrement fauves, avec une mince bordure noire. J'ai cru longtemps que cette variété formait une espèce séparée dont le mâle me serait inconnu.

Au reste, il ne faut pas se presser de réunir à la *Bolina* comme variétés toutes les espèces des anciens auteurs; j'ai dans ma collection la preuve qu'on s'est trop hâté à cet égard; mais ce n'est pas ici la place de l'administrer.

Fam. NYMPHALIDÆ, Latr. — Gen. *LIMENITIS*, Och.

Limenitis **Dumetorum**, Bdv.

Faun. Mad., p. 50, pl. VII, f. 6.

Je n'ai aucun renseignement nouveau sur cette espèce.

Tribu *FURCULÆ*, Gn.

Fam. SATYRIDÆ, Bdv. — Gen. *CYLLO*, Bdv.

Cyllo **Leda**, Lin.

Syst. Nat., 151. — Fab., 333. — Cram., 196 CD et 292 A. — God., p. 478. — Hb. exot. Schm. (le mâle) — Horsf., 461.

C'est un des Satyrides les plus répandus sur la surface du globe et peut-être un des moins étudiés. Ne donne-t-il lieu qu'à de simples variétés de régions, ou constitue-t-il plusieurs espèces que l'on confond toutes sous le même nom? M. Boisduval semble trancher la question dans ce dernier sens dans sa Faune de Madagascar. M. Horsfield, au contraire, établit huit espèces (et peut-être neuf) pour l'Inde seule. La vérité est peut-être entre ces deux opinions; je crois donc bien faire d'indiquer ici les races de ma collection qui me paraissent tranchées. J'ajoute que je n'en possède aucune de l'Océanie, en sorte que *Banksia*, Fab. Donov., de la Nouvelle-Hollande, et *Solandra*, Fab., d'Otahiti, peuvent bien en constituer deux autres. Cette petite étude est d'autant plus nécessaire que l'espèce de la Réunion pourrait bien être distincte de toutes les autres et devrait alors recevoir un nom séparé.

Je commence par le *Leda* typique, dont je viens de donner la synonymie. J'observe toutefois que Linné et Fabricius lui donnent Sierra-Leone pour patrie, d'où l'on pourrait conclure que c'est notre espèce qu'ils ont vue, si leur description, quelque courte qu'elle soit, ne résumait en quelque sorte les caractères de l'espèce indienne, que tout le monde connaît sous ce nom.

Il est rare qu'il dépasse 70 millimètres. L'angle des ailes supérieures est très-peu sensible et ne forme qu'une dent plus prononcée que les autres (j'en ai même deux individus qui ont le bord tout à fait droit). La frange n'est pas coupée de points blancs au-dessus. La dent des ailes inférieures est anguleuse et non caudiforme. Toutes les ailes sont d'un brun de terre d'ombre sans mélange de fauve, si ce n'est une faible liture près des taches noires, mais qui manque souvent et se réduit, surtout chez les femelles, à une simple éclaircie intérieure. Ces taches sont généralement petites chez les mâles, parfois presque égales, avec les points blancs rapprochés. Le dessous est d'un gris terreux clair, fortement strié et haché de brun. Les premières ailes ont trois ou quatre yeux et les inférieures cinq à six, bien marqués, noirs, pupillés de blanc pur, entouré d'écailles violettes, et ils sont cerclés, quelle que soit leur taille, d'un iris jaune nettement circonscrit. — Les femelles sont plus pâles de part et d'autre, avec les taches noires plus grosses et les yeux encore plus marqués. Deux d'entre eux paraissent en dessus aux secondes ailes, et l'interne est toujours très-grand et cerclé de clair.

Mes individus viennent de Java, du Silhet et du Népaul.

Chez deux variétés seulement, le dessous tire sur le jaunâtre et le violâtre, et les yeux sont en partie oblitérés. L'une d'elles se rapporte assez bien à *Phedima* Cram., 292 B.

Var? **Ismene**, Cr.

Cram. 26 AB. = *Leda* Drury, I, pl. xv. = *Banksia* God., p. 477 (non Fab.).

Un peu plus grand. L'angle des premières ailes et la queue des secondes sont bien prononcés ; le brun est foncé et les taches noires très-grandes. Un croissant fauve bien marqué entoure l'inférieure du côté interne, et une liture surmonte la supérieure. Je ne parle point du dessous qui varie autant que chez l'espèce suivante, mais qui n'est point régulièrement strié comme chez le type, et qui n'a, à la place des yeux, que de simples points. Les fig. 26 B et 292 C de Cramer en résument assez bien les variations.

Cette variété ou espèce forme le passage du *Leda* à l'espèce suivante, au moins pour la forme des ailes et la couleur du dessous.

La chenille du *Leda*, figurée par Horsfield, est fusiforme, verte, granulée de noir, avec de faibles lignes vertes et une stigmatale roussâtre. La tête est surmontée de deux pointes vertes à sommet rouge.

Var? **Fulvescens**, Gn.

Leda Hb. Exot. Schm. (la Fem. seule). — Bdv. Faun. Mad., p. 58.

Toujours plus grand et atteignant 80^{mm}. Les premières ailes ont le sommet coupé carrément et marqué de trois points blancs sur la frange, puis le bord rentre brusquement en formant un angle très-accentué. La dent des inférieures est tout à fait caudiforme. La teinte générale est constamment le brun *très-mêlé de fauve*, avec les bords seuls cendrés et striés. Les taches noires des premières ailes sont placées sur une large éclaircie qui remonte, en se rétrécissant un peu, jusqu'à la sous-costale. Ces taches sont ainsi très-tranchées : la première large, ronde, marquée d'un point blanc un peu en deçà du milieu; la seconde en forme de bande qui s'avance jusqu'à la fin de l'éclaircie, et marquée d'un gros point blanc à l'extrémité opposée. Les secondes ailes n'ont que deux points blancs toujours très-petits, dont l'extérieur est parfois cerné de noir. Le dessous est très-variable, gris-brunâtre, violâtre ou verdâtre ; mais les atomes dont il est souvent parsemé y forment plutôt des taches ou des ondes que des hachures. Les bandes sombres y sont presque toujours mieux et plus largement accusées, et les yeux y sont souvent supprimés, ou réduits à des points jaunes peu visibles ou à des iris confus. La femelle diffère peu du mâle; cependant, si on en juge par la figure de Hubner, elle est parfois oculée.

Ce beau *Cyllo* est très-commun à la Réunion, et je l'ai reçu, parfaitement semblable, de Madagascar.

M. Vinson a élevé souvent la chenille, qui est d'un vert jaunâtre avec des poils blancs et fins qui la rendent pubescente. Les incisions sont plus jaunes. Elle est rayée longitudinalement de vert plus foncé. Sa tête est armée de deux caroncules obtuses, de couleur lilas, hérissées de poils de la même couleur. Ses deux pointes anales sont de la longueur d'un anneau. Elle vit sur les grandes graminées, et en particulier sur le maïs (*Zea maïs*) et l'herbe de Job (*Coyx lacryma*). La chrysalide est épaisse, cylindroïde, obtuse, d'un beau vert tendre, et a presque la forme des nymphes d'*Euplœa*. Elle éclot en général le treizième jour.

Si je compare le dessin de M. Vinson avec la figure de *Leda* donnée par Horsfield, je trouve que la chenille du *Fulvescens* est moins fusiforme, plus cylindrique, à tête moins grosse, toute verte et sans points frontaux rouges, à cornes toutes violettes et non pas vertes et rouges, et complétement dépourvue de stigmatale rousse. La chrysalide me paraît aussi plus ramassée.

Cyllo **Mycerina**, Gn.

Mycena Cr., 291 F ? = *Suyudana* Horsf. 466 ? ?

Je crois cette espèce tout à fait distincte et je m'attendais à la reconnaître dans l'une des six créées par M. Horsfield, mais elle ne réunit les caractères d'aucune d'elles, tandis qu'elle se distingue nettement par des différences que cet auteur n'a point indiquées. Quant à la *Mycena* de Cramer, elle s'accorde assez bien avec certaines variétés de celle-ci; mais comme il ne dit que quelques mots du dessus, qu'il n'a point figuré, et qui fournit pourtant les caractères les plus sûrs, je n'ose lui en conserver le nom. J'en ai seulement choisi un très-rapproché, pour constater l'analogie.

Il est de la taille du *Leda*. Le sommet de l'aile supérieure est coupé *obliquement* jusqu'à l'angle, et, le bord étant profondément creusé au-dessous de cet angle, il forme une dent beaucoup plus saillante que chez les précédents. La queue des inférieures est aussi très-saillante et le bord jusqu'à l'angle anal est droit et peu denté. Les ailes sont d'un brun noir velouté, avec l'angle apical et tous les bords d'un gris cendré tranché. Les taches noires des premières ailes sont très-petites et peu distinctes. Des deux points blancs, l'inférieur est très-petit et quelquefois nul, et le supérieur gros et anguleux. Il n'y a de fauve qu'une seule liture vague, oblique, placée entre ce point et la sous-costale, et saupoudrée d'atomes plus foncés. Le dessous est d'un brun-chocolat ou ferrugineux, un peu strié, avec les points jaunes à peu près comme chez la Var? *Fulvescens*, mais plus distincts, en raison de l'intensité du fond. — La femelle est plus claire que le mâle, et, chez elle, la côte, l'apex et la moitié du bord terminal des ailes supérieures sont lavés de fauve sablé de ferrugineux.

J'en ai quatre individus bien semblables, tous du Silhet.

Gen. *SATYRUS*, Lat.

Satyrus **Narcissus**, Fab.

E. S. Sup., 672-3 — God., p. 551. — Bdv. Faun. Mad. p. 59.

Commun à la Réunion.

Legio **ONISCIFORMES**, Gn.

Phalanx MICROPI, Gn. — Tribu *SULCATÆ*, Gn.

Fam. LYCÆNIDÆ, Bd. — Gen. *LYCÆNA*, Och.

Lycæna **Bœtica**, Lin.

S. N. 226. — Fab., God., etc.

Outre que le violet est plus sombre que chez les *Bœtica* d'Europe, le dessous est un peu plus clair et les stries blanches y sont plus nombreuses.

Lycæna **Telicanus**, Herbst.

Hbst. 305. — Hb. — God., etc.

Le dessous des ailes est plus blanc que chez les individus européens et les lignes blanches plus confluentes, surtout chez les femelles.

Lycæna **Lysimon**, Hb.

Hb. 534. — Och. — God., etc.

Ne diffère en rien de nos individus européens.

Lycæna **Mylica**, Gn.

Elle est du même groupe que *Lysimon*, mais un peu plus grande. Le dessus des ailes est d'un gris brunâtre, saupoudré, chez le mâle seulement, depuis la base jusqu'au delà du milieu, de bleu clair argenté comme chez notre *Alsus* d'Europe, avec la frange d'un blanc sali. Le bord terminal des inférieures est précédé d'une série d'anneaux d'un gris clair, à peine distincte, correspondant aux lunules du dessous. Le dessous des quatre ailes est d'un cendré clair, avec une double série de taches d'un gris noir entourées de blanc : les postérieures ovales, les antérieures lunulées aux supérieures, chevronnées aux inférieures. Au-dessus est, comme chez la plupart des Lycénides, une série commune de points noirs finement cerclés de blanc, assez régulière aux premières ailes, mais dont les deux premiers points, aux secondes, rentrent notablement en dedans. Enfin au milieu de l'aile est un petit trait cellulaire précédé de trois points aux ailes inférieures seulement.

La massue des antennes est noirâtre extérieurement et d'un ferrugineux foncé intérieurement.

Cette petite Lycénide a été découverte par M. Vinson qui m'en a envoyé deux individus. J'en possédais depuis longtemps une femelle achetée à Paris.

Divisio II. **QUADRICALCARATI**, Gn.

Tribu *ANGUSTICOLLES*, Gn.

Fam. HESPERIDÆ, Latr. — Gen. *THYMELE*, Fab. Bdv.

Thymele **Florestan**, Cr.

Cram. 391 E F. — Bdv. F. Mad., p. 61.

Elle est très-commune à la Réunion. La chenille, dont je n'ai pas la description, vit sur le *Terminalia catalpa.*

Nota. La Th. *Florestan* se retrouve sans modification au Sénégal; j'en possède un individu tout à fait identique à ceux de la Réunion; mais, à côté d'elle, vole une espèce qui lui ressemble tellement, qu'elle est probablement confondue avec elle, et qui se trouve peut-être aussi à la Réunion. Cette Thymele, que j'ai nommée *Arbogastes*, ne diffère absolument de la *Florestan* que parce que les poils qui couvrent le corps, la tête, la base des premières ailes et le disque des secondes, sont d'un vert glauque très-clair. En outre, le collier de *Florestan* est marqué de chaque côté, près des yeux, d'un gros point orangé qui manque chez l'*Arbogastes.*

Thymele **Ramanateck**, Bd.

Faun. Mad., p. 62, pl. IX, fig. 3.

C'est seulement d'après l'autorité de M. Boisduval que je cite cette espèce, car je ne l'ai reçue ni de M. Vinson ni de M. Maillard, et les individus de ma collection viennent de Madagascar.

Gen. *EAGRIS*, Gn.

Eagris **Sabadius**, Bdv.

Faun. Mad., p. 63, pl. IX, fig. 2.

Cette espèce, qui n'est pas très-rare à la Réunion, n'appartient pas du tout au genre *Thymele*. Elle me paraît former un groupe à part d'un genre nouveau que j'ai adopté dans ma collection, et qui incline déjà beaucoup vers certaines espèces du genre *Eanthis*, Bdv.

Gen. *HESPERIA*, Lat.

Hesperia **Borbonica**, Bdv.

Bdv. Faun. Mad., p. 65, pl. IX, fig. 5-6.

Commune à la Réunion, mais rarement fraîche. La chenille a été découverte par M. Vinson sur des graminées. Elle est d'un blanc verdâtre avec les lignes ordinaires d'un vert plus foncé. La tête, qui est très-grosse et trapéziforme, est marquée de deux petites lignes latérales d'un rouge obscur, lisérées de blanc. La chrysalide est de la même couleur que la chenille, oblongue, cylindro-conique et ayant la tête terminée par une longue pointe conique très-aiguë.

NOCTURNI, Lat.

Div. I. **AREOLATI**, Gn. — Legio **PRISMATICORNES**, Gn.

Fam. SPHINGIDÆ, Lat.— Gen. *MACROGLOSSA*, Och.

Macroglossa **Apus**, Bdv.

Faun. Mad. p. 79, pl. x, fig. 4.

Cette jolie espèce ne paraît pas commune ; je n'en ai reçu que deux individus.

Macroglossa **Milvus**, Bdv.

Faun. Mad. p. 78, pl. x, fig. 3.

Ce Sphingide, si voisin de notre M. *Stellatarum*, ne se trouve qu'à la Réunion, mais il n'y est pas très-rare.

Gen. *CHOEROCAMPA*, Dup.

Chœrocampa **Idriæus**, Dr.

Drur. III, pl. II, fig. 2.— Bdv. Faun. Mad., p. 73, pl. x, fig. 5.= *Sphinx Clio*, Fab. 65.

Ce joli Sphinx, malgré la très-grande différence de ses couleurs, a tout à fait le port de notre *Porcellus* d'Europe.

Je pense, avec M. Boisduval, que le sphinx *Clio* de Fabricius n'est autre que celui-ci, et que les mots : *posticis testaceis* viennent de ce qu'il avait vu un individu décoloré. En tous cas, son nom est postérieur à celui de Drury.

Chœrocampa **Eson**, Cr.

Cram. 226 C. — Bdv. F. Mad., p. 71.

Il n'est pas rare, et M. Vinson l'a souvent élevé de chenille. Le papillon varie peu, si ce n'est pour la bande latérale dorée de l'abdomen, ainsi que pour la ligne qui traverse les ptérygodes. Ces bandes sont parfois très-brillantes et parfois à peine visibles.

Chœrocampa **Celerio**, L.

Lin. S. N. 12. — Fab. W. V., etc. = *Phenix* Engram. God.

Absolument identique avec notre *Celerio* d'Europe, où l'espèce, d'origine africaine, paraît s'être propagée accidentellement. Je l'ai reçu aussi de Bornéo et du Silhet, et il ne paraît varier nulle part.

Chœrocampa **Nerii**, Lin.

S. N. 5. — Rœs. — Frisch.— Cram. — God, etc.

Ne diffère en rien non plus de nos individus d'Europe.

Gen. *CHLORINA*, Gn.

Caract. gén. — Chenilles... — Antennes de la femelle très-minces, — palpes écartés au sommet, comprimés latéralement, — front court et carré, — collier déprimé, — thorax court, à ptérygodes aplaties et terminées par un faisceau de poils arrondi et discolore, — abdomen peu conique, zoné de noir, garni latéralement de fascicules d'écailles blanches, — ailes larges : les supérieures ayant un sinus profond au bord interne, les inférieures dentées.

Chlorina **Megæra**, Lin.

S. N. 21.—Mus. Lud. Ulr. 358. — Clerck, pl. XLVII, fig. 2. — Seba, pl. LIV, fig. 14-15.—*Lacordairei* Bdv. F. Mad., p. 73, pl. XI, fig. 1.

Il est impossible de laisser ce beau Sphinx dans le genre *Chœrocampa*, dont il ne partage point les caractères, comme le prouvent ceux que j'assigne au genre *Chlorina*.

Cette magnifique espèce est facile à reconnaître dans les Icones de Clerck et même dans Seba, dont les figures de Sphingides sont pourtant si grossières.

M. Maillard m'affirme qu'il a été trouvé à la Réunion. Je possède un individu de Madagascar et une belle femelle de l'Afrique occidentale, mais je n'ai point vu le mâle qui présente peut-être des caractères propres.

Gen. *ZONILIA*, Bdv.

Zonilia **OEnopion**, Hb.

Hb. Ex. Schm. Legitimæ II. Eumorphæ A, Elegantes 1. — Bdv. F. Mad., p. 75.

Il ne paraît pas très-rare à la Réunion. Les individus que j'ai vus sont plus grands et mieux écrits que la figure de Hubner.

Gen. *SPHINX*, Lin.

Sphinx **Convolvuli**, Lin.

S. N. — Fab. — Hb. — God, etc.

Ce Sphinx habite tout le globe, et les légères différences qu'on observe chez les individus des contrées les plus opposées ne résistent point à l'examen. Cependant M. Horsfield figure la chenille de celui des Indes, et cette chenille diffère de celles d'Europe, non-seulement par la taille qui est proportionnée au papillon, c'est-à-dire beaucoup plus petite, mais encore par certains détails. Toutefois, la chrysalide est tout à fait semblable. Cette chenille, qui vit chez nous exclusivement sur les *Convolvulus*, mange les *Phaseolus* dans l'Inde et se trouve en janvier. On trouve le papillon à Java, Pinang, Madras, etc. J'en ai devant les yeux un individu d'Australie. Je sais qu'il se trouve également en Tasmanie, dans la Nouvelle-Zélande et à Port-Natal. Il n'est point rare à la Réunion.

Sphinx **Solani**, Bdv.

Faun. Mad., p. 76, pl. XI, fig. 2.

Il ne paraît pas très-commun, et je n'en ai vu que deux individus rapportés par M. Maillard. Il serait à désirer qu'on découvrît la chenille, qui doit être fort belle, si j'en juge par ses analogues.

Gen. *ACHERONTIA*, Och.

Acherontia **Atropos**, L.

Lin. S. N. 9. — Fab. — Hb. — God, etc.

Ne diffère pas des individus d'Europe.

Legio **PLICATULÆ**, Gn.

Tribu *LICHENIVORÆ*, Gn.

Fam. LITHOSIDÆ, Bdv. — Gen. *LITHOSIA*, Fab.

Lithosia **Squalida**, Gn.

42mm. Mâle : Port des Lithosies européennes. Ailes supérieures d'un gris jaunâtre un peu carné, velouté jusqu'aux deux tiers, puis d'un gris luisant et plus noirâtre sous certaines incidences de la lumière, à franges concolores, sans aucun dessin. Ailes inférieures d'un gris un peu plus clair, veloutées depuis la base jusqu'au milieu; la partie luisante formant une large bordure. Dessous d'un gris carné, uniforme. Corps de la couleur des ailes, avec l'extrémité anale un peu jaunâtre. Antennes à cils presque imperceptibles.

Femelle un peu plus grande, ayant les premières ailes d'un gris uniforme, tirant davantage sur le noirâtre et entièrement luisant, et les secondes ailes plus claires, plus jaunâtres et aussi entièrement luisantes. Abdomen d'un gris cendré, avec l'extrémité anale finement jaunâtre.

Un mâle pris par M. Vinson. Une femelle par M. Maillard. Tous deux d'une conservation médiocre.

Tribu *PLANTIVORÆ*, Gn.

Fam. EUCHELIDÆ, Gn.— Gen. *DEIOPEIA*, Stph.

Deiopeia **Pulchella**, Lin.

S. N. 884. — Fab. — God., etc. — *Pulchra*, Esp. Hb.

Généralement un peu plus grande et à taches rouges plus étendues que les individus d'Europe.

Deiopeia **Venusta**, Hb.

Hb. Zütr. 521-522. — *Formosa*, Bdv. F. Mad., p. 85.

Commune à la Réunion. M. Boisduval a changé à tort le nom de cette espèce, puisque le *Zütraege* de Hubner est antérieur de cinq ans aux *Analecta* de Dalman, dont la *Venusta* n'est peut-être d'ailleurs qu'une simple variété de *Bella*.

La *Venusta* varie beaucoup pour le nombre des taches rouges et la largeur de la place blanche des premières ailes. Mais la variété la plus tranchée que j'aie vue et qui m'a été donnée par M. Maillard, a les ailes supérieures entièrement noires, avec quelques points rouges placés sur de petites taches carrées d'un jaune carné, et les ailes inférieures également noires, avec le disque étroitement blanc. L'abdomen est entièrement d'un gris-noir en dessus.

Deiopeia **Cribraria**, Cl.

Clerck. Ic., pl. LIV (1759). — Cram. 208 C G et 288 D. = *Astrea* Drur. II, p. 6, fig. 3. — Horsf., p. 308. = *Pylotis*, Fab. 222. — Oliv. Enc. 215. — Bdv. F. Mad., p. 85.

Elle varie tellement et habite des pays si opposés qu'on est toujours tenté d'en faire cinq ou six espèces. Celle de Java paraît surtout différente, et nous en avons reçu une dans ces derniers temps, des Philippines, qui semble aussi très-tranchée. Cependant, si je considère qu'à la Réunion même il existe trois ou quatre types différents, je crois qu'il ne faut pas tenter de les séparer sans posséder des documents précis, résultant des premiers états. L'un de ces types est surtout remarquable en ce que tous les points et taches noirs sont liés entre eux et forment, aux secondes ailes, une bordure et une bande discoïdale surmontant la tache cellulaire. Aux premières ailes, la bande la plus rapprochée de la base est perpendiculaire, tandis que les deux points qui lui ont donné naissance sont placés obliquement chez tous les autres individus.

Horsfield figure la chenille, qui ne s'accorde que médiocrement avec la description que M. Boisduval en donne dans la *Faune de Madagascar.*

NOTA. — Le nom de Clerk est bien antérieur à ceux de Drury et de Fabricius qui ont été adoptés pour cette espèce par les auteurs modernes.

Gen. ***LEPTOSOMA,*** Bdv. (*Nyctemera,* Horsf. — *Orphanus,* Her. Sch.)

M. Horsfield nous a fait connaître les chenilles de ce genre, lesquelles ont beaucoup de rapports avec celles des *Deiopeia*, mais sont munies de deux aigrettes de poils comme les *Orgyia.* Quant aux insectes parfaits, leurs rapports avec les *Deiopeia* sont manifestes et ils se placent tout naturellement dans ma famille des Euchélides dont M. Horsfield les a si fort éloignés.

Leptosoma **Insulare**, Bdv.

Faun. Mad., p. 84, pl. XII, fig. 1.

La description de M. Boisduval est inexacte, probablement parce qu'elle a été faite sur un individu mal conservé, et comme toutes les espèces de ce genre sont très-voisines, il me paraît utile de la décrire d'une manière plus précise.

C'est de la *Tripunctaria* qu'elle se rapproche le plus, mais elle est plus grande (53mm.); les premières ailes sont fuligineuses, avec une bande blanche oblique partant de la côte, s'élargissant notablement après la cellule et se reliant sous la 4, par une liture d'un blanc sale à la frange *qui y est marquée de blanc.* Le bord interne est d'un blanc jaunâtre et surmonté d'une longue bandelette de même couleur, divisée par une nervure et bifide à l'extrémité ; le tout jusqu'aux deux tiers de l'aile. Les inférieures sont d'un blanc pur, un peu transparent, avec une bordure égale, noirâtre, crénelée intérieurement, et la frange entièrement noirâtre. L'abdomen est blanc en dessous, d'un blanc gris en dessus, avec une série dorsale de gros points noirs, et une autre série latérale semblable, surmontée de traits, mais sans la ligne orangée indiquée par M. Boisduval. L'extrémité anale seule est fauve. Le thorax est blanc, rayé de noir, et le collier fauve, avec deux taches noires. Les antennes sont longues, bien pectinées chez le mâle et un peu crénelées chez la femelle.

Legio *FILIPALPES*, Gn.

Fam. AGANAIDÆ, Bdv. — Gen. *AGANAIS*, Bdv.
(Hypsa, Hb. Horsf.)

M. Horsfield nous a fait connaître les chenilles de ce beau genre, que la forme de ses palpes a fait placer jusqu'ici dans les noctuelles, ou près d'elles. C'est donc un tort, ici comme toujours, de se laisser guider par un caractère unique, si tranché qu'il paraisse. Quant à la nervulation, le fait que les Aganaïdes ont la médiane des secondes ailes nettement quadrifide n'est pas un obstacle à leur collocation auprès des Euchélides dont plusieurs genres présentent le même caractère ; enfin, par leurs premiers états, les Aganaïdes se rapprochent à la fois de ces mêmes Euchélides et des Agaristides que, pour ma part, je place entre les Syntomides et les Aganaïdes, et non dans le voisinage des Castnies.

Aganais **Borbonica**, Bdv.

Bdv. F. M., p. 96, pl. 15, fig. 1. — Herr. sch. 118-120. — *Insularis*, Bdv. F. M., p. 97, pl. 15, fig. 2 (la femelle).

La supposition que M. Boisduval faisait, que son *Insularis* pouvait bien, malgré ses différences, être la femelle de la *Borbonica* s'est réalisée, et il est reconnu maintenant que ces deux *Aganaïs* n'en forment qu'une seule.

Legio **PHALÆNIDÆ.**

Tribu *GEOMETRÆ*, Gn.

Fam. 2. ENNOMIDÆ, Gn. — Gen. *HYPERYTHRA*, Gn.

Hyperythra **Mangiferaria**, Bdv.

Bdv. Faun. Mad., p. 114.

Bien que je n'en aie pas la certitude, je crois que l'individu que j'ai devant les yeux se rapporte bien à la *Mangiferaria* de M. Boisduval que je n'avais pu me procurer lors de la rédaction de mon *Species*, où elle est omise.

Elle se distingue des autres *Hyperythra* par sa couleur d'un brun violâtre ou rougeâtre clair, un peu plus sombre à la côte et à la frange, par l'échancrure très-marquée de ses ailes inférieures au bord interne, par ses antennes à lames plus longues. A la Réunion, où elle est seule, elle sera facile à reconnaître au-dessous des ailes qui est d'un beau jaune fortement aspergé de rougeâtre, avec une large bordure de cette dernière couleur, sur laquelle tranche, au-dessous de l'apex des premières, un groupe d'atomes d'un blanc-lilas.

M. Maillard me remet, avec cet exemplaire mâle, les débris d'un autre individu qui en est probablement la femelle. Il est d'une couleur très-différente et beaucoup plus rapprochée de celle des autres *Hyperythra*, c'est-à-dire d'un jaune sale, avec trois lignes ou ombres plus obscures et parallèles. Le dessous est d'un jaune-citron à peine strié de rouge, avec une ligne subterminale rouge bien marquée, derrière laquelle est une teinte rouge fondue qui tend à former bordure, et une ombre semblable sur le disque.

Cet individu serait-il la G. *Madecassaria* Bdv. F. M., p. 114 ?

Fam. 5. BOARMIDÆ, Gn. — Gen. *BOARMIA*, Tr.

Boarmia **Incompletaria**, Gn.

Je décris cette espèce sur un individu unique, en mauvais état, et femelle : ce sont trois raisons pour que ma description laisse à désirer ; et, si je l'ai faite, c'est que je n'ai pas voulu omettre une des plus grandes phalénides de la Réunion.

48^{mm} — ailes dentées (les franges manquent) d'un gris jaunâtre clair, fortement saupoudré et strié de noirâtre, avec toute la partie située derrière la coudée plus obscure. Les deux lignes ordinaires sont plus foncées, en partie confondues avec les atomes, et on reconnaît mieux leur place que leur forme. L'ombre médiane est plus droite et terminée par une tache noire au bord interne; à côté d'elle est la tache réniforme, épaisse, ovale, noirâtre. L'exemplaire est trop usé pour que je distingue bien la subterminale. Le dessous des quatre ailes rappelle le dessus, mais il est plus pâle et plus uni. On y voit distinctement la grosse tache cellulaire noirâtre, et, sur le disque, une traînée transversale claire et jaunâtre. Le corps est entièrement de la couleur des ailes, sans dessins. Je ne puis rien dire des pattes, puisqu'il s'agit d'une femelle, ni des antennes, qui manquent.

Boarmia **Orygaria**, Gn.

Je ne connais non plus cette espèce que par deux individus femelles recueillis, l'un par M. Maillard, l'autre par M. Vinson; et je ne sais si les caractères du mâle permettraient de la ranger dans le genre *Boarmia* proprement dit, où je ne la laisse qu'en attendant.

48^{mm} — ailes fortement dentées, d'un rouge testacé clair, pointillé çà et là de noir, avec une série de lunules terminales noires, internervurales. Supérieures ayant, à la place des lignes ordinaires, des traînées d'atomes noirs, condensés par places, surtout à la côte, au bord interne sur la première ligne, et au milieu sur la seconde; celle-ci marquée, dans tous les cas, par deux séries de points nervuraux. Trois taches noires suivent la coudée : l'une sous la côte, et les deux autres accolées et séparées par la nervule *indépendante*. Ailes inférieures avec une seule traînée principale, partant du bord abdominal, expirant au milieu de l'aile et ayant au-dessus d'elle une ligne ponctuée, au-dessous, des atomes blanchâtres. Dessous, d'un gris roussâtre uni, avec les dessins du dessus en transparence et un petit trait cellulaire. Un trait noir sur chaque ptérygode. Deux points noirâtres sur le deuxième anneau de l'abdomen. Antennes concolores et aspergées de noirâtre.

Nota. — Chez un de mes individus, les groupes d'atomes et taches sont fort peu visibles.

Boarmia **Acaciaria**, Bd.

Faun. Mad., p. 116, pl. 16, fig. 4. — Gn. spec. 391.

Ne paraît pas commune.

M. Maillard me communique une superbe variété femelle qui constitue peut-être même une espèce, ce que je ne puis décider, n'ayant plus l'*Acaciaria* typique devant les yeux. Elle est blanche, avec une large bande commune, d'un brun-carmélite clair, accolée à la coudée, qui est noire et très-accusée. En outre, les premières ailes ont tout l'espace basilaire du même brun et, derrière la bande commune, à la hauteur de la cellule, une large place noire qui s'avance jusqu'au bord terminal. L'ombre médiane est nulle, et la tache cellulaire, non entourée de brun, n'est indiquée que par le groupe d'écailles en relief qui caractérise cette section.

Gen. *HYPOPALPIS*, Gn.

Chenilles..... — Antennes des mâles longues, garnies de lames très-longues et recourbées en dedans, puis devenant brusquement filiformes en approchant du sommet : celles des femelles un peu granulées, à cils isolés, à peine visibles. Palpes longs, velus, disposés en bec, mais fortement incombants, à articles indistincts. Corps robuste : le thorax carré, laineux ; l'abdomen garni latéralement de faisceaux de poils, conique chez les mâles, terminé chez les femelles par un oviducte saillant. Jambes postérieures des mâles renflées en fuseau. Ailes épaisses, larges, dentées, munies, sur la disco-cellulaire, d'un faisceau d'écailles en relief.

Ce nouveau genre se rattache d'une part aux *Hypochroma*, et de l'autre aux *Boarmia* du groupe d'*Acaciaria*, dans lequel la forme des palpes des antennes, l'oviducte des femelles, etc., ne permettent pas de le laisser. Il se compose de deux belles espèces, qui se trouvent toutes deux à la Réunion. Je ne sais rien de leurs mœurs qui doivent ressembler beaucoup à celles des *Boarmia*. Les femelles sont très-différentes des mâles.

Hypopalpis **Terebraria**, Gn.

Mâle 50mm. Ailes d'un blanc sale, fortement aspergées de points bruns, avec la frange concolore, précédée de points noirs internervuraux bien marqués. Les trois lignes ordinaires sont confondues au milieu des atomes bruns; mais leur place est accusée par des traînées d'un jaune d'ocre. En outre, la coudée, mieux marquée que les autres, est composée de lunules noires, et ainsi bien dentée. L'ombre médiane lui est presque contiguë par en bas; mais, par en haut, elle s'en écarte et touche le groupe d'écailles blanches qui est sur la discocellulaire. Les ailes inférieures n'accusent guère leurs lignes que par deux traînées jaunes à peine distinctes. En dessous, les supérieures ont une grosse tache cellulaire et une liture à l'apex, noires; les inférieures n'ont qu'un petit trait dans la cellule et un commencement de traînée à la côte. Tout le corps est de la couleur des ailes, sans dessins; l'abdomen seul a, sur le dos, de petits points noirs géminés. Les antennes sont entièrement de la couleur du corps.

La femelle (ou du moins deux individus en mauvais état qui m'ont été communiqués par M. Guérin-Menneville, et qui me paraissent se réunir au mâle ci-dessus) en diffère par le fond plus blanc et moins saupoudré, en sorte que toutes les lignes sont distinctes; l'extrabasilaire composée de deux filets dont le premier vague et ondulé, le second fortement sinué-denté; l'ombre médiane et la coudée disposées comme chez le mâle : la première presque droite, la seconde très-dentée et coudée sur la 1; enfin, la subterminale blanche entre deux filets noirs très-interrompus, mais empâtés vis-à-vis de la cellule. Cette dernière ligne se continue sur les ailes inférieures, ainsi que la coudée, qui est fine, dentée, très-sinuée et suivie d'atomes qui la doublent. En dessous, l'apex des supérieures est largement noir. La tarière abdominale est précédée de deux points noirs.

Je répète que les deux individus, sur lesquels je fais cette description, sont vieux, mutilés, et en partie effacés.

Hypopalpis **Perforaria**, Gn.

J'ai cru d'abord que cette belle phalène était la femelle de la précédente, d'autant plus qu'elles proviennent du même envoi; mais les différences sont si considérables que je n'ose persister dans cette opinion, à moins toutefois qu'elle ne constitue une belle et grande variété de celle que m'a communiquée M. Guérin, ce qu'il m'est impossible de décider sur aussi peu de matériaux et en l'absence de tous renseignements. Quoi qu'il en soit, voici sa description :

60^{mm}. Ailes dentées, d'un blanc de lait, à peine semées de quelques écailles brunes et à frange concolore, précédée d'une série de gros points noirs internervuraux. Toutes les lignes sont très-distinctes, noires, et forment des bandelettes au moyen d'atomes partie noirs, et partie d'un brun-carmélite, qui les suivent. A l'aile supérieure, elle s'épaississent à la côte en gros traits noirs. L'extrabasilaire est double, très-irrégulièrement sinuée, brune, entre deux filets noirs parallèles. L'ombre médiane est simple, formant deux sinus principaux, et suivie de brun, sur lequel se détache le groupe d'écailles blanches en relief, qui est lui-même précédé, par en haut, d'un point semblable. La coudée est fortement sinuée et régulièrement dentée, composée réellement de deux filets dont l'intervalle est rempli de brun, mais dont le second n'est visible qu'à la côte et en approchant du bord interne. A ce dernier endroit, elle se confond avec l'ombre médiane par un empâtement noir. La subterminale est blanche, ondée-dentée, et n'est accusée que par des faiseaux d'atomes noirs interrompus, formant trois groupes principaux. Ces groupes d'atomes se continuent sur les ailes inférieures, où ils forment une ligne vague et interrompue. Au-dessus est la suite de la coudée, composée de deux filets ondés et dentés, noirs et bruns, et fortement accusés en approchant du bord abdominal. Enfin, au-dessus encore, est une traînée qui vient mourir près du groupe d'écailles disco-cellulaire. Le dessous est blanc, avec des traces de lignes, une grosse tache cellulaire noire aux supérieures, qui ont le sommet également noir, échancré par une place apicale blanche ; aux inférieures, la tache cellulaire est petite et traversée par une nervure blanche. Le corps est blanc avec une ligne noire sur le prothorax, deux rangées de taches noires sur l'abdomen, dont l'extrémité porte un anneau noir.

Recueillie par M. Maillard.

Gen. *HYPOCHROMA*, Gn.

Hypochroma **Hypoleucaria**, Gn.

Elle paraît remplacer, à la Réunion, la *Rhadamaria* de Madagascar ; malheureusement je n'en ai qu'un seul individu, tout à fait mauvais, dépourvu d'antennes et à corps aplati, ce qui ne me permet de constater que les différences suivantes :

Les lignes sont plus noires, plus marquées ; il n'y a point de bordure proprement dite, mais seulement deux traînées d'atomes noirs et bruns qui découpent la subterminale, et dont la première est très-marquée à la côte des ailes supérieures : celles-ci seules ont l'apex légèrement teinté de noir en dessous, et il n'existe aucune trace des deux grosses taches noires, qui sont si marquées sous les secondes ailes de la *Rhadamaria*. J'ignore si l'abdomen est crêté, mais j'y distingue très-bien une série de traits noirs dorsaux, que je ne vois point chez les espèces voisines.

Fam. GEOMETRIDÆ, Gn. — Gen. *THALASSODES*, Gn.

Thalassodes **Hyraria**, Gn.

Spec. gén. 565.

Je ne l'ai pas reçue de nouveau.

Thalassodes **Cellularia**, Gn.

Elle est voisine de la *Vermicularia* dont elle se distingue, au premier abord, par le point cellulaire des secondes ailes.

35^{mm}. Ailes minces, d'un vert d'eau un peu grisâtre, avec une foule de stries d'un blanc soyeux très-visibles ; et les inférieures même envahies, en partie, par ce blanc qui laisse les nervures vertes. Ces dernières ailes ont, au bout de la cellule, un point noir entouré de testacé qui, vu à la loupe, est formé par des poils. Avec de l'attention, on découvre aux premières ailes un point correspondant, mais bien plus faible. Aucun autre dessin. Seulement la côte est très-finement lisérée d'ocracé. Front blanc à sommet testacé. Pattes un peu rosées. Antennes blanches à lames assez longues, ocracées. Abdomen vert en dessus, blanc en dessous et à l'extrémité.

Prise par M. Maillard.

Thalassodes **Ricinaria**, Gn.

C'est une des plus petites du genre. 26^{mm}. Ailes supérieures à bord terminal convexe, inférieures à coude bien prononcé, d'un vert pomme peu transparent, finement et assez rarement strié de blanc verdâtre, avec une ligne de cette dernière couleur, commune, fine, mais bien distincte, droite aux premières ailes, coudée et un peu tremblée aux secondes. Frange d'un jaune d'or pâle, bien tranché. Côte des supérieures d'un jaune plus rouge. Dessous d'un vert d'eau pâle, sans dessins. Front et dessus des palpes fauves.

M. Vinson m'a envoyé plusieurs individus de cette jolie phalénite et, ce qui complète sa découverte, il en a élevé la chenille qui est verte, avec une ligne dorsale d'un rouge ponceau. Sa tête est terminée par deux cornes pyramidales.

Cette chenille vit sur le ricin (*Ricinus communis L.*); elle se change en une chrysalide ovoïde, allongée, verte, et éclot le septième jour.

Fam. ACIDALIDÆ, Gn. — Gen. *ACIDALIA*, tr.

Acidalia **Luculata**, Gn.

Spec. gén. 797.

Je ne l'ai pas reçue de nouveau depuis la publication de mon Species.

Acidalia **Mauritiata**, Bdv.

Gn. Sp. gén. 809. = *Minorata*, Bdv. Faun. Mad., p. 115.

Elle est très-voisine de nos espèces européennes du groupe Q, et a la taille de notre *Incanaria*. Les ailes sont d'un gris carné, à franges concolores et précédées de petits points noirs. Le bord terminal est un peu plus sombre et séparé par une ligne claire; puis vient une ligne fine, denticulée, foncée, assez régulière aux premières ailes, formant une petite rentrée vis-à-vis de la cellule aux secondes. Vient ensuite une ligne discoïdale un peu sinuée, auprès de laquelle est un petit point cellulaire noir, bien marqué en dedans, aux supérieures, en dehors, aux inférieures. Outre ces lignes communes aux quatre ailes, on en voit une extra-basilaire aux premières. Le dessous est d'un gris très-clair et soyeux, teinté de noirâtre aux supérieures, avec le point cellulaire et une fine ligne noirâtre commune en approchant du bord. Le front est noir et les antennes subciliées. Le mâle a les jambes postérieures blanches, un peu renflées, avec une seule paire d'éperons.

J'en ai reçu deux individus de M. Vinson.

Fam. LARENTIDÆ, Gn. — Gen. *COLLIX*, Gn.

Collix **Inæquata**, Gn.

38^{mm}. Ailes supérieures presque entières, inférieures profondément et inégalement dentées; les quatre d'un brun noir, à reflet un peu violâtre, traversées par de fines lignes plus obscures, ondulées, interrompues, peu distinctes, et par de petites stries transversales ocracées, visibles surtout à la côte des supérieures où elles sont géminées, et au bord abdominal des inférieures. On voit, en outre, sur chaque aile une tache, aussi ocracée, arrondie, placée vers le milieu, en avant du bord terminal, et, sur les nervures, de petits points noirs et ocracés. Enfin, les supérieures ont, dans la cellule, une petite crête d'écailles noires redressées. Le dessous est d'un gris noirâtre soyeux, avec deux lignes parallèles, arquées, noirâtres, et une tache cellulaire noire. L'abdomen est noirâtre en dessus, ocracé en dessous.

Cette espèce, la quatrième du genre *Collix*, se place entre l'*Hypospilata* et la *Foraminata*.

Gen. *CIDARIA*, Tr.

Cidaria **Borbonicata** , Gn.

Spec. gén. 1676.

Je ne l'ai pas reçue depuis la publication de mon Species.

Legio **NOCTUÆ**, Lin.

Phal. TRIFIDÆ, Gn. — Tribu *GENUINÆ*, Gn.

Fam. APAMIDÆ, Gn. — Gen. *PRODENIA*, Gn.

Prodenia **Retina**, Hs.

Herr. Sch., 145. — Gn. Spec. gén. 259. = *Hadena littoralis*. Bdv. Faun. Mad., p. 91, pl. 13, f. 8.

Elle paraît commune. Les individus varient un peu pour la nuance, mais non pour les dessins. On la trouve en décembre et elle s'introduit souvent dans les habitations.

Prodenia **Testaceoïdes**, Gn.

Spec. gén. 262, pl. 6, fig. 7.

J'ai dit que cette *Prodenia* se trouvait à Maurice, mais elle habite également la Réunion, d'où M. Maillard en a rapporté un beau mâle.

Gen. *MAMESTRA*, Och.

Mamestra **Rubiana**, Gn.

48^{mm}. Ailes supérieures d'un brun de bois, à franges concolores, à lignes peu distinctes : la coudée denticulée, très-voisine de l'ombre médiane qui lui est parallèle dans sa moitié inférieure, l'extra-basilaire formant trois dents arrondies dont celle du milieu porte la tache claviforme qui est noire et assez courte. Les deux taches ordinaires visibles, cernées de jaune d'ocre, ovale et réniforme : la dernière précédée d'un empâtement noir. Ligne subterminale peu distincte, formée de points noirs éclairés de jaunâtre. De petits traits noirs chevronnés précèdent la frange. A la base, près de la tache claviforme, est un espace clair, rougeâtre, plus ou moins visible suivant l'intensité du fond. Ailes inférieures noirâtres, à base et disque plus clairs, avec un point noirâtre, plus visible en dessous. Thorax brun foncé. Abdomen noirâtre en dessus, rougeâtre en dessous, avec les premiers anneaux garnis de poils abondants et touffus sur le dos et le dernier bordé d'un double rang de poils épais, d'abord rougeâtres, puis ocracés. Antennes pubescentes à cils isolés à peine distincts. — Femelle semblable, même pour les ailes inférieures.

Elle varie pour la couleur du fond. Chez un mâle elle est d'un ton testacé rougeâtre, avec les lignes mieux écrites.

Cette espèce qui paraît assez commune à la Réunion peut se placer entre les *Mamesta Rubrirena* et *Abjecta*.

Gen. *PERIGEA*, Gn.

Perigea **Decolorata**, Gn.

Elle est assez voisine de la P. *Sutor*, mais elle en est bien distincte.

30^{mm}. Ailes supérieures d'un gris testacé clair, avec les nervures plus foncées et les lignes ordinaires accusées par des ombres fondues qui les précèdent. La coudée est suivie comme chez les autres espèces d'une série de petits points clairs, placés sur les nervures entre deux points foncés. La tache réniforme est grande, appuyée sur le haut de la coudée, concolore et marquée inférieurement d'écailles blanchâtres. L'orbiculaire, aussi concolore, a un petit point foncé au milieu. Les ailes inférieures sont claires avec une large bordure noirâtre et la frange claire. En dessous, la côte des quatre ailes est nuancée de carné. L'abdomen a de petites taches grises ventro-latérales. Tout le corps est concolore avec une fine ligne noire, arquée, sur le collier, et le front marqué de deux traits noirs superposés.

Trouvée par M. Maillard. L'existence de cette espèce et de la suivante à la Réunion démontrent le cosmopolitisme du genre *Perigea*. Bien que la très-grande majorité des espèces de ce genre habite les continents américains, nous en connaissons une de Java, une de la Nouvelle-Hollande, et une de la Russie méridionale. Il est donc répandu presque par tout le globe. C'est, au reste, le cas des *Caradrina* que les *Perigea* avoisinent si fort.

Perigea **Nigrita**, Gn.

C'est la plus foncée du genre et elle se rapproche beaucoup d'une espèce brésilienne que j'ai reçue depuis la publication de mon Species.

36^{mm}. Ailes supérieures d'un gris presque noir, absorbant toutes les lignes et sur lequel se détachent seulement les parties claires, savoir : les deux taches ordinaires, la réniforme étant parsemée inférieurement d'écailles blanchâtres, la série de points blanchâtres qui suit ordinairement la coudée, et une autre série de points semblables précédant la frange qui est concolore. Ailes inférieures noirâtres, avec la base un peu plus claire et la frange ocracée, mais salie de noirâtre par places. Leur dessous fortement poudré de noir, avec un trait cellulaire et la trace d'une ligne. Abdomen noir en dessus et bien crêté, même chez la femelle, seul sexe que je décris ici.

NOTA. — Il est certain qu'il se trouve encore d'autres *Perigea* à la Réunion, ainsi que je l'ai dit p. 232 de mon Species.

Fam. CARADRINIDÆ, Bdv. — Gen. *AMYNA*, Gn.

Amyna **Colon**, Gn.

26mm. Ailes supérieures larges, arrondies, et beaucoup moins prolongées à l'apex que la *Selenampha*, d'un brun violâtre foncé, avec les lignes ordinaires distinctes mais très-fines, blanchâtres, irrégulièrement dentées et à peu près parallèles, accompagnées de teintes d'un brun-marron foncé. Avec de l'attention, on aperçoit la tache réniforme, dont la partie inférieure est teintée de brun plus clair et plus jaunâtre. De petits points blancs très-fins précèdent la frange. Les secondes ailes sont entièrement noirâtres, avec un petit trait blanc à l'extrémité de la 4. Leur dessous est gris, grossièrement saupoudré de noirâtre, sans trait cellulaire, mais avec une ligne dentée dans sa première moitié, droite mais plus visible dans la seconde. Le corps est de la couleur des ailes, mêlé de petites écailles grises.

Fam. HELIOTHIDÆ, Bdv.— Gen. *HELIOTHIS*, Och.

Heliothis **Armigera**, Hb.

Hb. 370. — Tr. Dup., etc.

Se retrouve à la Réunion sans modification, comme dans tant d'autres contrées du globe.

Tribu *MINORES*, Gn.

Fam. ERASTRIDÆ, Gn. — Gen. *ERASTRIA*, Och.

Erastria **Blandula**, Gn.

18mm. Ailes supérieures d'un blanc jaunâtre avec l'espace médian d'un brun cannelle clair, uni, échancré supérieurement par un espace blanc qui dessine une tache réniforme marquée de deux points noirs et qui se relie à la côte. Espace qui suit teinté de brunâtre, avec des traces de ligne subterminale blanche et saupoudré vers l'apex d'atomes noirâtres, traversés eux-mêmes par des rudiments de lignes. Côte marquée à la base d'une tache brune irrégulière. Ailes inférieures d'un gris sale en dessus. Les quatre saupoudrées en dessous d'écailles noirâtres, avec une ligne plus blanche tout près du bord terminal. Thorax blanc, poudré d'atomes bruns.

J'ai reçu à la fois cette petite espèce de M. Vinson et de M. Maillard.

Fam. ANTHOPHILIDÆ, Gn.— Gen. *ANTHOPHILA*, Och.

Anthophila **Augusta**, Gn.

28mm. Ailes supérieures brunes, traversées par des lignes ondées d'un gris bleuâtre, et au milieu par une éclaircie d'un blanc carné. Les taches ordinaires consistent en un petit point et une tache quadrangulaire, noirs. Près du bord serpente une ligne claire, marquée d'un point rouge brique et appuyée sur une tache noire, géminée extérieure, à la hauteur de la cellule. La frange est blanche et précédée de gros points noirs. Les secondes ailes sont blanchâtres, salies de noirâtre, avec la même bordure de gros points noirs et quelques rudiments de lignes partant du bord abdominal. Le thorax est brun avec les ptérygodes fortement mêlées d'écailles gris lilas. L'abdomen manque.

Cette jolie petite *Anthophila* m'a été donnée par M. Vinson; elle ne se rapproche pas des espèces européennes, si ce n'est peut-être un peu de la *Scitula*.

Fam. CYMBIDÆ, Gn. — Gen. *CHLOEOPHORA*, St.

Chlœophora **insulana**, Bdv.

Faun. Mad., p. 121, pl. 16, fig. 9.

Cette jolie espèce, qui a beaucoup de rapports avec nos *Chlœophora* européennes (*Clorana*, *Vernana*), a été très-imparfaitement décrite; et comme elle varie beaucoup, je pense qu'une seconde description est indispensable.

19^{mm}. Ailes supérieures d'un jaune vif, lavé de vert à l'extrémité, quelquefois même entièrement vertes, avec la frange d'un rouge porphyre. Trois lignes plus ou moins distinctes traversent l'aile : les deux dernières flexueuses, bien parallèles et placées sur la dernière moitié de l'aile. Ces lignes sont précédées de points ou groupes d'atomes de même couleur; tantôt elles sont entièrement vertes et alors peu distinctes et tantôt d'un rouge porphyre. Les secondes ailes sont d'un blanc hyalin, avec la première moitié de la frange lavée de jaune verdâtre mêlé de rouge. Le corps est de la couleur des ailes, qui n'ont absolument aucun dessin en dessous. Les femelles, ou du moins tous les individus de ce sexe que j'ai observés, ont, sur les ailes supérieures, une large tache d'un brun rougeâtre, reposant sur le bord interne et remontant jusqu'aux deux tiers de l'aile. Les inférieures ne diffèrent en rien de celles du mâle.

Cette petite *Chlœophora* est très-commune à la Réunion. J'en connais une espèce très-voisine, de l'Afrique centrale; mais le pays qui en produit le plus est l'Inde, d'où j'en ai reçu un grand nombre d'espèces.

Phalanx II. QUADRIFIDÆ, Gn. — Tribu *VARIEGATÆ*, Gn.

Fam. ERIOPIDÆ, Gn. — Gen. *ERIOPUS*, Och.

Eriopus **Maillardi**, Gn.

Cette jolie espèce est assez voisine de notre *Pteridis* d'Europe, et doit se placer entre elle et la *Ganga*.

33^{mm}. Premières ailes dentées, munies d'un angle au bout de la 3e et ayant la dent de la sous-médiane plus forte; d'un brun fuligineux, avec les nervures finement détachées en carné clair. Ligne coudée, géminée, sinueuse, brune, placée sur un fond un peu plus clair et se liant, sous la côte, avec une ligne en forme d'U, d'un blanc argenté, qui va rejoindre elle-même le sommet de l'extra-basilaire, en sorte qu'on dirait que toutes les lignes sont la continuation d'une seule. Une bandelette oblique, d'un rose clair, part du premier tiers du bord interne pour aller rejoindre la côte sous la ligne en U. Une liture, également rose, part de l'angle du bord terminal et va joindre, en formant une pointe, une autre liture qui naît du sommet de la côte. Une fine ligne blanchâtre, très-rapprochée du bord terminal, en suit tous les contours et aboutit, à l'apex, dans un trait d'un blanc rosé qui se prolonge sur la frange; enfin un filet très-fin et très-net, aussi d'un blanc rosé, précède la frange elle-même. Les secondes ailes sont noirâtres en dessus, blanchâtres en dessous, avec un point cellulaire et deux lignes noirâtres sinueuses.

Les antennes sont tout à fait filiformes dans la femelle, seul sexe que je connaisse, et j'ignore si celles du mâle sont garnies d'une nodosité.

Je n'en ai vu qu'un seul individu, pris par M. Maillard, et que je lui dédie.

Fam. EURHIPIDÆ, Gn. — Gen. *EURHIPIA*, Bdv.

Eurhipia **Blandiatrix**, Bdv.

Bdv. Gen., n° 968. — Gn. Spec., n° 1115, pl. 14, f. 8.

Cette seconde espèce de notre genre européen, *Eurhipia*, est décidément propre à la Réunion, et sa grande affinité avec notre *Adulatrix* est probablement la seule raison qui ait fait supposer à M. Boisduval qu'elle était européenne. J'en ai reçu un individu de M. Vinson qui l'a prise à la Réunion, et j'en avais acquis, après la publication de mon Species, un autre exemplaire chez un marchand naturaliste, et qui provenait également de notre colonie.

Fam. PLUSIDÆ, Bdv. — Gen. *PLUSIA*, Och.

Plusia **Aurifera**, Hb.

Hb. 463. — Treits., p. 168. — Dup. Bdv. Gn., 1153.

Elle est très-commune à la Réunion, et j'en ai reçu plusieurs individus de MM. Maillard et Vinson. Aucun, dans le nombre, ne se rapporte à ma Var. A, et tous sont bien l'espèce typique.

Je suis plus que jamais convaincu que cette *Plusia* n'est point européenne, et que les exemplaires qui ont été pris à La Rochelle et en Espagne y avaient été apportés par des navires venant d'Afrique. Je doute même de la provenance de Java, que j'ai indiquée dans mon Species, sur un exemplaire appartenant à la Compagnie des Indes, mais qui est probablement aussi d'origine africaine.

Plusia **Chalcites**, Esp.

Esp. — Bk. — Treits. — Dup. — Bdv. — Gn. Spec. 1167. = *Quæstionis* Fab.

N'est pas plus rare que l'*Aurifera*. Les individus de la Réunion ne diffèrent pas de ceux d'Europe.

Plusia **Signata**, Fab.

Fab. Gn. Spec. 1171.

Je ne l'ai pas reçu de MM. Vinson et Maillard, mais je sais qu'elle se trouve à la Réunion.

Plusia **Ni**, Engr.

Engr. — Hb. — Treits. — Dup. — Frey. — Bdv. — Gn. Spec. 1178.

J'en ai reçu de M. Vinson un individu qui ne diffère de ceux d'Europe qu'en ce qu'il est un peu plus sombre, surtout sur l'espace médian, et que le point argenté est plus oblong.

Plusia **Limbirena**, Gn.

Gn. Spec. 1179.

M. Vinson m'a envoyé plusieurs beaux individus de cette Plusie, qui se reconnaît, au premier abord, à la tache ovale d'un carné sombre qui est placée au milieu du bord terminal.

Elle varie pour la taille, et paraît n'être pas rare à la Réunion.

Plusia **G. roseum**, Gn.

32^{mm}. Ailes supérieures d'un brun mordoré, nuancé de gris rosé dans le voisinage des lignes et dans l'intérieur du signe doré. Ce dernier a une forme toute particulière, qui fera distinguer l'espèce à la première vue : il est formé d'un Y très-oblong, qui part de l'extra-basilaire et va rejoindre la coudée en formant une longue pointe. Cette dernière ligne est très-nette, fine, dorée, arquée, mais non sinuée, ni dentée. Il en est de même de la subterminale qui est extrêmement rapprochée du bord et suivie d'une bandelette rosée, partagée en deux par une ligne obscure. La demi-ligne est très-nette. L'extra-basilaire est ouverte sous la nervure costale, et semble faire le prolongement des deux branches du signe argenté. Le métal de toutes ces lignes est teinté de rosé ou de carné. Une petite tache noire suit la réniforme, et une autre est placée contre la demi-ligne, sous la nervure médiane. Les ailes inférieures sont noirâtres avec la base, et la frange blanchâtres; cette dernière, entrecoupée de points vagues, noirâtres. En dessous, se détache le point cellulaire.

Le thorax de cette jolie espèce est de la couleur des ailes, avec quelques linéaments rosés. La tête manque, ainsi que la partie postérieure de l'abdomen, ce qui fait que je n'en puis rien dire.

Elle se placera, dans le système, à côté de la P. *Daubei*, avec laquelle elle a quelques rapports. Je pense même que cette dernière doit se trouver également à la Réunion.

Gen. **Odontina**, Gn.

J'ai dit, dans mon Species, que le genre *Plusiodonta* pouvait se partager en deux. Je vois, par une espèce nouvelle de la Réunion, que ce partage est indispensable. Je laisserai donc le nom de *Plusiodonta* au genre qui renferme la *Compressipalpis*, et celui qui comprend les deux autres espèces s'appellera désormais *Odontina*. Voici ses caractères :

Chenilles..... — Antennes simples et veloutées chez les deux sexes ; — palpes très-ascendants, à second article très-large et sécuriforme, à 3e long, filiforme et presque vertical ; — toupet frontal velu, conique, saillant ; — thorax étroit, lissé ; — abdomen long, lisse, terminé en pointe aiguë chez la femelle. — Pattes longues, à ergots prononcés ; — ailes supérieures anguleuses, aiguës à l'apex, munies, au bord interne, d'une dent squammeuse que suit un sinus profond, ornées de lignes métalliques ; inférieures arrondies, fortement quadrifides : les 1 et 2 insérées au même point.

Ce genre lie étroitement les Plusides aux Calpides, et surtout au genre *Orœsia*, dont il se rapproche déjà beaucoup, quoiqu'il y ait, dans les palpes, des différences très-notables. Peut-être même la découverte des premiers états le fera-t-il rejeter dans les Calpides.

Odontina **Excavata**, Gn.

40mm. Ailes supérieures aiguës à l'apex, anguleuses au bord terminal, et munies au bord interne de deux dents velues, séparées par un sinus très-profond ; d'un brun carmélite, marquées à la base d'une liture longitudinale claire, saupoudrée d'écailles dorées, etc., au milieu, d'une ligne oblique de même couleur, fine, interrompue, partant de l'apex et se dirigeant vers le sinus du bord interne où elle se divise en deux. En outre, l'aile est traversée par de fines lignes noires, interrompues, peu visibles, et on peut lire aussi la tache réniforme qui est grande et toujours d'un brun clair. A la côte, non loin de la base, sont deux petits traits dorés, arqués, se regardant par leur concavité, et placés sur un fond d'un fauve mordoré vif. La frange est d'un gris clair, et le brun s'y découpe comme des dents. Les secondes ailes sont noirâtres, unies, avec la frange comme aux premières : leur dessous est d'un gris sale, avec les nervures plus foncées, mais sans ligne, ni trait cellulaire. Les palpes et le thorax sont bruns : les premiers, avec la partie interne d'un jaune clair. L'abdomen et les pattes sont gris comme les secondes ailes. — La femelle ne diffère point du mâle.

Cette belle pluside paraît sujette à varier. J'en ai devant les yeux un individu mâle, chez lequel tout l'espace médian est envahi par du noir violâtre qui absorbe une partie des dessins, mais qui laisse la réniforme en brun.

Fam. GONOPTERIDÆ, Gn. — Gen. *COSMOPHILA*, Bdv.

Cosmophila **Xanthyndima**, Bdv.

Faun. Mad., p. 94, pl. 13, fig. 7. — Gn. Spec. 1257.

Depuis la publication de mon Species, j'ai reçu un certain nombre de *Cosmophila* de différentes localités ; mais elles ne sont ni en assez grande quantité, ni assez bien conservées pour me permettre de séparer définitivement toutes ces espèces si voisines. Il est néanmoins résulté des études imparfaites auxquelles j'ai pu me livrer, que les quatre espèces que j'ai publiées ne sont peut-être pas très-bien assises, et les caractères que je donne pour les faire distinguer, surtout ceux qui reposent sur les couleurs, ne sont pas toujours spécifiques. L'espèce de la Réunion, en particulier, nécessiterait une description plus précise que celle de M. Boisduval et la mienne; malheureusement je n'ai en tout que quatre individus du même sexe, et si mauvais, que j'aime mieux y renoncer que de remplacer une désignation imparfaite par une autre qui ne le serait guère moins. Il en est de même d'une espèce de l'Afrique occidentale que j'ai reçue aussi dernièrement. Plus tard, j'espère pouvoir donner une monographie de ce petit genre, dont les espèces sont tellement voisines entre elles que ce n'est qu'à grand'peine qu'on peut les distinguer.

Tribu *EXTENSÆ*, Gn.

Fam. POLYDESMIDÆ, Gn. — Gen. *POLYDESMA*, Bdv.

Polydesma **Umbricola**, Bdv.

Faun. Mad., p. 108. — Gn. Spec. 1312.

Paraît très-commune à la Réunion, surtout les femelles. Il serait à désirer qu'on pût bien connaître ses premiers états.

J'ai reçu de M. Vinson une femelle moitié plus petite que les individus ordinaires, mais qui ne paraît pas spécifiquement différente.

Fam. HOMOPTERIDÆ, Gn. — Gen. *HOMOPTERA*, Bdv.

Homoptera **Vinsonii**, Gn.

La découverte de cette belle Homoptère est due à M. Vinson, qui en a pris plusieurs individus, et qui m'a fait connaître sa chenille par un joli dessin qu'il m'a envoyé depuis. C'est donc pour moi un plaisir de lui donner son nom. M. Maillard en a pris aussi un certain nombre et m'a apporté la chrysalide, ce qui complète la connaissance de cette intéressante espèce.

43^{mm}. Ailes dentées, variées de gris blanc, de cendré bleuâtre et de brun carmélite, avec la frange concolore, nullement bordée de filets clairs ni de points noirs, mais précédée, *à distance*, d'une fine ligne noire festonnée. Les supérieures ont l'espace basilaire d'un brun foncé, formant un triangle nettement limité, avant l'extrémité duquel est l'extra-basilaire, noire et ondée. L'espace médian est de couleur variable, marqué d'une tache lunulée d'un brun de bois et traversé, avant l'extrémité, par une ligne (la coudée) noire très-fine et très-sinueuse, dont le sommet est contigu à une tache costale triangulaire, d'un brun foncé. Les ailes inférieures ont une bandelette brune, lisérée de deux filets noirs, partant de l'angle anal et se perdant, ou du moins se délayant vers le milieu de l'aile. Au-dessus sont des ombres noirâtres, sinueuses, superposées, et se perdant aussi vers le milieu de l'aile. Le dessous est d'un blanc un peu jaunâtre, sablé de noir, avec un rang de très-petits points subterminaux et des traces de lignes près de la côte ; le tout très-fin et noir. Le thorax est brunâtre, avec quelques places grises.

Cette description s'applique principalement aux femelles. Le mâle est en général plus clair, avec l'espace médian et les ailes inférieures moins bariolés. Il a en outre le dessous de ces dernières ailes entièrement revêtu de poils drapés et jaunâtres ; le dessous de son abdomen et ses pattes sont très-abondamment pourvus de ces mêmes poils; enfin ses antennes sont garnies de cils courts et fasciculés tandis qu'elles sont filiformes chez les femelles.

La *Vinsonii* varie extrêmement, soit pour la taille, soit pour les couleurs, surtout sur l'espace médian des premières ailes, qui est tantôt blanchâtre, tantôt d'un gris bleu, tantôt ondé ou même entièrement recouvert de brun carmélite. La femelle, toute proportion gardée, varie plus que le mâle.

La chenille est fort jolie, très-allongée, d'un gris blanc avec une stigmatale d'un jaune pâle, surmontée d'une bandelette d'un fauve ocracé lisérée et striée de noir. La région ventrale est teintée de noirâtre. La tête est d'un rouge clair. Les pattes écailleuses sont noires et les membraneuses de la couleur du ventre. Cette chenille n'a que deux paires de pattes ventrales bien développées et les deux autres paires sont rudimentaires. Elle tient sa partie postérieure relevée et, comme les autres Homoptérides, arque ses anneaux intermédiaires pendant la marche.

Ces chenilles sont très-abondantes sur le *Poinciana regia* Boj., arbre magnifique qu'on désigne dans l'île sous le nom de *Flamboyant*, à cause de ses fleurs d'un rouge de feu, et elles le dépouillent de ses feuilles avec rapidité. Pour se transformer, elles forment une coque peu consistante à l'aide de débris de végétaux, et s'y changent en chrysalides obtuses, de forme ordinaire et saupoudrées d'une efflorescence violâtre.

Le papillon éclot généralement en août et septembre, et est très-commun à la Réunion.

Tribu *PATULÆ*, Gn.

Fam. OMMATOPHORIDÆ, Gn. — Gen. *CYLIGRAMMA*, Bdv.

Cyligramma **Argillosa**, Gn.

Gn. Spec. gén., 1578.

Je n'ai pas reçu cette espèce de la Réunion; mais M. Maillard m'affirme qu'elle s'y trouve aussi bien qu'à Maurice.

Il est probable qu'on y trouverait aussi la *Goudotii*.

Fam. BENDIDÆ, Gn. — Gen. *HULODES*, Gn.

Hulodes **Sandii**, Gn.

Elle est intermédiaire entre l'*Inangulata* et l'*Eriophora*, et la femelle ressemble beaucoup à celle de la première, tandis que le mâle est voisin de la seconde. Il a, comme elle, les pattes extrêmement velues.

— 50^{mm}. Ailes non anguleuses : les supérieures aiguës et falquées à l'apex, les inférieures légèrement coudées au milieu; les quatre d'un gris testacé, parsemé d'écailles noires, à frange concolore et précédée de petits traits noirs que surmontent, en les entrecoupant, des points noirs internervuraux. A quelque distance du bord, est une large bande d'un brun de bois, irrégulière et traversée par des lignes d'écailles noires, maculaires aux supérieures, dentées aux inférieures. Les premières ont, entre cette bande et la base, des vestiges de lignes également noires et une tache réniforme d'un brun de bois, précédée d'un point. Le dessous est comme dans l'*Eriophora* dont on la distinguera facilement par le troisième article des palpes qui est plus long, et la frange aussi beaucoup plus longue et plus fournie, surtout au bord interne des supérieures. Le thorax, la poitrine et les pattes sont encore plus velus. Les antennes sont pubescentes.

La femelle est un peu plus claire. Ses premières ailes sont arrondies et non falquées à l'apex ; elles sont bordées de points, mais non de traits noirs. La bande couleur de bois est en partie effacée et, aux premières ailes, on n'y voit persister qu'un groupe d'écailles noires entre la 4 et la sous-médiane, et, à l'apex, deux taches noires, presque entièrement recouvertes par de grosses écailles blanchâtres. Ses antennes n'ont que des cils isolés, à peine perceptibles, même à la loupe, et ses tibias, privés, bien entendu, des poils qui sont le partage du mâle, sont encore plus épais que chez la plupart des femelles de noctuélites.

Ces deux individus ont été pris par M. Maillard, qui m'a prié de dédier l'espèce à M. Maurice Sand, fils de notre grand écrivain, et qui cultive les lettres et les sciences naturelles avec un égal succès.

Tribu *SERPENTINÆ*, Gn.

Fam. OPHIUSIDÆ, Gn.— Gen. *OPHISMA*, Gn.

Ophisma **Trapezoides**, Gn.

52^{mm}. Ailes supérieures aiguës et subfalquées à l'apex, mais moins que chez la *Klugii*, d'un gris testacé, parfois jaunâtre, avec l'extra-basilaire coudée sur la sous-costale, puis presque droite jusqu'à l'angle interne, la coudée très-bien écrite, formant un angle prononcé sous la 1', puis presque droite et un peu oblique jusqu'au bord interne. Ces deux lignes forment ensemble un trapèze très-marqué : la seconde est éclairée d'un filet blanchâtre et parfois suivie, au sommet, d'un groupe d'atomes d'un blanc lilas. La tache réniforme est accusée par deux points noirs, souvent reliés entre eux par un arc de même couleur. De petits points noirs très-fins précèdent la frange, qui est un peu plus obscure que le fond. Les ailes inférieures sont aussi testacées, mais plus claires, surtout à partir d'une ligne discoïdale, arquée, en deçà de laquelle on voit une large tache noire, irrégulière, bifide du côté de l'angle externe, délayée et rétrécie du côté de l'angle anal. Cette tache noire ne se reproduit point sous ces ailes, tandis qu'on en voit, sous les premières, une placée après une ligne transverse, également noire, qui précède une tache cellulaire répondant à la réniforme. Tout le corps est testacé et sans taches et les antennes sont filiformes dans les deux sexes.

Cette grande *Ophisma* ressemble, pour les couleurs, à la *Gravata* des Indes et, pour la forme, à la *Klugii*. Elle appartient, comme elle, à la quatrième division de mon Species, bien que ses lignes ne soient pas denticulées.

Elle paraît varier beaucoup. J'en ai sous les yeux un individu très-rembruni, sur lequel les deux lignes tranchent en clair et où les taches noires occupent un bien plus grand espace, tant en dessus qu'en dessous.

Je ne la crois pas rare à la Réunion. Je l'ai reçue à la fois de messieurs Maillard et Vinson.

Ophisma **Klugii**, Bdv.

Faun. Mad., p. 103. — Gn. Spec. 1660.

Cette superbe noctuelle n'ayant point été figurée par M. Boisduval, je crois devoir la faire représenter ici. J'ai toutefois une observation à faire à son sujet.

L'individu qui nous sert de modèle a, sur les premières ailes, sept bandes maculaires noires, comme celui que décrit M. Boisduval, et les deux taches ordinaires sont grosses et bien marquées; mais je crains que ces exemplaires si bien écrits ne soient qu'une variété, comme la *Tigrina* de Fabricius en est une de la *Melicerte*. J'ai, en effet, dans ma collection une paire d'*Ophisma* qui ne diffère point de la *Klugii* par la forme et tous les caractères, non plus que par les ailes inférieures, tandis que les supérieures ont, au lieu des bandes maculaires, quatre lignes minces et continues, dont les deux dernières seules sont lunulées, et un simple croissant à la place de la réniforme. Cette *Ophisma* achetée par moi d'un marchand qui n'a pu me dire sa provenance, et que j'ai nommée O. *Saga*, serait-elle le véritable type de la *Klugii*?

Ophisma **Finita**, Gn.

Spec. gén., 1658. — *Infinita*, Gn. Spec., 1659.

La conjecture que j'ai émise dans mon *Species*, p. 242, que l'O. *Infinita* pouvait bien être le mâle de l'O. *Finita*, est confirmée par cinq individus que j'ai sous les yeux. Bien plus, la femelle, quoique ayant habituellement la bande violâtre terminale aux quatre ailes, en est quelquefois privée comme le mâle.

Il faut donc rayer ce nom d'*Infinita* du catalogue de la Réunion comme de la liste des espèces du genre *Ophisma*.

Je saisis cette occasion pour mentionner ici deux espèces du même groupe très-voisines de la *Finita*, et que j'ai reçues depuis la publication de mon *Species*, d'autant plus qu'il n'est pas impossible que l'une d'elles au moins habite la Réunion.

La première, que je nomme *Definita*, diffère principalement de la *Finita* par l'extra-basilaire qui est droite, et quelques autres différences de dessin; mais ce qui la caractérise surtout c'est que le tarse de la jambe intermédiaire est fortement renflé et fusiforme, et imite presque ceux des Rémigides, le tibia ayant d'ailleurs le même renflement si curieux qu'on observe chez la *Finita*. J'en possède le mâle et la femelle, qui viennent de Port-Natal.

La seconde, que j'ai appelée *Perfinita*, appartient au Muséum impérial de Saint-Pétersbourg, et m'a été envoyée en communication par M. Ménétriès comme provenant de Cayenne, ce qui me semble difficile à admettre, tout ce groupe étant africain. Elle est du même brun que les autres, avec le bord terminal plus sombre, et une ligne subterminale claire qui s'arrête à la moitié de l'aile. On aperçoit l'origine des deux lignes ordinaires : la première au bord interne et l'autre à la côte, et l'ombre médiane, qui est brisée en angle très-prononcé dans la cellule. La frange des secondes ailes est éclairée de blanchâtre dans les deux premiers tiers.

Gen. *ACHÆA*, Hb.

Achæa **Catella**, Gn.

Spec. gén., 1667.

M. Vinson m'en a envoyé un individu très-mauvais, mais encore reconnaissable. Il est probable qu'elle varie dans la même proportion que la *Melicerta*.

Je saisis cette occasion pour faire connaître les chenilles du genre *Achœa*, qui étaient encore ignorées lors de la publication de mon *Species*, et que je connais maintenant par un beau dessin fait en Australie, que je dois, comme tant d'autres documents précieux, à l'amitié de M. H. Doubleday. Cette chenille produit une espèce extrêmement voisine de la *Melicerta*, et il n'y a nul doute que celle de la *Catella* de la Réunion lui ressemble beaucoup.

Ces chenilles sont très-atténuées antérieurement, cylindriques en dessus, aplaties en dessous, et portent sur le onzième anneau un petit tubercule bifide, et sur le quatrième, une large place de couleur différente du fond, qu'on n'aperçoit bien tout entière que quand la chenille courbe ses premiers anneaux, attitude qui lui est familière. On voit en outre une petite caroncule dorsale, qui doit varier suivant les espèces, sur le dos du sixième anneau. Le nombre des pattes ventrales est au complet ; mais la première paire est très-courte ; aussi la chenille n'est-elle point arpenteuse comme les *Homoptera* et se contente-t-elle d'arquer ses anneaux antérieurs. La tête est petite et globuleuse. Elles vivent sur les grenadiers et autres arbrisseaux.

Achæa **Lienardi**, Bdv.

Faun. Madag., p. 102. — Gn. Spec., 1672.

M. Maillard s'est assuré que cette espèce si belle et si variable habite également l'île de la Réunion.

Gen. *SERRODES*, Bdv.

Ce genre habite aussi la Réunion et n'est point exclusivement propre à l'Inde, comme je l'avais avancé dans mon *Species*. Il serait bien à désirer qu'on trouvât les chenilles ; car, ainsi que je l'ai dit, il est encore très-imparfaitement connu, même en ce qui concerne la division des espèces.

Serrodes **Inara**, Cr.

Cram., 239 E. — Gn. Spec., 1675.

M. Maillard m'en communique une femelle qui ressemble parfaitement au mâle que j'ai décrit. Elle est seulement un peu plus rougeâtre et n'a qu'une seule tache basilaire noire, qui est plus grande.

Nota. — Je crains maintenant que l'individu que j'ai décrit sous le nom d'*Inara*, var. A, ne se rapporte plutôt à la *Campana*.

Gen. *OPHIUSA*.

Ophiusa **Angularis**, Bdv.

Faun. Mad., p. 104. — Gn. Spec., 1694.

Cette jolie ophiuse ne paraît pas très-commune : la femelle est plus petite et moins rougeâtre que le mâle.

Ophiusa **Torrida**, Gn.

Gn. Spec. gén., 1703.

Elle doit être localisée dans l'île, car MM. Maillard et Vinson ne m'en ont communiqué qu'un seul individu, tandis que M. Guérin-Menneville en avait reçu une quantité considérable d'un même envoi.

Gen. *GRAMMODES*, Gn.

Grammodes **Ammonia**, Cr.

Cram., 250, D. — Gn. Spec., 1720.

Quoique je n'aie point reçu cette espèce de notre colonie, il me paraît difficile qu'elle ne s'y rencontre pas. Peut-être y constitue-t-elle une espèce à part et très-voisine, ainsi que je l'ai déjà dit, page 278 de mon *Species*.

Grammodes **Delta**, Bdv.

Faun. Madag., p. 105. — Gn. Spec., 1722.

Ne paraît pas très-commune. Je n'en ai reçu que deux exemplaires.

NOTA. — Je possède une jolie espèce très-voisine, non décrite dans mon *Species*, et venant d'Australie. Les lignes blanches des ailes supérieures sont disposées en *rectangle* dont la côte forme un des côtés, et les inférieures sont traversées par une ligne blanche.

Fam. EUCLIDIDÆ, Gn. — Gen. *TRIGONODES*, Gn.

Trigonodes, **Anfractuosa**, Bdv.

Faun. Mad., p. 104. — Gn. Spec., 1727.

Habite aussi la Réunion.

Fam. REMIGIDÆ, Gn. — Gen. *REMIGIA*, Gn.

Remigia **Frugalis**, Fab.

Fab. 138. — Gn. Spec., 178. — *Lycopodia*, Hb. Zütr., 897.

Ne doit pas être rare. Cependant je n'en ai vu que quelques exemplaires.

Remigia **Latipes**, Gn.

Spec., 1774. — *Repanda*, Bdv., Faun. Mad., p. 107. — *Punctularis*, Bdv. Dup.

Paraît moins commune à la Réunion que dans la plupart des autres parties du globe.

Remigia **Pellita**, Gn.

Spec., 1780.

Ayant sous les yeux trois exemplaires de cette Rémigie, que j'ai décrite sur un seul individu dans mon *Species*, je compléterai ma description en faisant connaître le mâle dont M. Maillard me communique un individu bien frais, et que j'avais d'ailleurs, antérieurement, reçu du Sénégal.

Elle diffère beaucoup du mâle, comme toutes les *Remigia* de cette division. Ses premières ailes sont d'un brun-chocolat violâtre avec les dessins d'un brun plus foncé. Ces dessins sont, au fond, les mêmes que ceux du mâle ; mais je ne vois pas de point noir au bord interne.

La série de points nervuraux qui se trouve avant le bord, dans mon exemplaire de Cafrerie et dans ma femelle du Sénégal, manque ici et même chez le mâle de la Réunion; mais on en reconnaît la trace, et je crois qu'on doit les retrouver chez d'autres individus de ce pays. Les secondes ailes sont d'un testacé obscur, avec une ligne postérieure et une ombre subterminale large, mais délayée, noirâtre, et la frange est teintée de roux. En dessous, ces ailes sont jaunes, saupoudrées de brun, avec une lunule cellulaire entre deux bandes foncées.

Remigia **Mayeri**, Bdv.

Faun. Mad., p. 104. — Gn. Spec., 1781.

Je ne l'ai pas reçue depuis la description que j'en ai faite sur des individus communiqués par MM. Boisduval et Guérin-Menneville.

Tribu *PSEUDO-DELTOIDÆ*, Gn.

Fam. AMPHIGONIDÆ, Gn. — Gen. *LACERA*, Gen.

Lacera **Capella**, Gn.

J'en ai reçu un bel individu de M. Vinson. Cette belle Amphigonide habite donc aussi notre colonie.

Fam. THERMESIDÆ, Gn. — Gen. *THERMESIA*.

Thermesia **Marchalli**, Bdv.

Faun. Mad., p. 105. — Gn. Spec., 1826.

Je ne l'ai pas reçue de nouveau, mais elle se trouve à la Réunion.

Thermesia **Rubricans**, Bdv.

Faun. Mad., p. 106. — Gn. Spec., 1829.

Je ne l'ai pas reçue non plus depuis la publication de mon *Species*.

Gen. *HYPOSPILA*, Gn.

Hypospila **Thermesina**, Gn.

37^{mm}. — Ailes d'un brun de terre d'ombre clair, à franges concolores, précédées d'un rang de points bruns internervuraux alternant avec des traits de même couleur, placés à l'extrémité des nervures, et une ligne commune oblique, droite, claire, ombrée de brun du côté externe, partant de la côte avant l'apex des supérieures et aboutissant au bord abdominal des inférieures, au-dessus de l'angle anal. Cette ligne est suivie d'une autre, également claire mais bien moins visible (la subterminale), qui, aux ailes supérieures, forme de petites dents arrondies, et, aux inférieures, des dents très-aiguës et en zigzag. Outre cela, les premières ailes ont la côte finement lisérée de blanchâtre, puis largement ombrée de brun, et on y distingue les traces des lignes ordinaires et la tache réniforme, qui est large et brune. En dessous, les quatre ailes sont d'un testacé clair, avec des dessins noirs bien écrits, savoir : une série de points terminaux, une seconde série de points, une ligne en dents de scie, et une grosse tache cellulaire. Les inférieures ont en outre deux autres lignes sinueuses de chaque côté de celle qui est dentée, et les supérieures ont un point dans la cellule, avant la tache.

Les palpes sont ascendants, droits, à premier et troisième articles blancs, tandis que le deuxième est d'un brun-marron.

J'ai acheté cet insecte d'un marchand qui l'a reçu de l'île de la Réunion. Il partage et confirme tous les caractères de mon genre *Hypospila;* seulement le troisième article des palpes est plus long et plus redressé que chez la *Bolinoides*.

Gen. *GRACILODES*, Gn.

Gracilodes **Nysa**, Gn.

Spec., 1851.

Cette jolie espèce, que j'avais décrite sans en connaître la patrie, a été découverte à la Réunion par M. Vinson, qui m'en a envoyé une grande quantité d'individus des deux sexes.

Il en a aussi trouvé la chenille, qui est d'un vert clair, avec les incisions plus pâles. Sa peau, fine et transparente, laisse voir le vaisseau dorsal. Les points ordinaires portent des poils fins, visibles seulement à la loupe. La tête est aplatie. Elle vit en février sur le *Vanguera edulis* DC., arbre fruitier originaire de Madagascar. Elle ne reste en chrysalide que huit jours.

L'insecte parfait ne varie pas, et la femelle est exactement semblable au mâle, aux antennes près.

Legio **DELTOIDÆ,** Latr.

Fam. HYPENIDÆ, Hs. — Gen. *HYPENA,* Sch.

Hypena **Nasutalis**, Gn.

Elle peut se placer après notre *Extensalis* d'Europe, dont elle a la coupe et un peu le dessin.

32^{mm}.— Ailes supérieures noirâtres, lavées de gris et saupoudrées d'écailles noires. La ligne coudée est sinuée et irrégulière : elle se découpe un peu en clair au milieu de l'aile, et elle est précédée d'une teinte plus noire que le fond, sur laquelle se détache, tout près d'elle, dans la cellule, un petit point blanc composé de quelques écailles non redressées. La subterminale lui est à peu près parallèle et est formée par des taches noires, éclairées extérieurement de blanc; l'extra-basilaire est peu distincte et composée seulement d'écailles noires. Des traits noirs terminaux, presque contigus, précèdent la frange, qui est concolore. Les ailes inférieures sont entièrement noires avec les mêmes traits. Tout le dessous est d'un gris foncé sans dessins, ainsi que le corps et les pattes. Les palpes sont droits et quatre fois aussi longs que la tête; les antennes minces et filiformes.

Prise par M. Maillard.

Hypena **Senectalis**, Gn.

Elle est voisine de l'*Obsitalis* d'Europe et de l'*Exoticalis* du Brésil.

26^{mm}.—Ailes supérieures mêlées de testacé, de cendré violâtre et de noir, avec une série terminale de lunules noires, lisérées de blanchâtre intérieurement, et suivies d'autres lunules placées sur la frange en sens contraire et séparées des premiers par un filet noir, fin. La ligne coudée est brune, deux fois sinuée, et se détache sur un fond clair, d'un cendré violâtre, qui forme presque une bande ; puis, à l'apex, est une tache blanche lunulée, à sommet blanc et sur laquelle se découpe une tache noire, bidentée inférieurement. Les ailes inférieures sont noirâtres, avec des nervures formant des rayons plus noirs, et la frange un peu festonnée et teintée de noir vif entre la 2 et la 4. En dessous, toutes les ailes sont noirâtres ; les premières avec quatre points blancs costaux et un très-petit point noir éclairé de blanc sous le deuxième point, les secondes avec une lunule cellulaire. Les palpes sont larges, un peu arqués, à troisième article redressé et sécuriforme; les antennes minces et filiformes.

J'en ai reçu trois individus de M. Vinson.

Hypena **Inextensalis**, Gn.

Elle est très-voisine de ma *Senialis,* mais un peu plus grande (36^{mm}). La coudée est oblique, ombrée du côté interne, et précédée d'une bandelette longitudinale claire placée, comme chez la *Senialis,* au-dessus de la sous-médiane, mais dont je ne puis bien déterminer l'étendue, à cause du mauvais état de mes deux sujets. Un petit point clair cellulaire précède la coudée, comme dans la *Nasutalis*, et une tache supabicale, semi-lunaire, d'un gris carné clair, renferme un second point blanc accolé à un noir qui se répètent en dessous d'une manière très-nette. La frange est concolore et précédée d'une simple ligne brune un peu festonnée. Les ailes inférieures sont noirâtres, avec la frange d'un brun testacé, divisée par un filet foncé, mais nullement tachée de noir, et unie. Les antennes sont pubescentes chez le mâle, qui a trois crêtes velues à la base de l'abdomen, sétacées chez la femelle, qui a l'abdomen lisse.

Une mauvaise paire prise par M. Maillard.

Hypena **Frappieralis**, Gn.

Elle a le port et la taille de notre *Proboscidalis* (36^{mm}). Les premières ailes sont d'un noir brun très-foncé, avec de petites stries transversales d'un gris lilas, placées sur le milieu de l'aile et accusant seules la coudée, qui serait perdue dans l'intensité du fond. Deux taches noires veloutées se voient dans la cellule à la place des taches ordinaires, mais non sans une certaine attention. Enfin, à l'apex, se découpe une grande place triangulaire d'un brun carné, à la naissance de laquelle sont deux points noirs, éclairés d'écailles lilas, et répondant au sommet de la subterminale. La frange est unicolore et encore plus foncée. Les secondes ailes sont noirâtres et unicolores en dessus, et les quatre en dessous sont d'un gris sombre avec quelques stries noirâtres. Le 2e article des palpes est sécuriforme, deux fois plus long que la tête, et le 3e fusiforme et redressé.

M. Maillard m'a prié de dédier cette belle *Hypena* à M. Frappier, naturaliste de la Réunion, qui a recueilli quelques bons Lépidoptères.

Hypena **Longipalpalis**, Gn.

Elle est voisine de la *Proboscidalis* et de l'*Indicalis*, mais moins grande.

25mm. — Ailes supérieures d'un gris testacé pâle, avec une ligne médiane oblique, presque droite, très-fine, d'un brun cannelle, finement lisérée de jaune extérieurement. Entre elle et le bord, quelques écailles noires isolées indiquent la place de la subterminale. La frange est précédée d'une ligne cannelle et divisée par un filet foncé. Un très-petit point noir se voit dans la cellule. Ailes inférieures d'un gris noirâtre, avec la frange testacée. Dessous d'un gris clair, sans dessin, avec un filet terminal noirâtre un peu festonné.

Les palpes de cette espèce sont très-longs, très-droits et horizontaux, subfusiformes, avec le dernier article formant une épine redressée. Les antennes sont très-légèrement pubescentes.

Fam. HERMINIDÆ, Dup. — Gen. *SIMPLICIA*, Gn.

Simplicia **Inflexalis**, Gn.

Spec. 57.

Je ne l'ai pas reçue depuis la publication de mon *Species*.

Simplicia **Pannalis**, Gn.

30mm. — Ailes supérieures d'un gris testacé, avec une ligne subterminale presque droite, d'un jaune clair, touchant le bord interne, mais expirant un peu avant la côte. Les deux lignes médianes bien visibles, noirâtres, fines ; la coudée denticulée. Un petit point cellulaire. Toute la base de l'aile, jusque et un peu au delà de l'extrabasilaire, est couverte de poils drapés, fins, épais, d'un ocracé roussâtre, qui s'étendent même un peu sur la base des ailes inférieures, et c'est là le principal caractère de cette espèce. Ces dernières ailes ont, en outre, une ligne subterminale claire un peu brisée et n'atteignant pas le bord d'en haut. En dessous, outre la trace de cette ligne, elles portent une ombre médiane et un point cellulaire gris peu distincts. Les antennes sont déviées vers le premier tiers et garnies de poils noirâtres formant une nodosité. Les palpes, arqués et recourbés au-dessus de la tête, n'atteignent pas le collier. Les pattes sont garnies, en partie, de poils noirâtres épais.

La femelle est plus grande (35mm), et les poils drapés sont remplacés, chez elle, par une teinte roussâtre formée par des écailles plus grossières et plus épaisses que les autres. Elle n'a pas de nodosité aux antennes, et les tibias sont moins velus.

J'en ai vu quatre exemplaires pris par MM. Maillard et Vinson.

Gen. *HYDRILLODES*, Gn.

Hydrillodes **Uliginosalis**, Gn.

Spec. 82.

Je remarque quelques différences entre les individus que j'ai reçus de la Réunion et la description de mon *Species;* mais n'ayant plus les originaux devant les yeux, je n'ose décider si celle de l'île est une espèce séparée ou une simple variété locale.

Hydrillodes **Aviculalis**, Gn.

Je n'ai que la femelle de cette nouvelle espèce, mais elle suffit pour prouver qu'elle est bien distincte des deux autres.

C'est la plus grande (33mm). Les premières ailes sont d'une teinte notablement plus roussâtre. L'aile est aussi divisée en deux teintes bien tranchées; mais la coudée est plus droite, moins arquée, plus régulière et sans dent plus saillante au-dessus de la sous-médiane. La lunule cellulaire est d'un noir vif et en ^. Les secondes ailes sont plus sombres, sans ligne claire, et, en dessous, elles sont uniformément saupoudrées, avec une ligne centrale en zig-zag et un trait cellulaire noir et oblong. Les pattes sont noirâtres, et le 3e article des palpes n'atteint pas l'extrémité du collier.

Gen. *ARSINA*, Gn.

Chenilles..... — Antennes garnies de lames longues et minces chez le mâle, de cils très-fins et isolés chez la femelle. Palpes très-ascendants; le 2e article arqué, dépassant les yeux, le 3e droit, perpendiculaire et presque aussi long. Trompe robuste. Pattes longues à ergots fins, mais longs. Ailes larges : les supérieures à dessins bien marqués, à taches cellulaires bien distinctes; les inférieures sans dessins, à indépendante forte, insérée beaucoup plus haut que les deux suivantes et près du pli cellulaire, qui est très-marqué.

Je fonde ce genre nouveau sur une jolie espèce dont les dessins ont quelques rapports avec ceux des Noctuelles, et qui en présente, près de la base, un très-marqué, qui rappelle le genre *Serrodes*. On peut placer celui-ci immédiatement avant le genre *Helia*.

Arsina **Silenalis**, Gn.

26^{mm}. — Ailes supérieures coupées carrément à l'apex, avec un coude arrondi au milieu, d'un gris testacé, avec des dessins d'un noir vif, finement lisérés de jaunâtre, savoir : une grande tache échancrée ou cordiforme près de la base, sous la cellule ; — les deux taches ordinaires des Noctuelles : l'une en 0 évidé, l'autre réniforme, mais divisée en fragments comme chez notre *Cerastis Silene* ; — une ligne (la coudée) claire, très-finement lisérée de noir, à moitié inférieure rentrante. Derrière elle, une série de taches carrées inégales, et enfin, sous l'apex, deux autres taches ou litures écartées. Frange concolore, précédée d'un filet clair. Ailes inférieures noirâtres, plus claires à la base et sans dessins en dessus, avec un point et deux traînées foncées en dessous. Femelle semblable, mais un peu plus foncée.

Je tiens cette jolie espèce de M. Vinson.

Gen. *PHYSULA*, Gn.

Physula **Synnaralis**, Gn.

23^{mm}. — Ailes d'un gris testacé, bordées d'une double série de petits points noirs alternés : les supérieures ayant, avant le bord terminal, une sorte de bande vague, flexueuse, indiquée par deux lignes dont l'antérieure teintée de brun roussâtre et la postérieure de noirâtre. Cette bande de la couleur du fond, mais marquée de deux places noirâtres vagues : l'une vis-à-vis de la cellule, l'autre au-dessous de la sous-médiane. Ailes inférieures ayant, au-dessus de l'angle anal, un commencement de bande semblable, mais qui s'éteint presque aussitôt. Un petit point noir dans la cellule des supérieures. Dessous noirâtre : celui des inférieures plus clair au bord abdominal, avec des ombres transverses peu marquées et un très-petit point cellulaire. Palpes à second article large, sécuriforme, velu et confondu avec le troisième, qui est court. Pattes antérieures sans faisceaux de poils.

Cette espèce assez insignifiante diffère un peu par les caractères du genre *Physula*, et devra peut-être former un genre séparé, mais l'individu que je décris est unique et privé d'antennes. Je pense que ces dernières doivent être fortement ciliées, car j'ai sous les yeux une autre espèce de l'Afrique occidentale et une troisième de l'Abyssinie, qui offrent ce caractère.

Legio **PYRALES**, Lin.

Tribu *PULVERULENTÆ*, Gn.

Fam. PYRALIDÆ, Gn. — Gen. *PYRALIS*, Lin.

Pyralis **Mauritialis**, Bdv.

Faun. Mad., p. 119, pl. 16, f. 8. — Gn. Spec. 5.

J'en ai vu un individu pris par M. Maillard. Elle est extrêmement voisine de notre *Fimbrialis* d'Europe.

Pyralis **Manihotalis**, Gn.

Spec. gén. 11.

Je ne vois pas de différences essentielles entre un individu mâle, pris à la Réunion par M. Vinson, et celui de Cayenne, qui m'a servi pour ma description. Toutefois, comme ils sont tous deux en assez mauvais état, leur identité n'est pas complétement hors de doute. Celle de la Réunion me paraît avoir l'extra-basilaire plus sinuée et fortement ombrée de noirâtre en dedans.

Tribu *LURIDÆ*, Gn.

Fam. ENNYCHIDÆ, Dup. — Gen. *RHODARIA*, Gn.

Rhodaria **Nerialis**, Bdv.

Faun. Mad., p. 119. — Gn. Spec. 83.

Je n'ai pu encore me la procurer.

Rhodaria **Lancinalis**, Gn.

Spec. gén. 84.

M. Maillard en a pris un mauvais individu à la Réunion. Par suite, je suis persuadé que notre colonie est la vraie patrie de cette jolie espèce, et non pas la Nouvelle-Hollande, comme on me l'avait dit.

Rhodaria **Phœnicealis**, Hb.

Zutr. 115. — Gn. Spec. 96.

Je n'ai pas la certitude que cette espèce africaine soit exactement la même que celle du Brésil; mais, comme je n'en ai devant les yeux qu'un mauvais individu, j'aime mieux ne pas créer, à ses dépens, une espèce qu'il faudrait peut-être supprimer plus tard, et que je ne pourrais, en tous cas, bien caractériser aujourd'hui.

Fam. ASOPIDÆ, Gn. — Gen. *AGATHODES*, Gn.

Agathodes **Musivalis**, Gn.

Spec. 167.

J'avais raison de douter de l'habitat océanien de cette espèce. J'en ai reçu, en effet, un exemplaire pris à la Réunion par M. Maillard. Notre colonie est donc en possession de ce beau genre de Pyralites.

Gen. *SALBIA*, Gn.

Salbia **Achatinalis**, Gn.

21^{mm}. — Ailes d'un blanc un peu paillé, luisant, demi-transparent, avec des dessins irréguliers ; d'un brun cannelle clair, formant une sorte de bordure très-entrecoupée de taches de la couleur du fond, et, tout à fait au bord, de taches d'un blanc plus mat appuyées sur un filet terminal noir. Les ailes supérieures ont, en outre, des lignes transverses dont l'intervalle est occupé par du jaune, sauf la moitié inférieure des deux dernières, qui s'écarte en V renversé. Les ailes inférieures ont un petit anneau oblong, cellulaire, à centre jaune, qui donne naissance à une ligne allant gagner l'angle anal. L'abdomen est brun, orné de taches dorsales et latérales blanches, et chez le mâle, le dernier anneau est recouvert de poils noirs et blancs entremêlés. Le dessous du corps est blanc : celui des ailes laisse voir les dessins du dessus amoindris, sauf la bordure qui est, au contraire, d'un ton plus noir. Les antennes des deux sexes sont longues et filiformes.

Cette jolie petite espèce est très-commune à la Réunion, et, ce qu'il y a de plus singulier, c'est qu'elle n'est pas plus rare au Brésil, d'où j'en ai reçu de nombreux exemplaires depuis la publication de mon *Species*.

Gen. *SPOLADEA*, Gn.

Spoladia **Recurvalis**, Fab.

E. S. 407. Gn. Spec. 190. = *Angustalis*. Fab. Mant. 309. — *Hydrocampa Albifascialis*, Bdv. Faun. Mad., p. 119, pl. 16, fig. 7.

Je n'ai point osé citer, sans l'avoir vu, dans mon *Species*, le *Botys Albifascialis* de M. Boisduval comme synonyme de la *Recurvalis* Fab., quoique je fusse persuadé que ce n'était qu'une seule et même espèce. Les individus que j'ai reçus de la Réunion ont justifié mes prévisions; et cette *Spoladea*, qui habite une partie du globe, ne diffère point, dans cette île, des individus américains et asiatiques.

M. Boisduval, au tort très-excusable de ne l'avoir pas reconnue dans Fabricius, a joint celui de citer, comme en étant très-voisines, la *Tages* et l'*Ufeus* de Cramer, qui n'ont pas le moindre rapport avec elle (voyez mon genre *Hyalitis*).

Fam. STENIADÆ, Gn. — Gen. *STENIA*, Gn.

Stenia **Viperalis**, Gn.

Très-voisine de notre *Ophialis* d'Europe, mais un peu plus petite (16mm). Ailes noirâtres, à franges entrecoupées de blanc sale. Supérieures, avec les deux lignes ordinaires, dont la seconde forme un petit angle rentrant dans la cellule, vis-à-vis des taches ordinaires, qui sont rapprochées, bien écrites, annulaires. La seconde ovale oblique. Les ailes inférieures ont deux lignes disposées comme chez *Ophialis*. Le corps est noirâtre, avec l'abdomen taché d'ocracé sur les côtes et sur le dos du troisième anneau, et entièrement de cette dernière couleur en dessous. Les pattes sont aussi ocracées. Les antennes sont filiformes chez mon individu, qui est une femelle.

Commune à la Réunion. Cette espèce, qui devra par la suite former un genre séparé, paraît habiter une grande partie du globe. Les individus de la Réunion sont particulièrement foncés et bien écrits.

Stenia **Ornatalis**, Dup.

Dup. p. 207, pl. 223. — Herr. Sch. 52. — Gn. Spec. 229. = *Saturnalis*. Treits. Sup., p. 29.

Je ne vois aucune différence entre nos individus européens et un exemplaire mâle que M. Maillard a pris à la Réunion, si ce n'est qu'il est un peu plus grand et plus clair; néanmoins, comme il est en mauvais état, je n'affirme pas sa complète identité. Au reste, je dois dire que j'ai reçu de Ceylan cette espèce parfaitement semblable à la nôtre; c'est un nouvel argument en faveur de l'identité de celle de la Réunion.

Stenia **Testulalis**, Hb.

Hb. Zutr. 629. — Gn. Spec. 230.

Commune à la Réunion. Cette espèce, qui devra par la suite former un genre séparé, paraît occuper une grande partie du Globe. Les individus de la Réunion sont particulièrement foncés et bien écrits.

Fam. HYDROCAMPIDÆ, Gn. — Gen. *CYMORIZA*, Gn.

Cymoriza **Upupalis**, Gn.

Cette grande espèce n'appartient peut-être pas au *Cymoriza*, dont elle diffère surtout par les palpes droits et très-prolongés en avant, et dont elle s'éloigne beaucoup par les couleurs et le dessin; mais, comme je n'en ai vu qu'un seul individu femelle, sans antennes et sans abdomen, je ne puis créer un genre avec elle et je la laisse provisoirement dans celui-ci.

38^{mm}. Ailes fortement sinuées, mais entières, d'un fauve ferrugineux, à franges courtes, noirâtres, mêlées de blanc, avec une fine ligne subterminale noire, sinuée et denticulée, rapprochée du bord et suivant tous ses contours. Ailes supérieures ayant sur le disque deux lignes écartées, obliques, parallèles, non dentées, noires, éclairées de blanc en partie par leur côté qui se regarde. Un faible groupe d'atomes foncés sur la disco-cellulaire. Ailes inférieures ayant aussi deux lignes, mais blanches, irrégulières, et dont la seconde forme un angle très-prononcé sur la 3. Dessous des quatre d'un carné violâtre sale, avec les deux lignes principales du dessus très-marquées, continues, et bordées extérieurement de brun foncé fondu qui les fait ressortir.

Thorax fauve; abdomen fauve avec les côtés et le dessous d'un blanc sale, ces deux couleurs divisées par une ligne brune. Palpes ayant trois fois la longueur de la tête.

Recueillie par M. Maillard.

Fam. SPILOMELIDÆ, Gn. — Gen. *LEPYRODES*, Gn.

Lepyrodes **Geometralis**, Gn.

Spec. gén. 271.

J'ai reçu deux exemplaires en bon état de cette charmante *Lepyrodes* dont j'avais donné la description sur un individu en débris provenant, m'avait-on dit, de l'Inde centrale, mais originaire, je le crois maintenant, de notre colonie ou peut-être de Madagascar. On peut donc considérer le genre comme africain. Quant à l'espèce, elle est si facile à reconnaître qu'il est inutile que je rectifie ce que ma description devait naturellement avoir de défectueux.

Fam. MARGARODIDÆ, Gn. — Gen. *PHAKELLURA*, Lansd.

Phakellura **Cucurbitalis**, Gn.

Hyalinalis. Bdv. Faun. Mad. p. 117 (non alior.)

Elle n'est pas plus grande que l'*Infimalis* de Cayenne, à laquelle elle ressemble au premier coup d'œil.

22mm. — Les ailes supérieures ont la partie blanche très-réduite par la bande costale et par la bordure qui est très-large et un peu sinuée au lieu d'être parallèle au bord comme chez l'*Infimalis*. La partie blanche forme une pointe très-aiguë et spiniforme en remontant vers l'apex. La bordure des ailes inférieures est très-large et leur frange est toute brune, au lieu d'avoir la moitié blanche. L'abdomen est blanc, avec l'avant-dernier anneau brun au-dessus, et le dernier redevient blanc, avec la brosse anale jaune. Le tablier est cordiforme, à lobes très-profondément divisés.

Toujours facile à distinguer de l'*Hyalinatalis*, avec laquelle M. Boisduval l'a confondue, par sa taille, la largeur de sa bordure, l'anneau brun de l'abdomen très-nettement coupé postérieurement, etc.

Commune à la Réunion.

Gen. *MARGARODES*, Gn.

Margarodes **Quinquepunctalis**, Bd.

Faun. Mad. p. 117, pl. 16, fig. 5.

Il se place entre l'*Isoscelalis* du Brésil et le *Quadristigmalis*, de l'Amérique du Nord, et se distingue des deux par l'étroitesse du liséré costal brun qui est bordé de blanc mat, sur lequel sont rangés quatre petits points noirs, le cinquième étant placé à l'autre bout de la disco-cellulaire. Tout le reste des ailes est d'un blanc opalin pur, sans ligne subterminale grise. Le corps est aussi entièrement blanc, du moins chez les femelles, car M. Boisduval dit que le mâle (que je n'ai pas vu) a le pinceau anal noirâtre.

Margarodes **Sericeolalis**, Drur.

Drur. II, pl. 6, f. 1. — Gn. Spec. 329 = *Laterata*, Fab. 264.

Variété *Thalassinalis*, Bd. Faun. Mad. p. 117, pl. 16, fig. 6.

Les individus de la Réunion ne diffèrent absolument du *Sericeolalis* que par l'absence des petits points noirs terminaux (encore en voit-on parfois un ou deux au sommet des supérieures) et parce que le pinceau anal du mâle est un peu plus mêlé de poils roux. Ces différences m'ont paru trop légères pour adopter le nom de M. Boisduval qui n'avait probablement pas reconnu son espèce dans Drury et dans Fabricius.

Fam. BOTYDÆ, Gn. — Gen. *FILODES*, Gn.

Filodes **Costivitralis**, Gn.

Au premier aspect, on pourrait confondre cette nouvelle espèce avec la *Fulvidorsalis* Hb., mais il ne faut qu'un peu d'attention pour revenir de cette erreur.

35mm. — Ailes d'un gris soyeux : les supérieures avec une raie fauve, bien limitée, partant de la base et n'atteignant pas la moitié de la côte, marquée sur la sous-costale d'une petite ligne métallique d'un plombé brillant, bifide à la base. Sur cette partie fauve, on aperçoit trois points noirs, également espacés, dont le dernier s'étend en liture sur la disco-cellulaire. Il n'y a point d'autre dessin ; mais les ailes inférieures du mâle offrent une particularité qui mérite d'être décrite en détail. C'est une longue tache demi-transparente, placée entre la 1 et tout le système des nervules supérieures, qui s'oblitèrent et dévient pour lui faire place. Il résulte même de cette déviation un plissement anormal de l'aile à l'angle interne. En dessous, cette tache est bordée, supérieurement et à l'extrémité, de poils plus noirâtres que le fond, et la 1 a un petit bouquet de poils ocracés auprès de cette teinte obscure.

Comme pour laisser voir cette curieuse construction, l'aile supérieure est concave et comme échancrée au bord interne, ce qui ne se voit point chez la *Fulvidorsalis* dont l'aile inférieure n'offre rien de semblable. Le corps est gris, avec la partie antérieure des ptérygodes et la tête fauves. Les palpes sont fauves, coupés de deux lignes plombées, brillantes, très-tranchées. La poitrine et la base des pattes antérieures sont d'un jaune clair; les pattes d'un jaune paillé, brillant. L'abdomen manque.

Cette curieuse *Filodes* a été prise par M. Vinson.

Gen. *BOTYS*, Lat.

Botys? **Childrenalis**.

Faun. Mad. p. 118.

Je ne l'ai pas vu et ne puis me faire, d'après la description incomplète de M. Boisduval, une idée de la section à laquelle il appartient. Je ne connais point de *Botys* dont les ailes supérieures soient traversées par *quatre* lignes.

Botys? **Poeyalis**.

Faun. Mad. p. 118.

Même observation que pour le précédent.

Botys **Pastrinalis**, Gn.

Il fait partie du groupe VIII, et se place dans le voisinage de l'*Alialis*.

19^{mm}. Ailes d'un jaune-paille : les supérieures avec la côte et une bordure assez larges, d'un gris jaunâtre. Deux lignes de la même couleur, dont la seconde forme au milieu un sinus très-profond. Dans la cellule, un petit point noir touche presque à la première ligne, et un autre point, plus gros, est placé au-dessous de la rentrée de la seconde. Ces deux points sont contigus à la bande costale noirâtre. Ailes inférieures avec une bordure assez large à l'angle interne, mais se rétrécissant bientôt au point de devenir un simple filet. Une seule ligne, continuant la seconde des supérieures et formant un sinus semblable, au-dessus duquel est un trait cellulaire. Thorax brunâtre avec les ptérygodes, la tête et le collier jaunes. Abdomen lavé de brunâtre. Femelle semblable, mais d'un jaune plus foncé.

Pris par par MM. Maillard et Vinson.

Botys **Dorcalis**, Gn.

Il appartient au groupe x et tient à la fois de l'*Infuscalis* et du *Lunalis* avant lequel il se place.

26^{mm}. — Ailes oblongues, d'un gris noirâtre à reflet violet, avec une ligne commune noire, éclairée de blanc jaunâtre extérieurement et formant un sinus profond, carré, finement denté au fond, au milieu de chaque aile. Un liséré terminal noir, très-finement éclairé de blanc, précède la frange, qui est concolore. Outre ces caractères communs aux quatre ailes, les supérieures ont une ligne extrabasilaire bien marquée et, tout près d'elle, un point cellulaire; puis, à distance, un trait cellulaire épais, noir. Les inférieures ont aussi un trait virgulaire semblable. Le dessous du corps et toutes les pattes sont blancs : les tibias antérieurs tachés de noir à l'extrémité. Les palpes mi-partis de blanc et de noir. L'abdomen a deux traits noirs très-petits sur le deuxième anneau. Femelle semblable.

Recueilli par M. Vinson.

Legio **INVOLUTÆ,** Gn.

Tribu *ARUNDINIVORÆ*, Gn.

Fam. SCIRPOPHAGIDÆ, Gn. — Gen. ***SINDRIS,*** Bdv.

Je n'ai pas la certitude que ce genre se trouve à la Réunion; mais j'ai voulu indiquer ici sa véritable place que M. Boisduval a méconnue en la plaçant dans les Tinéides. La *Sindris Sganzini* ou plutôt *Sganzinella* a, en effet, beaucoup de rapport avec nos *Scirpophaga;* malgré ses couleurs si différentes, et tout en formant un genre à part, elle ne peut en être éloignée. Je suis persuadé que ses chenilles vivent aussi dans l'intérieur des plantes fistuleuses qui croissent dans les marais.

Fam. SCHŒNOBIDÆ, Dup. — Gen. *BORER*, Gn.

Chenilles fusiformes à 16 pattes, rases, à trapézoïdaux verruqueux, vivant dans l'intérieur des cannes à sucre à la manière des *Nonagria*. — Chrysalides oblongues, renfermées dans une coque légère entre des feuilles. — Insecte parfait : antennes du mâle et de la femelle courtes, crénelées-veloutées, à articles rectangulaires. Palpes labiaux sécuriformes, aigrettés, de la longueur des yeux; palpes maxillaires quatre fois plus longs, droits, divergents, aigus à l'extrémité, ensiformes, à articles indistincts. Trompe faible. Vertex velu, aplati. Thorax court. Abdomen robuste, squammeux, dépassant peu les ailes inférieures. Ailes supérieures oblongues, entières, rectangulaires-arrondies, dépourvues de lignes transverses : les inférieures larges, à bord subsinué, sans dessins, la sous-costale vésiculeuse à la base, les 1 et 2 rapprochées, à pédicule commun.

Ce genre, que je ne puis caractériser qu'incomplétement, n'ayant à ma disposition que deux individus du même sexe et mutilés, est voisin du genre *Schœnobius*, dont il diffère principalement par les antennes, l'abdomen, la forme des ailes et leur nervulation. Je l'ai appelé *Borer*, nom sous lequel on désigne l'insecte dans notre colonie, où il n'est que trop célèbre. Fabricius l'a fait connaître le premier dans son *Entomologia systematica*, sur des individus qui lui avaient été envoyés de l'Amérique méridionale par Rohr, et a décrit en quelques mots les dégâts qu'il causait dès lors aux plantations. *Caules perforat*, dit-il, *destruit*, *exsiccat : plantationum pestis*.

Des Antilles, où Rohr l'avait observé, le *Borer* passa dans les colonies anglaises de l'Inde, et surtout à Ceylan, d'où il fut apporté à Maurice dans un chargement de cannes envoyées en 1848 pour renouveler les plantations de cette île, attaquées alors d'une maladie végétale qui menaçait de les détruire. Mais on ne fit que changer de fléau. Le fatal *Chilo* s'acclimata rapidement, et la proximité favorisa son introduction dans notre colonie où l'on signala ses premiers ravages vers 1857. Tel est l'historique abrégé de cette désastreuse importation, dont il sera parlé plus longuement dans d'autres parties de cet ouvrage. Esquissons maintenant son histoire naturelle.

La chenille du *Borer* ressemble à toutes les endophytes que la Lépidoptérologie compte dans les tribus les plus diverses : *Sesia*, *Cos-*

sus, *Stygia*, *Zeuzera*, *Macrogaster*, *Nonagria*, *Chilo*, *Scirpophaga*, etc. c'est-à-dire qu'elle est longue, molle, munie de plaques cornées sur le cou et l'anus, et pourvue de verrues saillantes et pilifères, occupant la place ordinaire des trapézoïdaux, latéraux et ventraux. Comme toutes ces larves, sa vie renfermée ne permet pas à la lumière de colorer sa peau, qui reste pâle et demi-transparente, et l'exposition à l'air et au soleil la fait promptement périr.

Ses mœurs sont aussi les mêmes que celles des espèces analogues de nos pays. L'œuf pondu sur l'extérieur de la tige donne naissance à de jeunes chenilles qui vivent quelque temps aux dépens du parenchyme des feuilles, en s'abritant provisoirement sous de jeunes pousses liées avec de la soie. Quand leurs mandibules ont acquis assez de consistance pour percer la canne, elles s'introduisent dans l'intérieur, en pratiquant une ouverture circulaire entre les nœuds, et y creusent des galeries dont le diamètre est à peine plus grand que celui de leur corps, et dans lesquelles elles se meuvent en avant et en arrière avec facilité. Leurs excréments, accumulés dans les parties inférieures de la galerie, sont en partie rejetés par les trous qu'elles ont percés pour entrer, et ressemblent, par la couleur et le grain, à de la cassonade blanche ou blonde. Ces excréments, vus au microscope, présentent de petites cristallisations brillantes dues évidemment à la matière sucrée qui est entrée pour une si forte proportion dans la nourriture de la chenille, et qu'elle ne s'est qu'incomplétement assimilée. Bien plus, cette substance saccharine suit l'animal jusqu'après sa transformation en papillon, puisque, en dépit des préparations vénéneuses employées par les naturalistes pour conserver ce dernier, les fourmis le dévorent avec avidité en ne touchant à aucun autre des Lépidoptères renfermés dans la boîte.

Parvenue à l'époque de sa transformation, la chenille du *Borer* quitte l'intérieur de la canne, se retire entre des feuilles desséchées qu'elle lie avec quelques fils de soie, et s'y change en une chrysalide allongée, mutique, d'un brun-marron clair. On a calculé que 60 jours lui suffisent pour parcourir toutes ses métamorphoses, depuis la ponte de l'œuf jusqu'à développement du papillon et même jusqu'à son accouplement. Ce dernier est lourd, recherche l'obscurité et se donne peu de mouvement. Quand il est frappé par une lumière trop vive, il s'agite et tourne sur lui-même avec une grande vivacité. Ces mœurs expliquent la rareté relative d'un insecte malheureusement si abondant sous ses premiers états.

J'extrais ces détails, en partie, d'une longue notice publiée à Maurice par une commission organisée pour étudier les ravages de cet insecte malfaisant, et je les complète par des renseignements que M. Vinson vient de m'envoyer. Le botaniste W. Bojer, auteur de l'*Hortus maurisianus,* a publié sur le *Borer* un volume tout entier; mais on voit, par l'esquisse que je viens de donner, que tous autres détails seraient surabondants, et que les mœurs bien connues des espèces arundinicoles de notre Europe, et en particulier ceux des *Schœnobius* et des *Chilo,* peuvent nous mettre sur la voie de ceux du *Borer* de la Réunion.

Borer **Saccharellus**, Gn.

Pyralis Saccharalis. Fab. E. S., p. 228, n° 411.

30mm. — Ailes supérieures testacées, avec les nervures noirâtres et de petites lignes internervurales aussi noirâtres, aboutissant à de petits points noirs terminaux. Sur la disco-cellulaire, on voit deux autres points noirs plus gros, obliquement superposés. Les ailes inférieures sont un peu plus claires, également rayonnées de noirâtre, mais sans points cellulaires. Le dessous est d'un gris noirâtre uni : tout le corps est de la couleur des ailes.

La chenille est d'un blanc laiteux, et quelquefois légèrement rosé quand elle vit sur la variété rose de la canne, avec les trapézoïdaux verruqueux, d'un brun-marron, surmontés d'un poil fin; les antérieurs plus gros et arrondis, les postérieurs linéaires. Les autres points ordinaires sont également bruns, et les stigmates, placés entre les latéraux, sont noirs. La tête est brune et la plaque de la nuque d'un roux obscur. Cette chenille se trouve sur la canne, à peu près pendant toute la belle saison, mais principalement aux mois de juillet et août. Elle reste environ quinze jours en chrysalide.

Il est évident que c'est bien ici l'espèce que Fabricius a décrite sous le nom de *Pyralis Saccharalis,* nom dont j'ai dû modifier la terminaison pour la rendre semblable à celle de toute la légion dans laquelle elle rentre. Sa description s'applique parfaitement à tous les états de notre *Borer;* je remarque pourtant qu'il dit que la chrysalide a sur la partie antérieure plusieurs épines courtes, relevées, tandis que la notice précitée et M. Vinson dépeignent cette chrysalide comme étant mutique (rase).

Tribu *RADICIVORÆ*, Gn.

Fam. CRAMBIDÆ, Dup. — Gen. *CRAMBUS*, Fab.

Crambus **Paphiellus**, Gn.

Il a quelques rapports avec la femelle de notre *Pratellus* et plus encore avec l'*Uliginosellus*.

16^{mm}.—Ailes d'un blanc d'argent pur : les supérieures avec une fine ligne grise placée non loin du bord terminal et formant un angle dans son milieu. Derrière elle, à la côte, se voient deux petits traits d'un or pâle. La frange, précédée d'un liséré noirâtre, est teintée de cuivré métallique brillant, précédé de deux petits points noirs au delà de son milieu, mais reprend sa couleur blanche au bord interne. Les ailes inférieures sont entièrement blanches. Les palpes ont le dessous lavé et mordoré.

Un seul mâle, pris par M. Maillard.

Tribu *OMNIVORÆ*, Gn.

Fam. PHYCIDÆ, Gn. — Gen. *PHYCIS*, Fab.

Phycis **Irisella**, Gn.

Elle est assez voisine de notre *Abietella*, dont elle a à peu près la taille et le port.

Les ailes supérieures sont d'un gris cendré, saupoudré d'écailles noires. La ligne extrabasilaire est fine, noire, largement bordée de blanc en approchant du bord interne, et la coudée, aussi bordée de blanc du côté extérieur, mais plus vaguement, puis suivie d'une teinte roussâtre, n'est bien accusée que par des points nervuraux, noirs. Deux points semblables, superposés, mais à distance, remplacent la tache blanche cellulaire d'*Abietella*, et une série de gros points noirs précède la frange. Les secondes ailes sont d'un blanc transparent et irisé, bordées d'une double ligne noirâtre qui s'éteint en approchant de l'angle anal. Le corps est entièrement cendré, avec l'extrémité des ptérygodes teintée de roux. Les palpes sont ascendants-obliques, mais non arqués.

Recueillie par M. Maillard.

Phycis **Semipectinella**, Gn.

Elle est un peu plus grande que la précédente, mais de la même coupe. Les premières ailes sont d'un gris obscur, mêlé de testacé roussâtre, avec les deux lignes ordinaires lisérées de blanchâtre : la coudée formant un angle sur la première et une double dent sur la 4. L'espace entre elles est plus foncé, surtout à la côte. L'espace subterminal est rayé de gris et de testacé, et de petits points clairs précèdent la frange. Les secondes ailes sont grises, demi-transparentes, et salies de noirâtre à la côte et au bord terminal. Le dessous des supérieures est noirâtre, avec une tache sous-costale ovale, grise, avant l'apex. Le thorax est de la couleur des ailes; mais, ce qui caractérise surtout cette espèce, c'est que les antennes, même de la femelle (seul sexe que j'aie vu), sont visiblement pectinées jusqu'aux deux tiers.

Prise par M. Maillard.

Gen. *RHAMPHODES*, Gn.

Rhamphodes **Heraldella**, Gn.

Extrêmement voisine de notre *Etiella*, mais plus petite et plus robuste.

23^{mm}. — Ailes supérieures d'un gris luisant mêlé d'écailles rosées, avec une bandelette costale blanche, n'atteignant ni la base ni l'apex, et au-dessous de laquelle le fond est plus foncé et plus brun. Vers le tiers de l'aile est une bande transverse, d'un ocracé sale, bordée antérieurement d'un bourrelet d'écailles relevées, brune, avec un reflet métallique. Ailes inférieures demi-transparentes, lisérées de noirâtre, avec la frange moitié noirâtre et moitié blanche. Palpes trois fois plus longs que la tête, droits, à dernier article court et filiforme. Antennes du mâle ayant une nodosité près de la base, comme *Etiella*.

MM. Maillard et Vinson.

ANNEXE H

DE L'OUVRAGE INTITULÉ :

NOTES SUR L'ILE DE LA RÉUNION

PAR L. MAILLARD.

COLÉOPTÈRES

Par M. Ach. DEYROLLE.

Quoique les espèces de cet ordre rapportées par M. Maillard ne soient pas très-nombreuses, elles n'en renferment pas moins plusieurs nouveautés très-intéressantes, et surtout une addition notable au genre Cratopus. Nul doute que des recherches un peu attentives, et nous sommes fondés à espérer qu'il en sera ainsi, n'amènent la connaissance d'un bon nombre d'espèces de notre colonie, restées ignorées jusqu'à présent; que quelques entomologistes courageux et persévérants continuent la tâche si bien commencée, et nous ne serons pas éloignés de l'époque où une Faune entomologique de la Réunion pourra être tentée sans trop de témérité.

J'avais compris parmi les espèces nouvelles une Rodalia d'un rouge testacé à laquelle ne me semble pas se rapporter complétement la description, un peu brève, que donne M. Mulsant de sa R. *chermesina* de Madagascar ; mais des observations récemment communiquées par M. le Dr Vinson (*Annales de la Société entomologique de France*, 1862) il résulte que l'espèce de la Réunion pourrait bien être originaire de la grande île africaine, et partant identique avec celle déjà décrite de cette provenance. Elle semble avoir été providentiellement importée dans notre colonie pour contre-balancer la trop grande multiplicité d'une espèce de Cochenille qui pullulait d'une façon déplorable, au point de devenir un véritable fléau pour la végétation arborescente qu'elle menaçait de destruction, en suçant la séve par la face inférieure de toutes les feuilles.

L'espèce aphidiphage apparut heureusement, et sa larve fait chaque année un grand carnage de cette Cochenille.

Je me fais un devoir et un plaisir de dire ici que M. Chevrolat m'a obligeamment aidé de ses conseils et de ses profondes connaissances; si les imperfections sont moins nombreuses dans les quelques pages qui suivent, je lui en suis redevable et je l'en remercie de tout mon cœur.

ORYCTES VINSONI, Deyr, pl. XX, fig. 1.

Nigro fuscus, nitidus, subtus dilutior, femoribus rubicundis; pectore nudo, lateribus punctato; elytris regulariter ovatis, apice conjunctim rotundatis, fortiter rugosis ad callum lateralim punctatis; tibiis anticis externe tridentatis.

Mas. Cornu capitis postice projecto; clypeo subquadrato profunde emarginato; prothorace lævissimo utrinque longitudine impresso et rugoso, lateraliter carinato, medio excavato, post medium carina erecta bidentata, dentibus valde remotis.

Fem. Capite supra deplanato, ruguloso, tuberculo parvo acuto, clypeo minus emarginato; prothorace antice parum impresso, transverse strigato, postice lævigato.

Long. 32 à 38 mill., larg. 15 à 18 mill.

Noir-brunâtre brillant, dessous plus clair.

Mâle. Tête armée d'une corne arquée dirigée en arrière, un peu dilatée au delà du milieu en dedans, faiblement ponctuée à la base en avant; de chaque côté de cette base part une impression légère faiblement ridée se joignant à celle du canthus oculaire; chaperon profondément échancré à côtés subparallèles. Prothorax fortement rétréci en avant, ses côtés sinués antérieurement, dilatés vers leur milieu; bord antérieur échancré, trisinué avec un rebord aplati et lisse qui se continue sur les côtés et en arrière, où il est plus étroit et relevé; angles antérieurs aigus et saillants; bord postérieur largement lobé dans son milieu, ses angles obtus et arrondis; de chaque côté se trouve une impression longitudinale, large, peu profonde, rugueuse, partant de l'angle antérieur et prolongée jusqu'au quart postérieur, séparée vers son milieu du bord latéral, par un intervalle lisse relevé en carène ; le milieu est largement excavé ; la partie postérieure fortement gibbeuse, relevée en carène dirigée en avant, borde cette excavation ; cette carène est bidentée, ses dents très-écartées ; elle descend sur les côtés en s'affaiblissant, et l'excavation qui n'est plus qu'un méplat en avant, est entièrement imponctuée et lisse. Écusson arrondi, ponctué au milieu. Elytres un peu plus larges que le prothorax, arrondies sur les côtés qui sont faiblement rebordés, conjointement arrondies à l'extrémité, fortement rugueuses, irrégulièrement ridées ; de l'angle huméral part un bourrelet étroit d'abord, qui s'affaiblit en s'élargissant vers l'extrémité où il se termine en un tubercule large et obtus, à peu près à égale distance de la suture et du bord extérieur ; sa ponctuation est forte, un peu écartée et subsériale ; elles ont chacune quatre sillons longitudinaux diminuant successivement en longueur, le plus externe étant le plus court ; les bords de la suture sont lisses, abaissés en dedans de façon à former une gouttière un peu élargie dans son milieu et plus étroite en arrière. Dessous du corps ayant des poils épars d'un roux foncé. Métasternum fortement ponctué extérieurement, lisse au milieu ; ses épimères distinctement carénées longitudinalement, ont leur moitié externe finement rugueuse, l'interne lisse n'ayant que des points écartés. Abdomen lisse, ayant sur chaque segment une rangée de gros points largement interrompue au milieu. Pygidium visiblement ponctué sur les côtés seulement, terminé par un faisceau de longs poils d'un roux ardent. Cuisses rouge foncé ; tibias bruns ; tarses noirs, les quatre premiers articles des intermédiaires et des postérieurs fortement villeux à l'extrémité.

Fem. Tête ruguleuse portant un petit tubercule saillant ; chaperon peu profondément échancré. Prothorax régulièrement arrondi sur les côtés, son rebord antérieur moins large et ses angles correspondants moins saillants que chez le mâle, son bord postérieur faiblement lobé, médiocrement convexe, sa dépression antérieure peu étendue ; il est finement ridé sur sa moitié antérieure, lisse sur la postérieure.

Cette espèce est voisine de *O. Nestor,* Burm. de Java, dont elle diffère par le chaperon du mâle plus profondément échancré, à côtés plus parallèles, la carène du prothorax à dents plus écartées, les épimères du métasternum carénées, et surtout les élytres plus fortement rugueuses, à bourrelet plus ponctué et entièrement d'un noir brunâtre.

Nous dédions ce bel insecte à M. le docteur Vinson, auquel la Faune de l'Ile est redevable de découvertes et d'observations d'un grand intérêt.

LACON MAILLARDI, Deyr., pl. XX, fig. 2.

Latus, rufo-brunneus, nitidus, punctulatus, pilis squamiformibus fulvo-cinereis vestitus; prothorace longitudinis latiore, antrorsum modice angustato, depresso, quadriimpresso, medio sparsim sed lateribus dense punctulato, angulis posticis subreflexis, extrorsum breviter carinatis; elytris basi quam basim thoracem vix latioribus, medio dilatatis, apice attenuatis, punctato-striatis, interstitiis valde punctulatis; antennis pedibusque rufescentibus.

Long. 17, larg. 6 1/2 millim.

Large, dilaté vers le milieu des élytres, d'un brun rougeâtre luisant au travers des poils squamiformes dont il est revêtu. Dessus de la tête légèrement concave, recouvert d'une ponctuation fine et serrée; yeux grands; antennes et palpes roussâtres. Prothorax plus large que long, subparallèle, brusquement rétréci en avant, son bord antérieur largement échancré, ses angles correspondants assez saillants, le fond de cette échancrure à peu près droit; il a quatre impressions dont deux petites vers le quart antérieur, à peu près à égale distance de ce bord et des côtés, fortement squameuses, ce qui leur donne l'apparence de deux petites taches fauves; les deux autres plus grandes et plus écartées, obliques et dirigées vers les angles postérieurs; ceux-ci sont faiblement aigus, dirigés en arrière, un peu en dehors et légèrement infléchis, leurs bords sont relevés, ce qui les fait paraître fovéolés; la carène qui longe subparallèlement leur bord externe, dépasse à peine le quart de la longueur du prothorax. Ecusson pentagonal, recouvert de poils soyeux et serrés. Elytres à peine plus larges que le prothorax à la base, dilatées au milieu, atténuées en arrière, assez convexes, ponctuées-striées, les points beaucoup plus gros en arrière; les intervalles plus fortement relevés en avant, recouverts d'une ponctuation fine et serrée. Abdomen densément squameux, les angles postérieurs des quatre premiers segments recouverts d'une petite touffe de poils courts, serrés, blanchâtres, faisant tache. Pattes roussâtres.

Cette espèce, une des grandes du genre, se place près du *L. Latus* Cand., avec lequel elle ne saurait être confondue. Nous la dédions à M. Maillard, le consciencieux auteur de ce livre.

CRATOPUS SEPTEMVITTATUS (Chev.), pl. XX, fig. 3.

Elongato ovatus, nigro nitidus, squamulis ochraceo-ferrugineis, partim dense vestitus; capite rostroque (médiocre) nigris, nitidis, sparse punctatis; prothorace parvo apice truncato, basi leviter bisinuato valde tuberculato, tuberculis depressis; elytris oblongo ovatis, apice conjunctim acuminatis, singulatim lineis tribus suturaque valde nigro tuberculatis, ante apicem abbreviatis, sparse cinereo-squamosis; femoribus anticis incrassatis, versus apicem valde acute dentatis.

Long. 16, larg. 7 mill.

Ovale oblong, d'un noir brillant, en partie recouvert d'écailles d'un jaune ochracé passant au ferrugineux sur les côtés. Tête petite, entièrement dénudée, d'un noir très-brillant, à peine ponctuée; entre les yeux une impression punctiforme limite le canal rostral, lequel est faiblement indiqué. Rostre court, à ponctuation plus sensible que celle de la tête. Antennes allongées, très-grêles; scape dépassant sensiblement les yeux en arrière. Prothorax petit, de moitié environ plus large que long, fortement rétréci en avant, largement arrondi sur les côtés, bisinué à la base avec ses angles postérieurs à peu près droits; recouvert de tubercules gros, déprimés et luisants, et dans les intervalles de poils squamiformes plus serrés à la base et sur les côtés, blanchâtres en dessus, passant au ferrugineux latéralement. Elytres convexes, plus larges à la base que le prothorax, largement arrondies aux épaules, en arrière desquelles elles sont faiblement sinuées, un peu élargies vers leur tiers postérieur, rétrécies ensuite en formant une légère sinuosité un peu avant l'extrémité, où elles sont conjointement acuminées. Leur bord inférieur est sensiblement relevé en arrière lorsqu'on regarde l'insecte de profil; et de chaque côté, sur la partie infléchie, existe une forte dépression à la hauteur de la jambe postérieure, dont elle semble destinée à faciliter le mouvement (1). Elles sont recouvertes d'écailles abondantes d'un jaune ochracé en dessus, couleur de terre de Sienne sur les côtés, à l'exception de trois lignes longitudinales élevées sur chacune, la suture et les épaules, qui sont fortement tuberculeuses, et n'ont que des poils squammiformes, épars, plus serrés vers l'extrémité, d'un cendré jaunâtre; ces lignes sont confluentes vers la base, les deuxième et troisième réunies en arrière des épaules, toutes atténuées vers l'extrémité, et de longueur inégale; une autre plus courte, plus écailleuse et moins distincte part des épaules en dehors des précédentes; les intervalles ont chacun, vers l'extrémité, un rang de petits tubercules brillants très-écartés; les stries sont peu distinctes sur le dos où elles sont représentées par deux rangées de petits points enfoncés et distants entre chaque ligne élevée; elles sont plus profondes et plus apparentes sur les côtés où les intervalles sont plus relevés et ont chacun aussi un rang de petits tubercules, plus marqués sur le plus externe, ce qui fait paraître les élytres légèrement crénelées sur les côtés. Metasternum un peu tuberculeux en dehors, lisse dans le milieu; ses côtés ainsi que ceux de l'abdomen recouverts de poils squamiformes, d'un jaune ochracé. Cuisses très-légèrement tuberculeuses en dessus avec quelques poils rares, les antérieures fortement renflées, armées en dessous, vers l'extrémité, d'une forte dent; tibias rugosules, hispides, les antérieurs arqués vers l'extrémité seulement.

Cette belle espèce, par l'ensemble de ses caractères, est voisine du *C. Marmoreus* Sch. avec lequel nous pensons qu'elle devra former une coupe distincte. Nous lui avons conservé le nom qu'elle porte dans la collection du Museum et dans celle de M. Chevrolat, à l'obligeance duquel nous en devons la communication.

CRATOPUS SANDI (Deyr.), pl. XX, fig. 4.

Elongato ovatus niger, squamulis micantibus viridi-ochraceis

(1) Quelque chose d'analogue existe chez plusieurs espèces entre autres le C. Marmoreus.

tectus, antennis pedibusque ferrugineis; oculis oblongis modice prominulis; prothorace antice constricto basi truncato, angulis posticis subacutis, supra nigro granulato; elytris subdepressis, mediocriter punctato striatis, interstitiis nigro granulatis, anterius transversim rugosis, margine apicali obsolete crenulatis, apice ipso conjunctim subacuminatis; femoribus anticis incrassatis, subtus valde acute dentatis.

Long. 9 1/2, larg. 4 mill.

Ovale-oblong, noir, couvert d'écailles abondantes et serrées d'un vert ochracé brillant, laissant voir de petits tubercules noirs, luisants, irrégulièrement disposés; pattes et antennes d'un brun ferrugineux. Tête un peu allongée, assez épaisse, ponctuée et finement canaliculée avec une impression punctiforme entre les yeux, parsemée d'écailles métalliques verdâtres. Rostre un peu plus court, légèrement déprimé en dessus, faiblement canaliculé, parsemé d'écailles métalliques plus dorées que celles de la tête. Antennes un peu épaisses; scape ne dépassant pas les yeux en arrière. Prothorax d'un tiers environ plus large que long, fortement rétréci en avant, faiblement arrondi sur les côtés, tronqué à la base avec ses angles postérieurs un peu aigus; tuberculeux, les intervalles étant largement remplis d'écailles métalliques d'un vert un peu ochracé. Elytres un peu plus larges que le prothorax à la base, déprimées en dessus, largement arrondies aux épaules qui sont légèrement saillantes; rétrécies graduellement en ligne courbe à partir du tiers antérieur jusqu'à l'extrémité, où elles sont conjointement et faiblement acuminées, en formant vers le cinquième de leur longueur un léger sinus, leur marge apicale à peine crénelée est garnie de poils courts; elles sont entièrement recouvertes d'écailles et de petits tubercules lisses, ceux-ci forment sur la partie antérieure des rides transversales; stries fines à peine ponctuées, se détachant en petits traits noirs très-déliés sur le fond écailleux; des écailles plus claires forment de chaque côté une bande marginale d'un beau vert argentin; les stries sur la portion infléchie sont irrégulières, plus profondes, et leur ponctuation beaucoup plus forte. Abdomen revêtu d'écailles piliformes, moins serrées vers le milieu des segments, laissant voir une ponctuation assez fine; ces écailles deviennent de véritables poils vers l'extrémité du dernier segment. Pattes un peu villeuses avec une tache brunâtre sur le milieu des cuisses antérieures; celles-ci très-épaisses, non claviformes, ont une dent forte et aiguë en dessous très-près de l'extrémité; tibias antérieurs faiblement arqués.

Cette charmante espèce est bien distincte du *C. roralis* Fab., avec lequel nous n'avons pu la comparer, par cette phrase de la diagnose de Schœnherr : *Margine apicali crenulatis, apice ipso singulatim valde acutis, leviter mucronatis*, caractère que la figure d'Olivier fait assez bien ressortir. Nous la dédions à M. Maurice Sand, qui cultive avec bonheur l'étude des sciences naturelles, particulièrement l'entomologie.

CRATOPUS FRAPPIERI, Deyr.

Elongato-ovatus, niger, squamulis piliformibus læte viridi-cupreis tectus; antennis pedibusque ferrugineis; prothorace antice constricto, basi truncato, angulis posticis subrectis, supra obsolete granulato; elytris subtiliter punctato striatis, interstitiis irregulariter nigro granulatis, margine apicali modice crenulatis, apice ipso conjunctim acutis, breviter mucronatis; femoribus anticis mediocriter incrassatis, dentatis.

Long. 9, larg. 3 1/2 mill.

Ovale oblong, noir, recouvert d'écailles abondantes, piliformes, d'un vert cuivreux brillant chez les uns, passant au rougeâtre chez les autres, sous lesquelles apparaissent de petits tubercules noirs, luisants; pattes et antennes ferrugineuses. Tête un peu allongée, assez fortement ponctuée. Rostre un peu plus court que celle-ci, faiblement canaliculé et ridé longitudinalement en dessus, écailleux ainsi que la tête. Antennes un peu longues; scape dépassant sensiblement les yeux en arrière; ceux-ci en ovale assez allongé, peu saillants. Prothorax transverse, d'un tiers environ plus large que long, fortement rétréci en avant, à peine arrondi sur les côtés qui sont subparallèles dans leur tiers postérieur, avec les angles correspondants à peu près droits; faiblement tuberculeux, recouvert d'écailles piliformes, obliquement dirigées en dehors et en arrière.

Elytres environ d'un tiers plus larges que le prothorax, légèrement convexes, arrondies aux épaules qui sont peu saillantes, rétrécies en arrière un peu au delà du milieu, non sinuées vers l'extrémité, où elles sont conjointement acuminées en pointe brève et mousse; marge apicale visiblement crénelée et garnie de quelques poils; elles sont recouvertes d'écailles d'autant plus allongées et piliformes qu'elles s'éloignent davantage de la base et de la suture; stries assez fines, peu visibles, à ponctuation écartée; leurs intervalles peu convexes ont d'assez larges tubercules formant en avant des rides transversales plus ou moins dissimulées par les écailles. Metasternum et abdomen recouverts sur les côtés d'écailles serrées, piliformes, peu brillantes, plus espacées vers le milieu. Pattes parsemées de poils blanchâtres et de quelques écailles; cuisses antérieures épaisses, armées en dessous d'une dent peu prolongée quoique assez large; tibias correspondants faiblement arqués.

Cette espèce semble se rapprocher du *C. ditissimus* Sch. qui nous est inconnu; elle ressemble beaucoup aussi au *C. Sandi* avec lequel cependant elle ne peut être confondue. Nous la dédions à M. Frappier, botaniste et zoologiste à l'île Bourbon, qui a aidé M. Maillard dans ses recherches.

Cratopus scapularis (Chev.).

Elongatus, nigro-subaeneus, pube depressa cinereo-albida adspersus, antennis piceis; rostro brevi supra leviter impresso; prothorace leviter transverso lateribus *mas* modice, *fem.* sensim rotundato, basi subsinuato, tuberculato, utrinque albido lineato; scutello albido squamoso; elytris striato punctatis, transversim sed obsolete rugosis, apice crenulatis, *mas* sensim, *fem.* modice sinuatis, conjunctim acuminatis, subacutis, humeris maculisque plurimis confluentibus cinereo-albidis; femoribus anticis valde incrassatis, subtus versus apicem dente valido acuto armatis; femoribus posticis albido annulatis.

Long. 8—8 1/2 larg. 3—3 1/4 mill.

Allongé, noir, légèrement bronzé, recouvert d'une pubescence blanchâtre, antennes brun de poix. Tête forte, impressionnée entre les yeux, recouverte de points enfoncés confluents. Rostre déprimé en dessus, ponctué comme la tête. Antennes un peu allongées; scape dépassant un peu les yeux en arrière. Prothorax faiblement transverse, rétréci en avant, *mâle* peu, *fem.* assez fortement arrondi sur les côtés, à peine sinué à la base, ses angles postérieurs, *mâle* droits, *fem.* obtus; tuberculeux, ayant de chaque côté une ligne écailleuse d'un cendré blanchâtre un peu argenté. Ecusson arrondi, recouvert d'écailles blanc-argenté. Elytres, *mâle* d'un quart environ, *fem.* d'un tiers plus large que le corselet, assez convexes, arrondies aux épaules, crénelées vers l'extrémité où elles sont fortement sinuées, infléchies et conjointement acuminées en dent mousse, caractère beaucoup moins apparent chez la femelle; stries assez fortement ponctuées, à intervalles peu convexes et faiblement rugueux transversalement; sur chaque épaule existe une tache formée de poils écailleux d'un cendré blanchâtre à reflets argentés, et sur le disque plusieurs taches semblables, irrégulières, plus ou moins confluentes. Abdomen brillant, dénudé et peu ponctué dans le milieu des deux premiers segments, ruguleux et finement ridé transversalement sur les autres parties; dernier segment *mâle* arrondi à l'extrémité, *fem.* obconique. Cuisses antérieures renflées, armées en dessous, vers l'extrémité, d'une dent très-forte et aiguë, débordant le tibia lorsqu'il est replié; celui-ci un peu arqué; cuisses postérieures avec un anneau d'écailles blanchâtres, des vestiges d'anneaux existent sur les intermédiaires.

Cette espèce, dont M. Chevrolat nous a communiqué un exemplaire femelle sous le nom que nous lui avons conservé, appartient à la division du *C. Leucophcatus*.

Cratopus Moreli, Deyr.

Elongatus brunneo-æneus, pube depressa cinerea adspersus; rostro brevi, supra deplanato; prothorace leviter transverso, lateribus rotunde ampliato, antice constricto, basi truncato, angulis posticis obtusis, tuberculato, utrinque cinereo subbliineato; scutello rotundato subargentato; elytris striatopunctatis, interstitiis planis, vix granulatis, apice subsinuatis, conjunctim acuminatis, valde deflexis, cinereo-submarmoratis; femoribus anticis valde incrassatis, subtus valde dentatis; femoribus posticis argenteo annulatis.

Long. 10 1/2 ; larg. 3 3/4 millim.

Allongé, brun légèrement bronzé, recouvert d'une pubescence courte, cendrée, formant des taches plus claires peu apparentes. Tête épaisse, recouverte d'une ponctuation serrée et confluente, avec une impression punctiforme entre les yeux. Rostre court, aplati en dessus et ponctué comme la tête, parsemé de poils fauves dirigés en avant. Antennes brunes à peine plus claires à la base du scape et des premiers articles du funicule ; le premier dépassant à peine les yeux en arrière. Prothorax peu transverse, rétréci en avant, largement arrondi sur les côtés, tronqué à la base, ses angles postérieurs obtus ; il est finement granuleux, et a de chaque côté deux lignes cendrées peu distinctes. Ecusson arrondi recouvert d'écailles blanchâtre-argenté. Elytres d'un quart environ plus larges que le prothorax, légèrement convexes, arrondies aux épaules, subsinueuses vers l'extrémité, conjointement acuminées et terminées par une dent mousse très-infléchie ; stries peu profondes, ponctuées, leurs intervalles à peine relevés sont finement et peu visiblement granuleux. Abdomen légèrement pubescent, très-finement ridé transversalement. Cuisses antérieures robustes très-fortement dentées en dessous ; les postérieures ont un anneau d'écailles piliformes à reflets argentins ; un anneau semblable, mais moins distinct, existe aussi sur les intermédiaires.

M. Maillard n'a pris qu'un seul exemplaire de cette curieuse espèce, qui nous paraît être femelle ; elle appartient au même groupe que la précédente et se rapproche beaucoup aussi de l'*Alboscutellatus*. Nous la dédions à M. Morel, administrateur du Muséum de Saint-Denis, île Bourbon.

CRATOPUS PARVUS, Deyr.

Elongatus, fusco-æneus, pube depressa ænescente vestitus ; prothorace transverso, ruguloso punctato, apice constricto, basi subsinuato, lateribus leviter rotundato, linea media denudata ; elytris striato punctatis, interstitiis subplanis antice transverse rugulosis, apice crenulatis, conjunctim acuminatis, humeris et maculis plurimis irregularis aureo-squamosis ; femoribus anticis valde incrassatis, subtus versus apicem acute dentatis ; femoribus posticis squamulo-annulatis.

Long. 6—6 1/2; larg. 2 1/4—2 1/2 millim.

Allongé, brun-bronzé, recouvert d'une pubescence à reflets métalliques; base des antennes ferrugineuse. Tête assez grosse, un peu oblongue, recouverte de points confluents. Rostre court, déprimé, ruguleux et légèrement tricaréné en dessus. Yeux grands. Antennes à scape dépassant faiblement ces derniers en arrière. Prothorax transverse, rétréci en avant, légèrement arrondi sur les côtés, faiblement sinué à la base, ses angles postérieurs à peu près droits; ponctué-rugueux, pubescent avec une ligne longitudinale dénudée dans son milieu. Ecusson arrondi recouvert d'écailles dorées. Elytres d'un tiers au moins plus larges que le prothorax, légèrement convexes, très-largement arrondies aux épaules, sensiblement sinuées vers l'extrémité et conjointement acuminées, leur marge apicale sensiblement crénelée; stries ponctuées, à intervalles peu convexes, transversalement ridés antérieurement; outre les poils bronzés qui les recouvrent, elles ont une tache vers les épaules et plusieurs autres de grandeur et de position variable, formées d'écailles dorées ou verdâtres; ces taches manquent quelquefois presque complétement. Parties inférieures d'un brun foncé; abdomen presque dénudé dans le milieu de sa base, très-luisant, ponctué et ridé transversalement. Cuisses antérieures épaisses fortement dentées vers leur extrémité en dessous, les postérieures et les intermédiaires avec un anneau d'écailles brillantes; tibias antérieurs faiblement arqués.

C'est, avec le *C. Nanus*, la plus petite espèce du genre.

Cratopus herbaceus (Chev.).

Oblongo-ovatus niger, squamulis piliformibus læte viridi-argenteis tectus, antennis obscure ferrugineis; oculis valde prominulis, breviter ovatis; prothorace tuberculato, antice leviter constricto, lateribus rotundato, basi subsinuato, angulis posticis subrectis; elytris evidenter striatopunctatis, interstitiis tuberculatis antice vix transversim rugulosis, apice singulatim obtuse acuminatis; femoribus anticis incrassatis, subtus breviter dentatis, tibiis rectis intus crenulatis.

Long. 10 $\frac{1}{2}$; larg. 3 $\frac{1}{2}$ mill.

Ovale oblong, noir, recouvert d'écailles piliformes abondantes, d'un vert argenté brillant; antennes d'un ferrugineux obscur, un peu plus claires à la base. Tête courte, déprimée en dessus, ponctuée et ruguleuse, parsemée d'écailles plus abondantes sur les côtés et en dessous. Rostre presque carré, plan en dessus, rugueux et ridé longitudinalement, peu visiblement canaliculé, écailleux comme la tête. Yeux saillants, en ovale très-court. Antennes faiblement allongées; scape dépassant à peine les yeux en arrière. Prothorax tuberculeux, d'un quart environ plus large que long, peu rétréci en avant, très-faiblement sinué à la base, arrondi sur les côtés, ses angles postérieurs à peu près droits; recouvert d'écailles piliformes entre les tubercules. Elytres d'un cinquième plus larges que le prothorax, légèrement convexes, assez fortement déclives en arrière, leurs épaules un peu saillantes; faiblement arrondies sur les côtés, subparallèles et brusquement rétrécies à partir du quart postérieur, en formant un léger sinus; très-obtusément acuminées chacune à l'extrémité; stries bien marquées par un rang de gros points enfoncés; des tubercules irréguliers et des rides transversales en avant se laissent apercevoir à travers les écailles, et parmi celles-ci existent quelques poils courts, blanchâtres, plus visibles en arrière. Parties inférieures assez uniformément recouvertes d'écailles à peu près semblables à celles du dessus, un peu plus lâches dans le milieu et sous lesquelles on distingue des rides et des points. Pattes recouvertes d'écailles piliformes assez abondantes et de poils soyeux qui deviennent très-rapprochés sur les tibias et les tarses. Cuisses antérieures épaisses, armées en dessous d'une petite dent; tibias droits, les antérieurs recourbés en dedans vers l'extrémité, leur côté interne visiblement crénelé.

Cette espèce forme avec le *C. Lepidopterus* qui suit une division bien tranchée, peut-être un genre distinct, caractérisé surtout par des yeux plus brièvement ovales et beaucoup plus saillants, et la plus grande déclivité des élytres. Nous proposons de le nommer *Cratopomorphus*. Nous avons conservé à celle-ci le nom qu'elle porte dans la collection de M. Chevrolat.

Cratopus lepidopterus, Deyr.

Oblongo-ovatus, piceus, squamulis piliformibus pulverulentis læte cupreis tectus; antennis obscure ferrugineis; oculis valde prominulis breviter ovatis; prothorace modice tuberculato, antice leviter constricto, lateribus rotundato, basi subsinuato, angulis posticis obtusis; elytris evidenter striatopunctatis, interstitiis vix tuberculatis, apice singulatim obtuse acuminatis; femoribus anticis incrassatis, subtus breviter dentatis; tibiis rectis, anticis intus crenulatis.

Long. 10; larg. 4 mill.

Ovale oblong, brun de poix, recouvert d'écailles piliformes abondantes, cuivreuses et pulvérulentes variant du rougeâtre au cendré; antennes d'un ferrugineux obscur. Tête courte, déprimée en dessus, ponctuée et ruguleuse. Rostre presque carré, plan en dessus, rugueux, peu visiblement canaliculé, entièrement recouvert d'écailles, ainsi que la tête. Yeux saillants, en ovale très-court. Antennes peu allongées; scape dépassant à peine les yeux en arrière. Prothorax à peine plus large que long, rétréci en avant, arrondi sur les côtés; sa plus grande largeur après le milieu, faiblement sinué à la base, ses angles postérieurs un peu obtus; on aperçoit à peine au travers des écailles les petits tubercules lisses et serrés dont il est recouvert. Elytres d'un quart environ plus larges que le prothorax, légèrement convexes, assez fortement déclives en arrière, leurs épaules un peu saillantes; faiblement arrondies sur les côtés, subparallèles et brusquement rétrécies à partir du quart postérieur, en formant un léger sinus, obtusément acuminées chacune à l'extrémité; stries peu profondes, assez fortement ponctuées, leurs intervalles à peine relevés et faiblement tuberculeux; elles sont uniformément recouvertes d'écailles piliformes dorées, plus ou moins rougeâtres, pulvérulentes et parsemées de taches nébuleuses un peu plus claires, peu distinctes. Parties inférieures recouvertes de poils courts, subsquamiformes, peu brillants, surtout sur l'abdomen, où ils sont moins serrés; ceux des jambes comme ces derniers. Cuisses antérieures épaisses, armées en dessous d'une dent peu saillante; tibias droits, les antérieurs recourbés en dedans vers l'extrémité, leur côté interne un peu crénelé.

CRATOPOPSIS, Deyr.

Character generis.

Antennæ elongatæ, tenues; scapus angustatus, parum clavatus (pl. xx, fig. 5), oculos valde superans; articulis duobus basalibus funiculi longius oculis, gracilioribus, 3-5 paulo angustatis, reliquis subobconicis; clava ovata. Caput obconicum, supra modice convexum. Rostrum crassiusculum, lineare, supra subplanum, in medio canaliculatum. Oculi subovati, parum prominuli. Thorax basi apicique truncatus, anterius angustior, postice subrectangularis. Elytra ovata, lateraliter subcarinata, basi junctim paulo emarginata; humeri antrorsum prominuli, subacute angulati. Pedes robusti; femora antica incrassata, dentata; tibiis anticis subrectis, apice reflexis intus modice serratis.

Obs. Corpus oblongo-ovatum; apterum.

L'examen que j'ai été conduit à faire de la plupart des espèces du genre *Cratopus*, décrites par Schœnherr, m'a convaincu qu'il renfermait des éléments dissemblables, auxquels les caractères assignés par l'auteur ne convenaient que très-imparfaitement dans un grand nombre de cas, et qu'il y aurait lieu de le subdiviser, travail qui ne pourra être tenté fructueusement que par le monographe qui fera une révision complète du genre en y introduisant les nombreuses espèces nouvelles de Maurice, des Sechelles, de Madagascar, etc., que renferment les collections. J'ai dû cependant, dès à présent, en distraire les deux espèces qui vont suivre, ayant pour caractère commun leur scape dépassant de beaucoup les yeux en arrière; encore ces derniers sont-ils de proportions assez différentes dans les deux espèces; et d'être aptères l'une et l'autre, quoique ayant les épaules différemment conformées.

Cratopopsis bistigma, Deyr.

Oblongo-ovatus, obscurus, pube depressa vestitus; antennis valde elongatis ferrugineis; oculis mediocribus, prominulis, breviter ovatis; rostro subangustato, rugoso, leviter canaliculato; prothorace vix transverso, tuberculato, antice constricto, lateribus rotundato, basi subsinuato, angulis posticis subrectis; elytris ovatis, convexis, antice prothoracis basi vix latioribus, versus apicem sinuatis, conjunctim acuminatis, humeris antrorsum angulatis, striis remote tuberculatis, interstiis convexis, tuberculatis, singula macula parva, albida, ante medium posita; pedibus tuberculatis velutinis; tibiis anticis subrectis, apice reflexis.

Longueur 10 1/2, largeur 4 1/4 mill.

Ovale-oblong, obscur, recouvert de poils écailleux bruns. Tête légèrement convexe, granuleuse. Rostre un peu allongé, faiblement convexe, obsolètement canaliculé, rugueux. Antennes longues, grêles, ferrugineuses, leur scape dépassant beaucoup les yeux en arrière, articles 3e et 4e du funicule oblongs, 5e pyriforme, 6e et 7e coniques (pl. xx, fig. 5), massue peu allongée. Prothorax faiblement transverse, rétréci en avant, arrondi sur les côtés, faiblement sinué à la base, ses angles postérieurs à peu près droits chez le mâle, un peu obtus chez la femelle, où la base est plus étroite; entièrement tuberculeux, avec des poils subécailleux dans les intervalles. Elytres ovales, convexes, arrondies sur les côtés, conjointement atténuées en arrière, mais un peu plus fortement chez la femelle, où elles sont aussi très-sensiblement carénées latéralement, tandis qu'elles le sont à peine dans l'autre sexe; les épaules un peu projetées en avant, sont totalement effacées sur les côtés; stries assez profondes, ayant des fossettes oblongues, plus larges et mieux marquées dans les plus externes, séparées entre elles par un petit tubercule brillant; leurs intervalles assez convexes sont garnis de tubercules semblables irrégulièrement disposés; le neuvième de ces intervalles, à partir de la suture, forme la carène latérale; elles sont recouvertes de poils écailleux bruns, marbrés de cendré, et sur le 6e intervalle, en dessous de son point de jonction en avant avec les 5e et 7e, d'une petite tache écailleuse blanchâtre. Abdomen noir brillant, granuleux, avec des poils épars plus serrés latéralement et sur le dernier segment; celui-ci largement arrondi *mâle*, conique *fem.* Pattes visiblement tuberculeuses et recouvertes de poils fauves à reflets légèrement soyeux, plus abondants vers l'extrémité des tibias; cuisses antérieures épaisses *mâle*, plus faiblement *fem.*, chez laquelle la dent est aussi moins forte ; tibias antérieurs un peu crénelés en dedans vers leur moitié antérieure.

M. Chevrolat possède un mâle de cette espèce, une femelle existe dans notre collection.

CRATOPOPSIS NITIDIFRONS (Chev.).

Oblongo-ovatus, piceo-nitidus, cervino squamosus; antennis, tibiis tarsisque ferrugineis; capite rostroque supra planis, lævigatis, leviter canaliculatis; antennis valde elongatis; oculis magnis, vix prominulis, breviter ovatis; prothorace modice transverso lateribus rotundato, versus basim subcoarctato, angulis posticis obtusis, profunde et confertim punctato, nitido, lateribus dense ochraceis; scutello rotundato, albido squamoso, elytris regulariter ovatis, sub-depressis, humeris antrorsum vix angulatis, lateribus sat rotundatis, apice singulatim subacuminatis, punctis majoris pupillatis seriatim positis, interstitiis subplanis squamosis cervinis silaceo marmoratis vestitis, pilis cervinis sparsis; pedibus lævibus pube cinereo; femoribus ad apicem albido fasciatis, anticis leviter clavatis, subtus breviter acute dentatis.

Longueur 10, largeur 4 mill.

Ovale-oblong, d'un noir de poix luisant, écailleux sur les côtés du thorax et les elytres. Tête assez grande. Rostre court; l'un et l'autre un peu déprimés en dessus, légèrement canaliculés, à peine ponctués et très-brillants. Antennes allongées, grêles, ferrugineuses, leur scape dépassant beaucoup les yeux en arrière; article 3e du funicule oblong, 4e-7e subégaux en longueur; 6e et 7e coniques. Prothorax peu transverse, plus faiblement rétréci en avant que dans la plupart des Cratopus; arrondi sur les côtés, un peu rétréci à la base, ses angles postérieurs obtus; il est profondément ponctué, brillant dans son milieu, recouvert sur les côtés d'écailles piliformes d'un fauve ochracé. Elytres régulièrement ovales, un peu déprimées; leurs angles huméraux, un peu saillants, sont légèrement arrondis sur les côtés; elles sont subacuminées séparément à l'extrémité; stries formées de gros points enfoncés, pupillés, avec les intervalles à peine relevés, le neuvième formant la carène latérale en arrière, et le dixième la formant en avant; cette carène assez apparente chez la femelle, est presque nulle chez le mâle ; elles sont recouvertes d'écailles fauves formant une marbrure ochracée et blanchâtre, avec des poils épars entre les stries. Abdomen luisant, finement ridé transversalement, écailleux sur les côtés, dernier segment arrondi *mâle*, obconique *femelle*. Cuisses lisses, parsemées de poils cendrés, ayant vers l'extrémité une large fascie de poils écailleux, blanchâtres ; les antérieures renflées et épineuses, plus fortement chez le mâle. Tibias parsemés de poils fauves plus abondants vers l'extrémité ; les antérieurs un peu crénelés en dedans, vers leur moitié antérieure.

C'est de M. Chevrolat que j'ai eu communication du mâle de cette espèce, dont je ne possédais que la femelle.

ANISOGASTER Deyr.

Heterogaster (*Dej.*).

Character generis.

Caput sat breve subrotundatum. *Antennæ* elongatæ corpus superantes, 11-articulatæ, art. 1° clavato, 2° subtransverso, 3° et 4° subæqualibus, 5°-7° longioribus, gracilioribus, depressis, cæteris gradatim decrescentibus, ultimo apice obtuso. *Oculi* magni prominuli, intus valde lunulati. *Mandibulæ* integræ acutæ. *Palpi* apice dilatati, truncati, maxillares majoribus. *Prothorax* subcylindricus, nodulosus lateraliter tuberculatus, supra paulo convexus. *Scutellum* obovatum. *Elytra* elongata, subparallela, paulo depressa, apice subacuminata. *Abdomen* maris obconicum segmentibus quinque, ultimum integrum, feminæ subparallelum segmentis duobus primis perspicuis, 1° magno, 2° emarginato, apice valde pilosum cæteros tegente. *Pedes* sat robusti, paulo elongati ; *coxæ anticæ* rotundatæ ; *acetabula antica* integra, rotundata ; *femora* clavata depressa, postica elongata, elytris maris extremitatem superantibus feminæ non attingentibus ; *tibiæ posticæ* æque elongatæ ; *tarsorum* articulus primus elongatus.

M. Thomson (*Essai d'une Classification des Cerambycides*, page 235), après avoir donné les caractères du genre Corethrogaster, dit : les C. Flavus, C. Brunneus et C? Ruber, Thoms., doivent en être exclus, mais il n'indique pas où il faut les placer.

J'ai pu examiner les deux sexes du C. Brunneus; il constitue un genre manifestement voisin des Anisogaster dont il diffère principalement par des cavités cotyloïdes antérieures notablement angulées en dehors, des palpes plus grêles et des yeux plus petits; mais l'abdomen des femelles est construit à peu près de la même façon. Ce caractère si remarquable que M. Mulsant a parfaitement indiqué pour sa branche des Obriaires, devra servir à former un groupe naturel avec les genres exotiques chez lesquels il se retrouve.

Anisogaster flavicans (Dej. Cat.) *Callidium pilicorne?* Oliv.

Subparallelus, ferrugineo-testaceus, indumento sericeo vestitus: capite læviusculo, ante oculos transversim strigato, inter antennas canaliculato; mandibulis apice nigris; antennis sericeis impunctatis; prothorace antice posticeque constricto, supra irregulariter tricostato, lateraliter tuberculato, subacuto, interstitiis tenuiter reticulatis; elytris subparallelis, ad apicem modice acuminatis, profunde irregulariter punctatis, apice lævigatis; corpore subtus subtilissime punctulato; pedibus parum pilosis; femoribus leviter clavatis.

Long. 12-15, larg. 2 1/2 3 1/4 mill.

Allongé, d'un testacé ferrugineux, parfois un peu brunâtre, plus clair sur les élytres, recouvert d'un duvet soyeux très-fin. Tête lisse marquée sur le front d'un sillon transverse assez profond et d'un autre longitudinal entre les antennes, aboutissant jusqu'au premier; extrémité des mandibules noire; yeux noirs, très-grands. Prothorax aussi long que sa plus grande largeur, un peu plus étroit en avant qu'en arrière, dilaté sur les côtés en un tubercule assez saillant; dessus ayant trois côtes élevées, l'une médiane, longitudinale, étroite et peu saillante, les deux autres latérales, recourbées en dedans et un peu dilatées à l'extrémité; les intervalles entre ces côtes sont finement réticulés; un sillon transverse assez large le contourne presque entièrement vers le quart antérieur, un autre plus étroit règne près du bord postérieur qui est faiblement sinué. Elytres subparallèles, assez allongées, faiblement acuminées à l'extrémité, fortement ponctuées sur les trois quarts antérieurs, lisses sur le quart postérieur et les épaules; ces points sont irrégulièrement disposés à l'exception de deux rangées longitudinales; l'une près de la suture l'autre vers le tiers de la marge dont quelques poils rares occupent l'extrémité. Parties inférieures et jambes imponctuées ; second segment de l'abdomen, chez la femelle, bordé à son extrémité de poils fauves à reflets soyeux, recourbés en dedans comme pour embrasser les derniers qui sont à peine distincts. Cuisses en massue peu renflée, quoique plus sensiblement chez le mâle, très-faiblement pubescentes : tibias et tarses recouverts de poils courts un peu soyeux ; premier article des tarses postérieurs à peine plus long que le second ; le premier des médians presque le double du suivant, et plus de deux fois aussi long que l'article correspondant des tarses postérieurs.

J'ai vu deux exemplaires mâles de l'*Onchomerus unicolor* (Latr. Dej. cat.) de l'Ile Maurice ; je pense que cette espèce doit appartenir au genre Anisogaster dont elle offre tous les principaux caractères, et qu'il ne sera pas sans intérêt d'en donner ici la diagnose.

A. Unicolor. *Mas* : postice coarctatus, testaceus indumentis sericeo vestitus; capite subtilissime punctulato, breviter piloso ante oculos transversim strigato, inter antennas canaliculato ; mandibulis apice nigris; antennis valde pilosis, art. 1° rugoso-punctato, 3°-5° supra canaliculatis ; prothorace antice posticeque constricto, leviter canaliculato modice gibbuloso, lateraliter tuberculato, subtilissime punctato, breviter piloso ; elytris postice coarctatis ad apicem subacuminatis, irregulariter punctatis ; corpore subtus subtilissime punctato, sparse breviter piloso ; pedibus evidenter longe pilosis ; femoribus lævigatus valde clavatis.

LISTE DES ESPÈCES DE COLÉOPTÈRES PROPRES A L'ÎLE DE LA RÉUNION.

1. Cicindela equestris, Dej.
2. — abbreviata, Klug.
3. — perplexa, Dej.
4. Chlænius bisignatus, Dej.
5. — lunatus, Dej.
6. — indutus? Klug.
7. Anchomenus sexpunctatus, Dej.
8. Harpalus emarginatus, Dej.
9. Harpalus brunnipes, Dej.
10. Cybister tripunctatus, Oliv.
11. Hyphidrus impressus, Klug.
12. — scriptus, Fabr.
13. — distinctus, Aubé.
14. Cyclonotum insulare, Casteln.
15. Aleochara puberula, Klug.
16. Trogosita mauritanica, L.
17. Lordites parallelus, Murray.
18. Figulus striatus, Fabr.
19. Agnus egenus, Burm.
20. Hoplia retusa, Klug.
21. Gymnogaster buphthalmus, Blanch.
22. Adoretus umbrosus, Fab.
23. Oryctes insularis, Coquerel.
24. — Vinsoni, Deyr.
25. — tarandus, Oliv.
26. Protætia maculata, Fab.
27. Euryomia luctuosa, Gory et Perch.
28. Sponsor splendidus, Guérin.
29. Chrysobothris dorsata, Fab.
30. Lacon Maillardi, Deyr.
31. — irroratus, Klug.
32. — porcinus, Cand.
33. Melanoxanthus melanocephalus, Cand.
34. Pelecophorus Illigeri, Gyll.
35. Cylidrus cyaneus, Fab.
36. Necrobia rufipes, de Geer.
37. — ruficollis, Oliv.
38. Ptinus nobilis, Boield.
39. Sinoxylon unidentatum, Fab.
40. — piceum, Oliv.
41. — minutum, Fab.
42. Xylopertha { dominicana, Fab. / *religiosa*, Boisd. }
43. Bostrichus cornutus, Oliv.
44. Opatrum complanatum, Guér.
45. Alphitobius mauritanicus, L.
46. Toxicum aries, Klug.
47. Bruchus scutellaris, Fabr.
48. Aræocerus coffeæ, Sch.
49. Ceocephalus caudatus, Latr.
50. — codicillus, Sch.
51. — appendiculatus, Sch.
52. Cratopus marmoreus, Sch.
53. — septemvittatus (Chev.), Deyr.
54. — chrysochlorus, Sch.
55. — marginatus, Sch.
56. — circumcinctus, Sch.
57. — striga, Fabr.
58. — sumptuosus, Sch.
59. — Sandi, Deyr.
60. — Frappieri, Deyr.
61. — humeralis, Sch.
62. — brunnipes, Fab.
63. — angustatus, Sch.
64. — fulvescens, Sch.
65. — nanus, Sch.
66. — alboscutellatus, Sch.
67. — punctum, Fab.
68. — ictericus, Sch.
69. — leucopheatus, Sch.
70. — lotus, Sch.
71. — scapularis (Chev.), Deyr.
72. — Moreli, Deyr.
73. — parvus, Deyr.
74. — herbaceus (Chev.), Deyr.
75. — lepidopterus Deyr.
76. Cratopopsis bistigma, Deyr.
77. — nitidifrons, Deyr.
78. Cryptorhynchus mangiferæ, Fab.
79. Conocephalus limbatus, Fab.
80. Sphenophorus striatus, L.
81. Sitophilus exaratus, Sch.
82. — oryzæ, L.
83. — Taitensis, Guér.
84. Cossonus marginalis, Sch.
85. Catolethrus subcaudatus, Sch.
86. Stromatium barbatum, Fab.
87. Anisogaster flavicans (Dej.), Deyr.
88. Xystrocera vittata, Fab.
89. Callichroma albitarsis, Fab.
90. Glaucites scriptus, Fab.
91. Batocera rubus, Fabr.
92. Coptops ædificator, Fab.
93. Aspidomorpha 5 fasciata, Fab.
94. — cincta, Fab.
95. Cydonia lunata, Fab.
96. Rodalia chermesina, Mul.

ANNEXE I.

ORTHOPTÈRES

PAR

M. H. LUCAS.

KAKERLAC AMERICANA, Linné, Syst. Nat., p. 687, n° 4. Serv. Hist. nat. des Ins. Orthopt. p. 68, n° 2.

Cette espèce, originaire de l'Amérique méridionale et que la navigation a répandue dans toutes les parties du monde, est très-commune à l'île de la Réunion.

MANTIS PUSTULATA, Stoll, Spect. et Mant. Pl. xx, fig. 73. Serv. Hist. nat. des Ins. Orthopt. p. 186, n° 13.

Cette espèce n'avait encore été signalée jusqu'à présent que comme habitant l'île de France.

MONANDROPTERA INUNCANUS, Serv. Hist. nat. des Ins. Orthopt. p. 244. Westw. Cat. of Orthopt. Ins. in the collect. of the British Mus. p. 79 (205). Coquerel, Ann. de la Société entom., 4e série, tom. I, p. 496. *Craspedonia gibbosa*, Westw. Arcana entom., tom. I, p. 25, pl. VIII. *Diaphoderes gibbosa*, Burm. Handb. der Entom. tom. II, p. 575, n° 3. *Ciphocrania acanthomera*, Burm., Handb. der Entom. tom. II, p. 279.

M. le docteur Coquerel, qui a observé cette Monandroptère à l'état vivant, dit que le mâle est d'un vert très-vif et que la femelle est en dessus d'un vert pré très-clair; elle se plaît sur une espèce de goyavier (*Psidium pomiferum*). Elle habite l'Ile de la Réunion, d'où un mâle et une femelle ont été rapportés. Cette espèce n'avait encore été signalée par les auteurs que comme se trouvant à l'Ile de France.

MONANDROPTERA SPINIGERA, Luc., pl. XXX, fig. 2.

Long. 75 mill. Larg. 13 millim.

Femelle : d'un jaune verdâtre, quelquefois d'un gris cendré clair plus ou moins foncé. La tête est lisse, plus longue que large, convexe en dessus et arrondie postérieurement. Les antennes (très-incomplètes) sont d'un fauve clair; le prothorax est très-court et armé de chaque côté en dessus d'une rangée de trois épines dont les antérieures sont les plus grandes. Le mésothorax est étroit antérieurement, élargi sur ses côtés et postérieurement; il est spinuleux sur les côtés latéro-postérieurs; il présente en dessus deux rangées très-rapprochées de fortes épines qui atteignent la partie antérieure et ne dépassent pas le milieu de cet organe. Le métathorax, presque aussi large que long, est lisse en dessus et très-épineux sur les côtés. L'abdomen est lisse. Les pattes sont lisses, les fémurs des deuxième et troisième paires épineux à leur partie antérieure et les tibias de la troisième paire sont spinuleux à leur côté interne. Cette espèce, dont je ne connais que la femelle, habite l'île de la Réunion ; elle ne pourra être confondue avec aucune autre *Monandroptère*, à cause de la forme plus courte, plus ramassée, et des deux rangées d'épines que présente son prothorax en dessus.

Pl. xxi, fig. 2, *Monandroptera spinigera* de grandeur naturelle.

Gryllotalpa africana, Palis. Bauv., Ins. d'Afriq. et d'Amér., p. 229, Orthopt. pl. ii, c, fig. 6. Serv. Hist. nat. des Ins. Orthopt. p. 307, n° 2.

Elle habite l'île de la Réunion; le cap de Bonne-Espérance, le Sénégal et l'île de France nourissaient aussi cette espèce.

Gryllus Capensis. Fabr. Entom. Syst. tom. II, p. 31, n° 9. Serv., Hist. nat. des Ins. Orthopt., p. 337, n° 9.

Rencontré à l'île de la Réunion : cette espèce se trouve aussi à l'île de France.

Conocephalus differens. Serv., Hist. nat. des Ins. Orthopt., p. 219, n° 5.

Cette espèce, décrite par Serville, n'avait encore été signalée que comme se trouvant à l'île de France.

Pachytus migratorius, Linné, Mus. Lud. Ulric, p. 140, n. 31. De Geer, Mém. pour servir à l'Hist. nat. des Ins. tom., III, p. 466, pl. xiii, fig. 1. Serv., Hist. nat. des Ins. Orthop., p. 737, n° 22.

Cette espèce, qui n'est que trop connue, n'avait encore été indiquée par ces auteurs que comme habitant l'île de France.

ACRIDIUM COANGUSTATUM, Blanch., pl. XXI, fig. 3.

Enverg. 10 cent. 1/2, long. 50 millim.

Mâle. Il vient se ranger dans le voisinage de l'*A. robustum* de M. Serville. La tête est lisse, d'un roux clair, avec les carènes faciales saillantes, légèrement sinueuses et d'un roux testacé; sur les côtés, elle est d'un jaune testacé et parcourue par une bande étroite d'un brun foncé, qui part des yeux et ne descend pas jusqu'aux mandibules; en dessus, elle est brune et marquée d'une bande jaune longitudinale. Les organes buccaux sont d'un jaune clair. Les antennes sont rousses. Le prothorax est brun et offre dans son milieu une bande longitudinale jaune qui correspond à celle de la tête; sur les côtés, il est d'un jaune roussâtre orné de deux bandes brunes longitudinales avec son bord postérieur finement marqué de jaune clair; au-dessus on aperçoit trois sillons transversaux, finement marqués, et qui s'étendent jusque sur les côtés rabattus. Les élytres, sensiblement plus longues que l'abdomen, sont transparentes à leur extrémité, où elles présentent des taches transversales brunes faiblement accusées; les bords antérieur et postérieur sont d'un jaune clair, la base ainsi que les nervures qui en sortent sont brunes. Les ailes, un peu plus courtes que les élytres, sont transparentes, leur base et tout le bord abdominal d'une belle couleur rose tendre. Les pattes sont d'un brun roussâtre, et les épines des tibias de celles de la troisième paire sont jaunes avec leur extrémité noire. Tout le sternum et l'abdomen sont d'un brun roux. La plaque, toute courte dans le mâle, est très-allongée et styliforme dans la femelle qui est un peu plus grande que le mâle et n'offre rien de remarquable.

Elle habite l'île de la Réunion. L'île de France, Sumatra et Bombay nourrissent aussi cette espèce, qui présente une variété chez laquelle la couleur rose tendre des ailes a complétement disparu. J'ai conservé à cet *Acridium* le nom spécifique que M. E. Blanchard lui a imposé dans les collections du Muséum.

Pl. XXI, fig. 3. *Acridium coangustatum*. Blanch.

3 *a*. Tête et prothorax vus de profil. 3 *b*. Derniers segments du

mâle vus en dessous. 3 *c*. Derniers segments de la femelle vus en dessous.

Œdipoda thalassina. Fabr. Entom. Syst., t. II, p. 57, n° 43. Touss. Charpent. Horæ entom., p. 138. Pl. II, fig. 6, femelle. Pl. IV, fig. 3, mâle.

Cette Œdipode n'avait encore été signalée que comme se trouvant en Europe et en Algérie.

ANNEXE J.

HÉMIPTÈRES

PAR

Le Dr SIGNORET.

MORMIDEA DEBELLATOR, Fab. Syst. Ryng. 165, 33. H. Schæff. f. 625, Madag., Afriq. æquin., Ile de France, Bourbon.

NEZARA PRASINA, L. S. Nat. 1. 7. 22. 49. *Smaragdula.* Fab. Ent. Syst. IV, 109. 114. Wolff. f. 53. L. Duf. Am. et Serv. 144. 1. Amyot, Sp. 66. *Viridulus* Linné, Fab. *Viridissimus* Wolff. *Torquatus*, Fab. Rambur. H. Schæff. *Flavicollis*, Pal. Beauv. *Hemichloris*, Germ., R. Silb. V, vol. 166, 94.

Se trouve dans tous les pays.

ASPONGOPUS ROTUNDATUS, n. spec.

Long. 13 millimètres, largeur 9 mill.

D'un brun noirâtre légèrement métallique, avec le bord du prothorax et des élytres jaunâtre et un peu relevé; de chaque côté des segments abdominaux, une macule médiane jaune rougeâtre.

Un des plus petits du genre; se rapproche pour la taille et la forme du Cycl. *funebris* Fab., en diffère par les caractères génériques et par la forme plus arrondie.

ANISOSCELIS FLAVOPUNCTATUS, Vinson. mss. pl. XXI, fig. 4.

D'un brun ferrugineux, recouvert d'une pubescence jaunâtre. Tête une fois et demie plus longue que large et présentant trois bandes longitudinales jaunes dont une médiane naissant du sommet de la tête et s'étendant jusqu'au bord postérieur mais sans y atteindre, et deux latérales naissant en dessous du tubercule antennifère. Rostre noirâtre atteignant la moitié du second segment abdominal, le troisième article le plus court, le quatrième le plus long; le second et le premier égaux entre eux. Antennes longues, le second et le roisième article avec un large anneau jaune, le quatrième article avec la moitié à peine jaune. Prothorax avec des angles latéraux terminés en pointe acuminée, en arrière quelques épines à peine visibles ; en avant, sur le disque près du bord antérieur, une bande transverse jaune, formant un croissant à bord antérieur convexe, les branches latérales venant se perdre sur les côtés latéraux du prothorax et très-près des épines postérieures. Ecusson noirâtre avec le sommet et deux points basilaires aux angles, jaunes. Elytres présentant un point médian jaune. Abdomen débordant ces dernières et présentant de chaque côté du connexivum une macule jaune. Dessous du corps noirâtre avec une forte pubescence jaunâtre et présentant des séries de larges macules jaunes. Pattes brunâtres avec les tibias un peu plus clairs. Dilatation des tibias postérieurs présentant au côté externe trois échancrures dont la médiane la plus forte. Cette espèce ressemble beaucoup au *Gonagra* et au *Membranacea*, Fab.

Tupalus (Alydus) arcuatus, Fab. Ent. Syst. Suppl. 538, 21 id. Syst. Ryng. 248.
Ile Bourbon. Indes Orient.

DACLERA. N. Gen., pl. xx, f. 7, 7a, 7b.

Tête triangulaire comme dans les Anisoscelides dont fait partie ce genre, qui se rapproche beaucoup du genre *Microbasis* Dallas. — Tibias postérieurs simples. — Antennes cylindriques ; excepté le premier article, qui est en forme de massue, fin à la base et épais au sommet ; quatrième article le plus long, second article à peine plus court que le troisième, premier article un peu plus long que ce dernier et plus court que la tête. — Rostre atteignant à peine le milieu de l'espace entre les jambes postérieures et les médianes ; le troisième article le plus court. — Yeux peu proéminents ; ocelles distants entre eux et placés entre les yeux et plus près de ceux-ci que de la ligne médiane. — Prothorax à angles postérieurs arrondis. — Abdomen débordant à peine les élytres. — Cuisses postérieures un peu épaissies.

Daclera punctata. N. Sp. Pl. xx, f. 7, 7a, 7b.
Long. 13 mill.
Jaune terreux, finement ponctué sur la tête, plus fortement sur le prothorax. Tête un peu plus longue que large ; extrémité du rostre

noire. Prothorax plus large que long, un peu protubérant près du bord antérieur, celui-ci droit, le postérieur concave ; bords latéraux presque droits, légèrement concaves. Ecusson avec l'extrémité finissant en pointe, jaune. Elytres avec la portion coriace transparente, fortement ponctuées et présentant un point noir au sommet de la corie cornée. Abdomen jaune, quelquefois rouge, et présentant de chaque côté cinq points noirs. Pattes entièrement jaunes.

On le trouve aussi à l'île Maurice.

Clavigralla horrida. Germ. Rev. Silb. 5e vol. 145. 58. H. Schæff. 9e vol. 271, fig. 991.

Bourbon, île Maurice et Cap de Bonne-Espérance.

CLERADA. Pl. xx, fig. 8, 8a et 8b. Gen. nov.

Genre remarquable par la position qu'occupent les ocelles au-dessous des yeux de chaque côté de la tête, et non sur le vertex comme dans la plupart des Lygæites. Ce genre viendrait, à cause des divers caractères que nous allons énoncer, se ranger après les Rhyparochromides dont il a le facies, car il ressemble à première vue à un *Platygaster*, et avant les Anthocorides. — Tête triangulaire en avant, avec un faible tubercule pour l'insertion des antennes. — Troisième article des antennes le plus petit, premier article plus court que la tête. — Rostre de quatre articles, le troisième très-long, le quatrième le plus court. — Yeux moyens. — Ocelles très-apparents et logés au-dessous de ceux-ci et de chaque côté du col, qui est aussi gros que la tête au delà des yeux. Membrane avec quatre nervures plus ou moins flexueuses et libres. Pattes grêles.

Clerada apicicornis, N. Spec. (1). Long. 8 mill. Pl. xx, fig. 8.

Brun foncé avec le rostre et les pattes jaune-testacé ; le dernier article des antennes blanc jaunâtre. Pour la couleur, la taille et l'aspect en général, cette espèce ressemble beaucoup au *Platygaster ferrugineus* Linné, mais il s'en éloigne et par le caractère important des ocelles et par les cuisses antérieures grêles. Tête plus longue que large, très-triangulaire en avant, aussi large postérieurement

(1) Je possède dans ma collection plusieurs individus de ce genre qui, à premier examen, appartiendraient à la même espèce quoique venus de localités différentes. Ainsi j'en ai deux de Saint-Thomas des Antilles ; un autre de La Guayra.

qu'au delà des yeux. Antennes noires sauf le dernier article, et les articulations pâles. Prothorax trapézoïde, le côté le plus étroit en avant, bords latéraux légèrement relevés et sinueux. Ecusson aplati, légèrement caréné à l'extrémité, qui est très-acuminée. Elytres brunes avec une large bande latérale testacée. Abdomen caréné. Pattes jaunes.

DIEUCHES LATERALIS, N. Sp.

Entièrement de même couleur et de même grandeur que le *D. Albostriatus* Fab., en diffère par la forme plus allongée du prothorax, par les bords latéraux jaunes, par le premier article des antennes et l'écusson entièrement noirs, moins l'extrémité de celui-ci.

ACANTHIA ROTUNDATA, Signoret. Ann. Soc. Ent. de France, 1852, page 540, pl. XVI, f. 2.

CONORHINUS STÄLII, Sign. Ann. Soc. Ent. 1860. 967. 184. Madacar, île Bourbon.

SASTRAPADA FLAVA, Amyot et Serville, Suites à Buffon, page 388. 2. Java et île Bourbon.

NEPA VICINA, N. Sp.

Long. 35 mill., larg. 12 mill.

Noirâtre maculé sur les cuisses et les tibias d'anneaux flexueux jaunâtres. Prothorax recouvert, surtout vers le bord postérieur, de petits points élevés très-nombreux, plus larges que longs, le bord antérieur profondément échancré pour l'insertion de la tête, le postérieur également échancré et formant un large croissant, les bords latéraux concaves, légèrement sinueux. Ecusson très-large, plus noir que le reste de l'insecte. Pattes noires, cuisses antérieures très-grosses, irrégulièrement maculées de jaune, cuisses postérieures grêles avec un anneau jaune vers les deux tiers supérieurs; tibias pubescents avec un anneau obsolète jaunâtre vers le quart basilaire. Queue de quarante millimètres de long, d'un brun rougeâtre. Cette espèce ressemble beaucoup au *N. Annulipes* de Laporte, mais elle en diffère par la taille proportionnellement plus large, et surtout par le prothorax moins large dans l'*Annulipes*, ce qui fait qu'il est plus long, tandis que dans l'espèce que nous décrivons, le prothorax est plutôt plus large que long et les pattes sont toutes plus fortes.

GERRIS CEREIVENTRIS, N. Spec.

Noirâtre en dessus, blanc cireux, légèrement argenté en dessous. Tête brun noirâtre avec deux lignes verticales et la base jaune, rostre jaune avec le dernier article noir. Antennes brunes. Prothorax noirâtre avec les bords et une carène médiane jaune, celle-ci n'atteignant pas le bord antérieur mais s'arrêtant à un espace noir et de chaque côté une petite ligne jaune, ce qui semble alors une ligne jaune bifurquée au sommet. Elytres presque hyalines, avec des nervures noires. Abdomen blanc cireux avec une série de dix petits points de chaque côté, les bords latéraux noirs, deux bandes noirâtres de chaque côté de la poitrine. Pattes brunes avec la base des cuisses antérieures blanchâtres.

CONCHYOPTERA UNICOLOR, Signoret, Ann. Soc. Ent. 1860. 184, pl. 5. f. I. a et b.

Madagascar et île Bourbon.

CLARDEA, pl. XXI, fig. 5. — a b. c. Gen. nov.

Tête peu protubérante au delà des yeux ; vertex en carré allongé arrondi en avant, très-échancré postérieurement et présentant une carène médiane ; front plus long que large avec une carène médiane, la portion la plus large vers le chaperon, celui-ci à peine visible du front ; sommet du front à peine arrêté et laissant au delà entre le vertex et lui un espace globuleux arrondi et lisse sans carène médiane, ce qui est le caractère le plus apparent de ce genre, tandis que dans tous les Cixioïdes dont ce genre fait partie nous voyons les arêtes du sommet de la tête séparer le front du vertex ; joues très-développées et s'étendant depuis le chaperon jusqu'à la base de la tête au-dessus, entourant ainsi l'œil en entier, moins la base de la tête s'insérant au prothorax. — Antennes insérées au-dessous et en arrière des yeux. Ocelles à peine visibles entre les antennes et les yeux. — Prothorax tricaréné ainsi que l'écusson. — Elytres avec des nervures longitudinales bifurquées à l'extrémité. — Tibias postérieurs présentant trois épines au côté externe.

CLARDEA UNICOLOR. N. Spec.

Long. 6 mill. — Pl. XXI, fig. 5, 5A, 5B, 5C.

Jaune uniforme dans toute son étendue. Tête fortement échancrée postérieurement, vertex avec les arêtes latérales se réunissant en avant en forme de fer à cheval. Prothorax très-protubérant en avant et très-échancré postérieurement. Elytres allongées, parallèles, avec quatre nervures longitudinales d'abord bifurquées et anastomosées au delà du clavus, puis enfin bifurquées simplement vers l'extrémité avec un léger pli avant les bifurcations.

ANNEXE K.

NÉVROPTÈRES

PAR

M. E. DE SELYS-LONGCHAMP,

MEMBRE DE L'ACADÉMIE ROYALE DES SCIENCES DE BELGIQUE.

Parmi les insectes que M. Maillard a rapportés se trouvaient quelques Névroptères, qu'il a eu la gracieuseté de m'offrir, et dont je vais donner la liste, en y intercalant quelques espèces que j'ai reçues d'une autre source.

FAMILLE DES LIBELLULIDÉES.

1. LIBELLULA FLAVESCENS, Fab. (*Viridula* Beauvois, Rambur.)

Cette espèce offre une répartition géographique très-exceptionnelle, que je ne retrouve que chez la *Libellula tillarga* de Fabricius; elle habite à la fois les contrées tropicales des deux mondes, en Afrique, Asie, Polynésie et Amérique.

2. LIBELLULA CONTRACTA, Ramb.

Elle ne fait pas partie de la récolte de M. Maillard. Je la signale d'après un exemplaire de l'ancienne collection Latreille.

3. LIBELLULA HŒMATINA, Ramb. (en partie).

Afin de ne pas créer un nouveau nom, je réserve celui-ci aux exemplaires des îles Maurice et Bourbon, que M. Rambur regardait comme une variété de son *hœmatina* (types de Sicile et d'Afrique), qui est synonyme de *L. rubrinervis*, De Selys. L'espèce de Maurice et de Bourbon en était regardée comme une variété par M. Rambur. Ils diffèrent du type *rubrinervis* par la petitesse de la tache ochracée des secondes ailes, le pterostigma plus grand, le plus grand nombre (13 à 16) de nervures anticubitales, enfin par les nervures presque noirâtres chez la femelle.

FAMILLE DES ÆSCHNIDÉES.

4. ANAX MAURICIANUS, Ramb. E.

Espèce décrite d'après des exemplaires de l'île Maurice pris par M. Desjardins, et que M. Maillard a retrouvée à Bourbon.

FAMILLE DES AGRIONIDÉES.

5. AGRION PUNCTUM, Ramb.

Indiqué ici d'après un exemplaire de la collection Serville. L'espèce habite aussi Maurice et le Cap de Bonne-Espérance.

6. AGRION SENEGALENSIS, Rambur.

L'espèce n'avait été encore observée que sur le continent africain.

FAMILLE DES MYRMÉLÉONTIDÉES.

7. ACANTHACLISIS DISTINCTA? Ramb.

Le type est du Sénégal. Les exemplaires de Bourbon semblent former une race distincte, les taches latérales jaunâtres des premiers segments de l'abdomen étant réunies en bande et les ailes étant plus étroites. M. Rambur a déjà signalé cette variété d'après un exemplaire de Maurice. S'ils formaient une espèce je proposerais le nom d'*A. Maillardi*.

8. MYRMELON OBSCURUS, Ramb.

Un exemplaire incomplet me semble appartenir à cette espèce, qui a été découverte à Maurice par M. Marchal.

FAMILLE DES HÉMÉROBIDÉES.

9. CHRYSOPA BREVICOLLIS, Ramb.

Espèce voisine de la *vulgaris* d'Europe. Elle a été créée par M. Rambur sur un exemplaire de l'île Maurice.

10. CHRYSOPA MAURICIANA, Ramb.

Les dix exemplaires diffèrent un peu de type de l'île Maurice parce que les sept points noirs de la face sont oblitérés.

FAMILLE DES PHRYGANIDÉES.

11. PHRYGANEA? (à déterminer).

Ce relevé de onze espèces fait voir au premier abord que presque tout est encore à découvrir en fait de Névroptère à l'île Bourbon. Comme presque toutes celles que l'on connaît se retrouvent à l'île Maurice, je crois convenable d'ajouter ici la liste, certainement très-incomplète, de celles qui sont indiquées à Maurice:

FAM. LIBELLULIDÉES.

1. *Libellula limbata*, Desj. (*mauriciana*, Ramb.)
2. *L. flavescens*, Fab. (*viridula*, Bauv.)
3. *L. tillarga*, Fab.
4. *L. hemihyalina*, Desj. (*disparata*, Ramb.)
5. *L. contracta*, Ramb.
6. *L. stemmalis*, Burm. (*coarctata*, Ramb.)
7. *L. Marchali*, Ramb.
8. *L. Desjardinsii*, de Selys.
9. *L. hœmatina*, Ramb. (pars).
10. *L. parvula*, Ramb.
11. *L. tetra*, Ramb. (*concinna*, Ejusd.)
12. *Cordulia virens*, Ramb.

FAM. ÆSCHNIDÉES.

13. *Anax mauricianus*, Ramb.
14. *Gynacantha bispina*, Ramb.

FAM. AGRIONIDÉES.

15. *Platycnemis mauriciana*, de Selys.
16. *Agrion rufipes*, Ramb.

17. *A. punctum*, Ramb.
18. *A. mauricianum*, de Selys.
19. *A. glabrum*, Burm. (*ferrugineum*, Ramb.)

FAM. TERMITIDÉES.

20. *Termes pallidus*, Ramb.
21. *T. Rippertii?* Ramb.
22. *T. mauricianus*, Ramb.
23. *T. Castaneus?* Burm.

FAMILLE DES EMBIDÉES.

24. *Embia Latreillii*, Ramb.

FAM. DES MYRMÉLÉONTIDÉES.

25. *Acanthaclisis distincta*, Ramb.
26. *Myrmeleon obscurus*, Ramb.

FAMILLE DES HÉMÉROBIDÉES.

27. *Chrysopa mauriciana*, Ramb.
28. *C. brevicollis*, Ramb.

ANNEXE L

HYMÉNOPTÈRES

DÉTERMINÉS PAR

M. le Dr SICHEL.

PORTE-AIGUILLON.

FOUISSEURS.

SPHEGIDES. Ampulex compressa, Fab.

SCOLIDES. Scolia (Calpa Lep.) Rufa.

LARIDES. Tachytes labiatus, Fab.

CRABRONIDES. Peson argentatus, Schuck.

MELLIFÈRES.

OSMIDES. *Dasyastres, Latr.*

Megachile disjuncta, Fab.

— rufiventris, Guér.

APIDES. Apis unicolor, Latr.

ANNEXE *M*.

DIPTÈRES

PAR

M. J. BIGOT.

TIPULA RUBIGINOSA, *fem. J. B.* nov. sp.

Long. 20 mill.

Obscurè testacea, subtus pallidiore. Antennis pallidè testaceis. Palpis brunneis. Rostro utrinque et apice brunneo. Thorace griseo parum perspicuè et anguste vittato. Femoribus tarsisque apice brunneis. Alis testaceis, externè angustè obscurioribus. Lunula albida parum perspicua. Stigmate latè sed parum obscuro.

D'un testacé obscur, plus pâle en dessous. Antennes d'un testacé pâle. Palpes bruns. Yeux noirâtres. Rostre brunâtre de chaque côté ainsi qu'à l'extrémité. Front marqué d'une ligne médiane un peu brunâtre. Prothorax châtain foncé, portant trois lignes grisâtres peu distinctes légèrement bordées de brun, mésothorax portant deux macules brunâtres, métathorax plus pâle, strié transversalement de chaque côté avec une ligne médiane enfoncée. Flancs ornés, de l'épaule à l'insertion des ailes, de deux bandes, la première d'un jaunâtre très-pâle, l'inférieure brune. Abdomen légèrement brunâtre, plus pâle à la base, une ligne brunâtre de chaque côté. Ventre pâle. Pieds testacés, cuisses et tarses brunâtres à l'extrémité, tibias pâles à la base. Balanciers bruns. Ailes d'un testacé grisâtre, un peu plus foncé à la marge extrême, une lunule blanchâtre avant le stigmate et une large macule brunâtre sur ce dernier.

La cellule discoïdale pentagonale émettant extérieurement une nervure en fourche longuement pétiolée. Cinq cellules postérieures largement ouvertes. Pieds longs. Antennes très-brièvement poilues, poils très-rares. Treize segments distincts, ces derniers oblongs, les troisièmes et quatrièmes plus longs que les autres et cylindriques. Palpes légèrement velus. Rostre allongé. Ocelles nulles. Front aplati.

LISTE ABRÉGÉE DES DIPTÈRES.

Tipula rubiginosa, Bigot.
Aporosa maculipennis, Macq.
Limnobia albipennis, id.
Simulium ruficorne, id.
Laphria Breonii, id.
Lophonotus Breonii, id.
Anthrax bifasciata? Wiedm.
Bombylius ater, Macq.
Volucella obesa, Wiedm.
Syrphus annulipes, Macq.
Paragus borbonicus, id.
Sarcophaga lasiostyla, id.
— immaculata, id.
— brevigaster, id.
Calliphora bicolor, id.
Lucilia arcuata, id.
— borbonensis, id.
— testaceifuscis, id.
— rectinevris, id.
Stomoxys nigra, id.
Musca domestica, L.
Spilogaster quadrivittata, Macq.
Lispe sexnotata, id.
Anthomyia rufofasciata, id.
Sapromyza testacea, id.
— plumicornis, id.
— quadrinotata, id.
— incisuralis, id.
Senopterina immaculata, id.
— femorata, id.
Ortalis Bigotii, id.
Urophora sexmaculata, id.
Sepsis immaculata, id.
Calobata tæniata, id.
— trinotata, id.
— apicalis, id.
Ulidia tarsata, id.
Piophila viridicollis, id.
Silba virescens, id.
Milichia parva, id.
Olfersia pilosa, id.
— rufipes, id.

Macquart est certainement, parmi les Diptéristes, celui qui a décrit l'immense majorité des Diptères spécialement propres à *Bourbon*. Wiedmann et Walker ont décrit un assez grand nombre d'espèces propres à l'île *Maurice*, lesquelles se retrouveront très-probablement dans la première de ces deux localités.

La liste ci-dessus est encore nécessairement incomplète.

ANNEXE N.

MYRIAPODES

PAR

M. H. LUCAS.

IULUS CORALLINUS, Eydoux et Gerv. Voy. de la Bonite, Art. Pl. II, fig. 1 à 4. Gerv. Hist. nat. Ins. Apt. T. IV, fig. 171, n° 184.

Il n'est pas rare à l'île de la Réunion ; l'île de France nourrit aussi cette espèce.

SCOLOPENDRA LUCASII, Eydoux et Souleyet. Voy. de la Bonite, Zool. Apt. Pl. II, fig. 12. *Scolopendra Borbonica.* Pl. I. Iconog. du règn. anim. Art. Pl. XII, Gerv. Hist. nat. Ins. tom. IV, 270, n° 41.

Commun à l'île de la Réunion ; elle habite aussi l'île de France.

GEOPHILUS INSULARIS, Luc. Pl. XXI, fig. 1.

Long. 88 mill. Larg. 3 mill. 1/2.

La tête est très-étroite, très-allongée et ne recouvre pas les mandibules ; elle est coupée carrément à la partie antérieure, et présente de chaque côté de ses angles latéraux une petite épine ; postérieurement elle est plus étroite et ses angles latéraux sont arrondis ; elle est d'un brun rougeâtre foncé et offre des points épars et profondément marqués ; on remarque deux impressions longitudinales. Les mandibules sont fortes, robustes et de même couleur que la tête ; quant aux crochets, ils sont assez allongés, en croissant et d'un noir foncé. Les antennes sont d'un brun rougeâtre clair et couvertes de poils testacés, placés çà et là. Le corps est entièrement lisse, d'un brun rougeâtre clair avec tous les segments parcourus en dessus par deux impressions longitudinales ; le dessous est de même couleur que le dessus, mais les segments n'offrent qu'une impression longitudinale qui part du bord postérieur de chacun d'eux et se termine par une bifurcation à son extrémité. Les pattes sont d'un fauve clair et hérissées de poils courts de même couleur.

Cette espèce, remarquable par sa taille et le développement de sa tête, habite l'île de la Réunion; elle se plaît sous les pierres humides.

Pl. xxi, fig. 1, tête grossie.

ANNEXE O

DE L'OUVRAGE INTITULÉ :

NOTES SUR L'ILE DE LA RÉUNION

PAR L. MAILLARD.

BOTANIQUE, CRYPTOGAMIE, ALGUES,

Par M. le Docteur Camille MONTAGNE,

MEMBRE DE L'INSTITUT, DE L'ACADÉMIE IMPÉRIALE DE MÉDECINE, ETC.;

et M. MILLARDET,

LICENCIÉ ÈS SCIENCES ET MEMBRE DE LA SOCIÉTÉ BOTANIQUE DE FRANCE.

AVANT-PROPOS.

Sollicité par plusieurs de mes amis de me charger encore de ce nouveau travail, qui a pour objet la détermination des Algues recueillies par M. Maillard sur quelques points du littoral de l'île de la Réunion, j'ai cédé aux instances qui m'ont été faites, dans la vue de mettre au service de la science phycologique la faible expérience que les années m'ont mis à même d'acquérir.

Toutefois, l'usage même du microscope, dont l'abus m'avait été si funeste à deux reprises, m'ayant été prohibé, je n'ai pu entreprendre l'étude de ces plantes qu'à la condition qu'on me laisserait libre de profiter des secours que m'offraient les yeux étrangers d'un jeune collaborateur qui, lui, se chargerait, sous ma direction, de faire et de dessiner à la chambre claire toutes les analyses qui m'étaient nécessaires pour arriver à connaître la structure de la fronde et du fruit, et par suite à une détermination sûre de l'espèce.

J'ai trouvé ce collaborateur intelligent dans un jeune élève en médecine, M. Millardet, qui joint à l'habitude de manier le microscope, une grande habileté de crayon pour représenter les objets qu'il y observe.

Les espèces nouvelles, décrites dans les pages qui vont suivre, hormis une seule que je lui ai dédiée, nous sont donc communes et porteront en conséquence nos initiales M. et M.

Toutes ces algues ont été cueillies par M. Maillard, ingénieur colonial, sur le littoral du S. O. de l'île, entre les villes de Saint-Pierre et de Saint-Paul, en passant par Saint-Leu.

Paris, ce 10 juillet 1862.

C. MONTAGNE.

DIATOMACÉES.

1. RHABDONEMA ADRIATICUM Kg. *Bacill.* t. XVIII, f. VII. — Montg. Fl. Alg., p. 192. — W. Sm. *Diatom.* II, p. 35, t. XXXVIII, f. CCCV, où il est indiqué comme provenant de l'île Maurice.

OBS. Nous avons constaté sa présence sur quelques individus du *Peyssonnelia rubra.* — Coll. n° 7.

2. BIDDULPHIA AUSTRALIS Montg. *Cuba. Crypt.* p. 5. — *B. quinquelocularis* Kg *Bacill.* t. XIX, f. I.

OBS. De nombreux individus de cette espèce envahissaient les frondes de notre *Amphiroa ungulata.* — Coll. n° 29.

CHLOROSPERMÉES.

3. CHÆTOMORPHA LINUM (L.) Kg. *Tab. phycol. Band* III, t. LV, f. III. Montg. *Fl. Alg.* p. 165, ad *C. chloroticam.* — Coll. n° 1.

OBS. L'un de nous a déjà fait remarquer dans sa Cryptogamie chilienne (*Fl. Chil.* t. VIII, p. 384) l'analogie qui existe entre les algues de cette région de l'océan Pacifique et celles, soit du cap de Bonne-Espérance, soit des quatre îles d'Afrique. Ce numéro 1 vient encore confirmer le fait en nous offrant des exemplaires de *Chætomorpha Linum* absolument identiques à ceux du Chili. Ceux-ci acquièrent une longueur de trois décimètres et portent dans leur continuité, sous forme d'étendards, de nombreux individus, à tous les âges, du *Phycoseris uncialis* Suhr.

Si l'on veut bien consulter nos observations consignées dans la *Fl. Alg.* l. c., on verra que les idées des botanistes sur les caractères de cette confervacée sont extrêmement confuses. Ni les longues descriptions de Roth, *Catal. Bot.* I, p. 174, ni les différentes figures données de cette plante ne sont, pas plus que celle de M. Kützing, suffisantes pour sa détermination. Nous devons ajouter que dans nos échantillons l'article inférieur de chaque filament est d'une longueur de quinze à vingt fois supérieure à son diamètre, et que l'extrémité par laquelle elle se fixe au sol est munie de quelques fibres radicellaires.

4. Chætomorpha restricta Suhr, *Flora*, mai 1849, n° 51 (Sub *Conferva*). —Kg. *Tab. phyc.* Band III, t. LIII, f. III. — An *Conferva media* Ag.? — Coll. n° 31.

5. Cladophora ovoidea Kg. *Phyc. gener.*, p. 266, et *Tab. phyc.*, t. XCII, f. I. — Coll. n° 75.

Obs. C'est une circonstance assez singulière à noter que la présence de cette confervée dans les zones chaudes du globe, elle qui n'avait encore été observée que dans les mers septentrionales. Elle a été vue et nommée par notre ami M. le professeur Kützing.

6. Cladophora (Ægagropila) composita Harv. et Hook. fil. *Journ. of Bot.* p. 157.—Kg. *Tab. phyc.* Band IV, t. LXVII, f. B.—Coll. n° 20.

Obs. Cette algue, dont les filaments déliés forment des pulvinules serrés et inextricables, croît dans les mêmes localités où elle a été découverte par M. le docteur J.-D. Hooker. Nos échantillons ont été vus par M. Harvey, qui a confirmé notre détermination.

7. Cladophora (Ægagropila) membranacea (Ag.) Kg. *Sp. Alg.* p. 415, et *Tab. phycol.* Band IV, t. LXVII, A. — Coll. n° 52.

8. Phycoseris fasciata (Delile) Montag., *Fl. Alg.*, p. 151, t. XIV, f. I et II. — *Ulva* Delile, *Égypt.*, t. LVIII, f. V. — Kg. *Tab. phyc.* Band VI, t. XXVIII. — Coll. n° 34.

9. Phycoseris lobata Kg. *Sp. Alg.*, p. 477. *Tab. phycol.* Band VI, t. XXVII. — Aresch. *Phyc. capenses*, p. 15, *Ulva capensis* hanc et sequentem complectens. — Coll. n° 24 et 35.

10. Phycoseris uncialis Kg. *Sp. Alg.*, p. 475, et *Tab. phycol.* Band VI, t. XVI, f. II. — *Ulva uncialis* Suhr, ex specim. auctoris in Hb. Montagne. — Coll. n° 1 et 19.

Obs. Cette petite Ulvacée vit en parasite sur les *Chætomorpha Linum* et *Phyllophora Maillardi* M. et M.

11. Enteromorpha compressa, Grev. *Alg. Brit.* p. 180. — Kg. *Tab.phycol.* Band vi, t. XXXVIII, f. i. — Coll. n°34.

Var. trichodes, Grev. Kg. l. c. f. ii. — Coll. n° 11.

12. Dictyosphæria favulosa (Mert.) Decn. Ann. Sc. nat. 2e sér. t. XVII, p. 328. — *Ulva cellulosa* Mert. — *Valonia favulosa* Ag. *Sp. Alg.* i, p. 432. — Kg. *Tab. phyc.* Band vii, t. XXV, f. i. — Coll. n° 47.

Obs. Les exemplaires, en petit nombre, sont jeunes. Ils se présentent sous la forme arrondie d'un bonnet catalan qui serait fixé au rocher ou aux pierres dans toute l'étendue de son bord. Mais nous les voyons ici dans un état de collapsus qui est étranger à leur état de végétation, car il est évident, si on les observe à la lumière, qu'ils sont composés d'une double membrane et que remplis d'eau de mer ils doivent être sphériques.

Pour être de dimensions un peu plus petites, les cellules hexagonales dont ils sont garnis ne les font pas différer des types magnifiques qui nous ont été adressés, dans le temps, de l'île de Galega, quelque peu distante de Bourbon.

13. Dictyosphæria enteromorpha M. et M. : valonioides; frondibus cæspitosis cylindrico-clavatis intestiniformibus cavis radicellatis hic illic ramosis, ramis intricatis patentibus, cellulis hexagonis irregularibus.—Coll. n° 71. (Pl.XXV, f.i.)

Desc. Les frondes, cylindriques, creuses, réunies en pulvinules, sont étranglées de distance en distance comme un intestin grêle, et çà et là divisées en rameaux semblablement conformés et terminés en massue renflée au sommet. Elles sont de couleur vert pré très-intense à l'état *sec*, et glauques quand on les mouille. Leur substance membraneuse ne diffère pas de celle de la précédente, pas plus au reste que les cellules hexagonales dont elles sont comme reticulées. Leur longueur est d'environ 2 à 3 centimètres, et leur diamètre variable entre 3 et 6 millimètres. Ce que notre algue offre de digne d'être noté, outre sa forme, c'est que sa base pousse des espèces de radicelles que nous avions d'abord prises pour les frondes filiformes du *Valonia ægagropila* dont elles offrent à peu près le diamètre. Nous nous sommes assurés qu'elles étaient continues avec la plante, et que l'on observait même à leur origine les rudiments de quelques cellules hexagonales.

14. VALONIA ÆGAGROPILA Ag. *Sp. Alg.* tom. I, p. 429. — Kg. *Tab. phycol.* Band VI, t. LXXXIII, f. I. — Coll. n° 30.

OBS. Nos exemplaires, de même longueur que ceux de l'Adriatique, offrent un calibre légèrement plus étroit; d'ailleurs, même ramification des filaments rayonnants.

M. Agardh cite des échantillons recueillis par Gaudichaud à Rawak, dans les mers australes.

15. HALIMEDA OPUNTIA Lamx. *Expos. méth.* p. 27, t. XX, f. VI. — Kg. *Phyc. gen.* t. XL, f. II, et *Tab. phycol.* Band VII, t. XXI, f. I. — Coll. n° 80.

16. HALIMEDA TUNA Lamx. *Polyp. flex.* p. 309. — Kg. l. c. f. IV. — Coll. n° 72.

17. CODIUM TOMENTOSUM Ag. *Sp. alg.* tom. I, p. 451. — Kg. *Phyc. gener.* t. XLII, f. I : Structura — Harv. *Phyc. Brit.* Pl. XCIII. — Coll. n° 17.

RHODOSPERMÉES.

18. GIGARTINA HORRIDA GREV.? Kg. *Sp. Alg.* p. 750. — ??*Hypnea horrida* J. Ag. *Sp. Alg.* III, p. 454 : fronde pulvinato-cæspitosa filiformi gelatinosa irregulariter ramosa, ramis sæpius secundis sinu obtuso patentibus ramulos breves conicos acutos gerentibus. NOB. — Coll. n° 58.

DESC. Les frondes, filiformes, de la grosseur d'une plume de corbeau, sont rameuses, à rameaux souvent tournés du même côté, hérissés d'épines aussi épaisses qu'eux à leur naissance, mais coniques et pointues au sommet, répondent assez bien à la description de M. J. Agardh. Ces frondes sont réunies en grand nombre par leur point d'attache pour de là s'élever en petit buisson de plus de trois centimètres de hauteur.

Elles sont d'un beau rouge purpurin qui passe au rouge brun par la dessiccation. Cette algue étant stérile nous ne pouvons en dire davantage, nous réservant d'en solliciter de nouveaux exemplaires qui nous permettront peut-être de lever tous les doutes à son égard.

Obs. Guidés dans notre détermination par les seules descriptions fort abrégées que nous en avons lues et par le voisinage de la localité (Maurice) d'où M. Gaudichaud l'a rapportée, nous n'avons pas la certitude d'avoir sous les yeux l'espèce, à ce qui semble fort rare, dont les noms précèdent. Nos échantillons sont d'ailleurs, comme ceux de M. Agardh, privés de fructification. Toutefois notre analyse de la fronde nous a démontré que notre algue appartenait au genre *Gigartina*. Cette plante offre, comme beaucoup de ses congénères, ce caractère éminent qu'un séjour de moins d'une demi-heure dans l'eau douce a suffi pour la réduire presque en gélatine, en sorte que nous avons eu beaucoup de peine à en sauver des débris.

19. Gigartina spinosa (L.) Grev. Turn. *Hist. Fuc.* t. XVIII. — Gmelin, t. VI, f. iv. — *Eucheuma spinosa* J. Ag. *Spec. Alg.* ii, p. 626. — Coll. n° 10.

20. Gigartina Chamissoi (Mert.) Montg. in d'Orbig. *Voy. Amér. mérid. Boliv.* p. 30 et *Voy. Bonite,* p. 71. — *Sphærococcus* Ag. *Alg. icon. ined.* t. VI. — Mart. *Ic. Sel. Bras.* t. I, f. 3. — Coll. n° 36.

21. Gymnogongrus furcellatus J. *Ag. Sp. Alg.* ii, p. 318. — *Sphærococcus* Ch. Ag. *Sp. Alg.* I, p. 253. — Montg. *Fl. Boliv.* p. 26. — Coll. n°s 8 et 76.

Var. (A) furcellatus J. Ag. l. c. — Montg. *Fl. Chil.* tom. VIII, p. 349. — Coll. n° 8.

Var. ? patens J. Ag. l. c. — *Chondrus patens* Suhr. — Coll. n° 76.

Obs. Les individus de la variété (A) sont fort semblables à ceux du Chili et de la Bolivie que l'un de nous a publiés autrefois, mais ceux de la variété ? se rapprochent davantage de l'espèce que Bory a nommée *Gigartina disciplinalis.*

22. ? Pachycarpus Morelii M. et M. fronde cæspitosa, carnosa, purpurea stipitata initio spathulata, dein expansa lobata, lobis apice rotundatis tandem margine denticulatis angulatisque, interdum (ut et stipites) simul concretis; tetrasporis dense gregariis sphæricis triangule divisis. — Coll. n° 53. (Pl. XXVI, f. 2.)

Desc. Les frondes, charnues, d'un rouge pourpre, sont reliées entre elles à leur base par un lacis de stipes longs de deux à trois millimètres de la grosseur d'un ré de violon, à l'instar du *Callymenia microphylla*, genre auquel nous avions d'abord rapporté cette algue. Ces stipes se dilatent au sommet en lames membraneuses, assez consistantes, d'une épaisseur moyenne d'environ 15 à 20 centimillimètres, de forme d'abord spatulée, puis obovales, rétrécies en coin à leur naissance et divisées ou échancrées vers le haut et garnies de quelques dentelures sur le bord. Ces lames, d'une belle couleur pourpre, sont, dans les individus fructifiés, ponctuées, par la présence des tétraspores, d'une sorte de granulation dont la nuance plus foncée les rend faciles à distinguer. De même, mais moins que les stipes, ces frondes se soudent quelquefois par leurs bords. Cette jolie espèce acquiert une hauteur de 3 à 4 centim. et chacune de ses frondes ou de ses segments, une largeur de 2 ou 3 centim., dans la portion la plus dilatée. Les tétraspores, seule sorte de fruit qu'aient présentés nos échantillons, sont très-nombreux ; dans l'état sec, ils font saillie à la surface de la fronde, mais humectés, ils sont immergés et ont une forme sphérique. Leur diamètre est de 5 à 7 centimillim. et ils se divisent triangulairement en quatre spores, qui laissent voir dans leur intérieur une très-grande quantité de granules colorés en carmin.

On ne connaissait point ces organes dans le genre *Pachycarpus*, c'est donc un nouveau fait acquis à la science, s'il est avéré que notre espèce appartienne à ce genre, ainsi que sa structure semble l'indiquer.

Obs. En l'absence de spécimens comparatifs, nous avions d'abord pensé pouvoir rapporter cette algue à une des nombreuses variétés du *Callymenia dentata* de Suhr. Dans notre incertitude et sachant que notre savant ami de Nordhausen avait vu cette dernière, nous nous déterminâmes à prendre son avis. Il voulut bien nous répondre que ce n'était ni l'espèce, ni la variété qu'il avait nommée dans son *Species algarum : Halymenia carnosa*, var. *dentata*, mais qu'il avait reconnu dans la nôtre la structure de son genre *Pachycarpus*, que nous ne connaissions autrement que par la figure qu'il en a donnée dans sa *Phycologia generalis*.

Nous avons dédié cette belle espèce à M. Morel, directeur du Muséum d'Histoire naturelle de l'île de la Réunion.

23. Phyllophora Maillardi M. et M. : fronde cartilaginea plana costata, initio pinnata rubra, à costa margineque ramenta iterum prolificantia oblonga, terminalia lenticularia emittente; conceptaculis globosis immersis (!) tandem superficie ramentorum poro apertis sporas conglomeratas gigartinas includentibus. — Coll. n°s 2 et 19. — (Pl. XXIV.)

Desc. La fronde, heureusement mélangée dans le jeune âge avec d'autres frondes plus âgées et dissemblables, est cartilagineuse et divisée en rameaux pennés dès la base dans son premier état. Elle est alors plane ; sa largeur est d'environ deux millimètres et sa hauteur de cinq à six centimètres d'abord, mais a-t-elle acquis tout son développement, qu'elle mesure près du double et que ses rameaux (*pinnulæ*) inférieurs étalés les égalent en longueur. D'abord d'un rouge pourpre, elle devient brune en séchant ou en vieillissant.

Cette algue, arrivée à l'âge adulte, devient tout à fait méconnaissable en formant des agglomérations confuses de folioles où il est difficile de distinguer la ramification primitive. On peut néanmoins toujours s'assurer que la fronde principale et ses divisions sont parcourues dans une grande étendue par une nervure moyenne assez saillante, et d'autant plus apparente qu'elle est d'un rouge plus foncé. Nous avons dit que les prolifications par lesquelles s'accroît la plante, sont d'abord lenticulaires. Quelquefois il y en a deux à trois qui se suivent, formant ainsi un ramule à plusieurs étranglements, mais par suite de leur allongement la terminale seule conserve sa forme primitive. Dans le dernier on ne retrouve celle-ci que çà et là. La structure de cette fronde est la suivante : l'axe est parcouru par des cellules allongées irrégulières et assez étroites et serrées l'une près de l'autre, lesquelles diminuent de longueur et s'arrondissent en se rapprochant de la surface, où elles revêtent la forme de filaments horizontaux articulés, à articles sphériques, comme cela se voit dans beaucoup de Floridées. Les conceptacles (*Kalidia* J. Ag.) ne se voient bien que dans une coupe transversale ou longitudinale de la fronde ou des rameaux, car ils sont immergés dans les ramules et font peu de saillie par leur convexité à la surface de ceux-ci. Ils occupent la couche moyenne et leur forme est arrondie. D'abord clos, ils s'ouvrent par un pore à leur sommet sur l'une ou l'autre face indistinctement du rameau. Ils ont un diamètre de 11 centimillim. et la masse sporulaire qui en occupe le centre mesure plus de 75 millimillim. Les spores qui, comme nous l'avons dit, ressemblent pour la forme à des pepins de raisin, varient en longueur entre 1 centimillim. et 13 millimillim. et en grosseur entre 1 centimillim. et 6 millimillim. Elles sont d'un beau rouge de carmin. Nous n'avons pas trouvé de némathécies.

Obs. A considérer son port et ses formes extérieures, cette algue est évidemment un *Phyllophora*, tel que l'ont défini MM. Greville et J. Agardh; elle en paraît toutefois différer par sa fructification, qui est immergée et ni sessile ni pedicellée. Mais est-ce bien là un motif pour la retirer de ce genre? Nous ne connaissons le genre *Ptilophora*, dont la fructification, encore inconnue, attend une analyse, que par sa définition et par un exemplaire du *Pt. australasica* Harv. On donne pour caractère à ce genre des poils scabres visibles seulement à l'aide d'un microscope. Or, un examen très-attentif n'a pu nous faire trouver un seul poil ni sur les exemplaires de Bourbon, ni sur celui de l'Australie.

Nous dédions cette algue, la plus curieuse de la collection, à M. L. Maillard, qui l'a découverte et qui publie ces notes sur l'île de la Réunion, qu'il a longtemps habitée.

24. Rhodymenia Millardetii Montg. Hb.: fronde parvula foliacea enervi complanata carnoso-membranacea rosea breviter stipitata, stipite cuneiformi, mox flabelliformi-expansa, ad medium multifida, segmentis iterum divisis ultimis rotundatis dentatisque; conceptaculis crassis numerosis submarginalibus coccineis ocellatis. — Coll. n° 28. (Pl. XXV, f. 3), ad *Epineuron fraxinifolium* parasitans.

Desc. La fronde de notre exemplaire unique a une hauteur de 2 à 3 cent. et une largeur égale dans sa partie moyenne quand elle est étendue. De son support elle s'élève par un stipe court, cunéiforme, long de 2 à 3 millim. au plus, qui s'étale en une membrane gélatineuse en forme d'éventail dont nous venons d'accuser les dimensions. Elle n'est pas entière en son bord, mais divisée en lanières qui s'étendent presque jusqu'au milieu. Chacune de ces lanières est elle-même partagée en plusieurs autres plus courtes dont le sommet arrondi est profondément denticulé. Un sinus peu apparent mais arrondi les sépare entre elles, ce qui n'empêche pas leurs bords de se recouvrir l'un l'autre. C'est près de ce bord que se montrent les conceptacles; ils sont nombreux et assez volumineux si on les compare à l'exiguïté de l'algue entière, car leur diamètre est de 1 millim. et leur épaisseur, en y comprenant celle de la fronde qui, elle, mesure un dixième de millim., est moindre de moitié. Vus sur le sec, ces conceptacles sont convexes d'un côté et affaissés en cupule du côté opposé. Mouillés, ils prennent la forme mamillaire, sont visiblement percés d'un pore au sommet et entourés d'une aréole blanchâtre ou plus pâle qui les fait paraître *ocellés*. Ils renferment des spores contenues en apparence dans des espèces de périspores qui rayonnent de la base vers tous les points de la partie supérieure hémisphérique du conceptacle. La plus rapprochée du pore destiné à leur donner issue est gigartoïde ou sphérique, d'un rose pâle, et mesure en diamètre environ 5 centimillim. La série se compose de 6 à 8 spores. La structure de la fronde est celle des Rhodyménies.

Je consacre cette espèce à mon jeune collaborateur, M. Millardet, dont les secours m'ont été fort utiles pour cette publication.

C. Montagne.

25. Galaxaura rugosa Lamx. — Kg. *Tab. phycol.* Band viii, t. XXXIII, f. i. — Coll. n° 18.

Obs. Dans les exemplaires que nous avons sous les yeux, les individus qui, partant d'un point commun, irradient de manière à former un pulvinule hémisphérique de 9 à 12 centim. de diamètre, ont une longueur de 4 à 6 centim. et les rameaux ou segments de la dichotomie un calibre d'une grosseur variable entre 3/4 et 1 millim. L'extrémité libre de ceux-ci, avec le même diamètre, est ouverte et béante.

Quand on n'a pas de type authentique, on est exposé, sur une simple diagnose, à confondre cette espèce avec le *G. annulata* du même auteur. C'est à l'obligeance de M. Lenormand, qui nous a procuré un fragment de celle-ci pris dans l'herbier de Lamouroux, que nous avons évité de tomber dans une erreur facile. Les figures de ces deux espèces données (l. c.) par M. Kützing méritent toute confiance.

26. Microthoe tomentosa Kütz. *Tab. phycol.* Band viii, f. XXXVIII, f. iii? — Coll. n° 60.

27. Microthoe marginata Lamx. *Polyp. flex.*, p. 264 (sub *Galaxaura*). — Harvey, *Phycol. austral.*, t. III, Pl. cxxxvi. — Coll. n° 13.

28. Liagora brachyclada Decn. *Corallin.*, *Ann. Sc. nat.*, 2e sér., t. XVIII, p. 106 : cæspitosa, fronde tereti, repetito-irregulariterque dichotoma punctato-porosa, ramis brevibus intricatis, supremis breviter articulatis acutatis divaricatis patentibusque viridi-at purpureo-tinctis. Montg. *Fl. chil.*, t. VIII, p. 269. — Coll. n° 3.

Desc. Pulvinules hémisphériques ou oblongs, de 2 à 4 centim. de haut. Frondes cylindracées dès la base, du diamètre de 1 millim. à 1 millim. et demi, qu'elles conservent en se subdivisant par dichotomies irrégulières jusqu'au sommet, où les divisions sont fortement divariquées et aiguës. Ces frondes sont enduites d'une couche blanche de calcaire qui recouvre les filaments de la périphérie et sont pointillées de vert ou de pourpre dans les échantillons chiliens, mais qui, dans les nôtres, sont criblées de petits pertuis qui semblent résulter de la chute d'une matière qui les bouchait dans les précédents. Dans certains exemplaires où les pores en question sont rares, on observe aisément que les segments supérieurs sont transversalement striés et que les stries sont au nombre de deux dans la longueur du diamètre. Explorée dans sa structure, la fronde n'a fourni aucun document nouveau pour l'histoire de cette espèce. Celle dont elle se rapproche le plus est le *Liagora viscida*.

28 *bis*. Peyssonnelia rubra J. Ag. *Sp. Alg.* II, p. 562. *Zonaria* Grev. *Lin. Trans.* xv, ii, p. 340. — Coll. n° 7.

Obs. Cette algue est en mauvais état et réduite en fragments. Nous n'avons pu la rapprocher d'aucune autre. Nous avions d'ailleurs un échantillon (le n° 39 des algues de la collection des îles des Amis. Harvey) qui a pu nous servir d'objet de comparaison. Nous avons pu constater, à la face supérieure de quelques fragments, la présence du *Rhabdonema adriaticum*.

29. Eucheuma gelatinæ (Esp. *Fuc.*, t. CI, f. v-vii) J. Ag. *Sp. Alg.* t. II, p. 620. — Coll. n° 62.

Obs. Ce genre remarquable offre des caractères extérieurs qui légitiment sa fondation et le font facilement distinguer. Sa structure d'ailleurs et ses deux sortes de fructifications que nous a fait connaître M. Harvey dans sa *Nereis Boreali-americana*, justifient ce que l'aspect et le port ne font que laisser soupçonner. Quant à l'espèce, que nous avons tout lieu de croire bien exactement nommée, nous pouvons assurer que, fixée par un épatement à sa base, elle est dressée et non couchée, et que ses deux faces portent les nombreux aiguillons coniques dont elle est hérissée.

30. Hypnea spinella (Ag. *Spec.*, p. 323, sub *Sphærococeo;* — Kg. *Sp. alg.*, p. 759. — Montg. *Cuba,* p. 52.) J. Ag. *Sp. Alg.* II, p. 453. — Coll. n° 26.

Obs. Nous n'avons jamais rencontré la fructification de cette petite algue, bien qu'un assez bon nombre d'échantillons de localités différentes aient passé sous nos yeux. Il paraît que les autres phycologistes n'ont pas été plus heureux.

31. Hypnea musciformis Lamx. var. Spinulosa. — *Fucus spinulosus* Delile, *Égypte,* p. 151, t. LVII. — Coll. n° 5.

Obs. Nous avons observé deux corallinées parasites sur cette algue, *Jania rubens*, var. *concatenata* Kg. et *Melobesia membranacea* Lamx.

32. Euctenodus Labillardierii (Mert.) Kütz. *Sp. alg.*, p. 770. *Ctenodus* Ejusd., *Phyc. gener.*, p. 407, t. LVII, f. II. — Montg. in *Ann. Sc. nat.* 1844, 3e sér., t. I, p. 251, t. X. *Fucus* Turn. — *Hist. Fuc.*, t. CXXXVII. — Coll. n° 46.

Obs. Nous avons rencontré dans la collection de M. Maillard plusieurs jeunes frondes de cette belle Floridée, dont l'un de nous a donné, au lieu cité plus haut, la description et la figure de sa remarquable fructification. Nos échantillons, adhérents au rocher, n'ont pas encore acquis une hauteur de plus de 4 à 8 centim.; ils sont robustes néanmoins à leur naissance, où leur diamètre mesure près de 2 ou 3 millim. Ils se divisent bientôt en de nombreux rameaux étalés, aplatis, munis d'une nervure apparente qui ne disparaît qu'à leur extrémité. Les deux bords opposés sont chargés, comme dans la plante de la Nouvelle-Hollande, de pinnules planes et subulées. Les fructifications font encore défaut.

En l'absence des caractères tirés de la présence et de la structure du fruit, nous avons été portés à nous demander si nos exemplaires n'appartiendraient pas plutôt à l'E. *echinatus* Kg. qui a été découvert dans les mers de l'Afrique australe, tandis que l'algue de Labillardière n'a été observée encore qu'en Australie et dans la Nouvelle-Zélande. L'observation d'une nervure bien manifeste sur les frondes et de pinnules bien symétriquement disposées sur deux rangs opposés et ne partant pas de tous les côtés, nous permettent de croire que notre détermination est exacte.

33. Polycladia Commersonii Montg. (in. Kütz. *Sp. Alg.*, p. 769). — *Fl. Chil.*, t. VIII, p. 328. ubi descriptio. — Ejusd. *Sylloge*, p. 430. — Coll. n°s 48, 51 et 68. — (Pl. XXVII, f. 2.)

Obs. L'origine de cette algue, qu'on ne connaissait pas sûrement et que j'avais soupçonnée être du détroit de Magellan, est donc aujourd'hui hors de doute. Elle est même, à ce qu'il semble, assez commune à Bourbon d'où M. Maillard en a rapporté un certain nombre d'exemplaires dont malheureusement aucun ne porte de fruit.

Nous ajouterons à ce que nous en avons dit ailleurs, que la chute des ramules laisse les rameaux et la tige hérissés de nombreux aiguillons de 1 à 2 millim. de longueur. La structure de cette algue ne permet guère d'en faire un *Laurencia*, quoique cela soit arrivé à un botaniste très-habile qui sans doute ne l'avait jamais vue.

34. Gelidium rigidum (Vahl sub *Fuco*), Grev. — Montg. *Cuba*, p. 48, et *Voy. au Pôle Sud*, p. 113. — Kg. *Sp.*, p. 766. — J. Ag., *Sp. alg.*, t. II, p. 468. — Coll. n° 63.

35. Gelidium scoparium M. et M. mss.: fronde filiformi-complanata cæspitosa irregulariter laxissimeque tri-dichotoma, segmentis conformibus, inferioribus oppositis, superioribus alternis apice multifido lacinulatis, laciniis (12 ad 15) in formam scopæ sphæricæ conglomeratis; fructu..... — Coll. n° 50. — (Pl. XXVII, f. 1.)

Desc. Les frondes principales, minces et comprimées, partent en grand nombre d'un même point pour former un petit *cespes* d'environ 5 centim. de hauteur. Chacune de ces frondes s'élève indivise jusqu'à 1 ou 2 centim. et donne là naissance à deux rameaux opposés, c'est-à-dire à une trichotomie. De là l'algue se divise par dichotomies irrégulières, en sorte qu'on ne saurait la dire pennée comme dans la précédente. La fronde principale et les segments ou rameaux supérieurs les plus longs se subdivisent encore à leur sommet, d'abord en lanières trifides, puis multifides, lesquelles, paraissant partir du même point, se réunissent pour former une sorte de balai ou de huppe assez garnie pour que son plus grand diamètre arrive à mesurer 3 à 4 millim. Analysée sous le microscope, on remarque que les lanières, planes à leur naissance et d'un beau vert, s'atténuent insensiblement en alêne à leur sommet. Elles sont bien la continuité de l'algue et ne sont pas des parasites; leur longueur est de 5 à 6 millim. Nous n'avons observé aucun fruit; seulement la fronde était couverte çà et là de courts filaments verdâtres, cloisonnés et serrés comme les fils du velours ou comme ceux qui forment les némathécies des Gymnogongrées.

Cette algue, primitivement rougeâtre, puis d'un vert sale, croît sur des coquilles bivalves, et est envahie par une petite éponge extrêmement fine qui nous est inconnue.

Obs. Voici une plante que nous avons hésité longtemps à distinguer spécifiquement du G. *rigidum*; mais, parmi tant d'autres, elle offre un caractère si étrange qu'il nous semble suffire à légitimer la distinction. Notre espèce est également voisine du *G. variabile* Grev., admis par M. J. Agardh et dont nous trouvons un exemplaire dans la collection de Ceylan, n° 33, que nous tenons de M. Harvey; mais notre algue a des frondes comprimées et non pas *omnino teretes*, comme le dit l'ill. phycologiste suédois.

Corallinées.

36. Melobesia membranacea Esp. *Zooph.* t. XII. — Harv. *Phyc. Brit.* t. CCCXLVII, f. A. — Coll. n° 5.

37. Amphiroa rigida Lamx. *Polyp. flex.* p. 297, t. XI, f. I. manca. — Harv. *Coll. Alg. Ceyl.* n° 22. — Coll n° 15.

Desc. Les individus, de 3 à 4 millim. de longueur, de la grosseur d'un ré de violon, sont cylindriques, irrégulièrement rameux, à rameaux plus minces encore et dressés ou un peu ouverts. Inférieurement on peut constater la présence de stries, peu sensibles dans le sens transversal et plus rapprochées entre elles que la largeur du diamètre. Leur couleur est d'un vert très-pâle. Ils sont rugueux par la présence de nombreux conceptacles mamillaires que nous avons trouvés fertiles.

Nos exemplaires seraient assez bien représentés par la figure de l'*A. irregularis* Kg. *Tab. phyc.* Band VIII, XLI, f. III.

Obs. Malgré le remarquable travail de notre collègue M. Decaisne, c'est une chose devenue si difficile que la détermination des espèces de corallinées, même des plus anciennement connues, qu'on est souvent embarrassé de savoir à laquelle rapporter celle qu'on étudie. Cela est dû à plusieurs causes, que tout le monde sent parfaitement, et qu'il n'est pas de notre devoir d'exposer ici.

Le n° 22 de la collection faite à Ceylan par M. Harvey, nous a été d'un grand secours dans cette occurrence, car la figure donnée par Lamouroux et reproduite par M. Kützing ne nous apprend rien. Notre algue est d'ailleurs aussi fragile que l'A. *fragilissima* Lamx., mais la diagnose que M. Areschoug a donnée de celle-ci (J. Ag. *Spec.* II, p. 532) et qui est excellente facilitera leur distinction.

38. Amphiroa exilis Harv. *Ner. aust.* p. 95. var. B. crassiuscula Ejusd. l. c. — Aresch. in J. *Ag. Spec.* II, p. 335. — Coll. n° 16.

Obs. Nos exemplaires forment de longs et larges coussinets extrêmement fragiles et dont les articles sont chargés de nombreuses pustules qui constituent les fruits auxquels on a imposé le nom de *céramides*. On trouve dans ces pustules ou conceptacles des spores oblongues, amincies au point de fixation au fond de la loge et divisées par trois cloisons transversales.

39. Amphiroa multifida Kg. *Tab. phyc.* Band VIII, p. 27, t. 56, f. I. — Var. minor Kg. *in litt.* — Coll. n° 37 et 38.

Obs. Celle-ci est encore une espèce propre à la végétation sous-marine du cap de Bonne Espérance. M. Kutzing fait remarquer en note que cette corallinée pourrait bien n'être qu'une des formes de l'A. *cultrata* Harv., espèce très-polymorphe.

Dans tous les cas, nos échantillons, d'un peu plus d'un centimètre de haut, sont chargés de conceptacles ; et comme les spores n'ont été ni décrites, ni figurées par M. Harvey, mais seulement par M. Kützing, nous pouvons donner ici les dimensions des uns et des autres. Les premiers sont phialiformes dans leur coupe, à col plus ou moins allongé; leur longueur varie entre 1|2 et 2|3 de millim. Les spores transversalement triseptées, placées dans la loge de manière à être dressées, sont amincies au point d'attache, puis botuliformes, le segment supérieur étant arrondi et un peu plus ample ; elles mesurent en longueur 117 millimillim. et en diamètre 33 millimillim.

40. AMPHIROA UNGULATA M. et M. mss. : fronde ima basi tereti, mox complanata irregulariter di-subtrichotoma, ramis suberectis, articulis inferioribus teretibus, mediis oblongis compressis raro subcuneatis, terminalibus dilatatis margine semiorbiculari discolori sulco conformi impressis, conceptaculis utrinque congestis minutis. — Coll. n° 29. — (Pl. XXV, f. 4.)

DESC. La fronde, longue de 3 centim., cylindrique à la base, à articles assez courts, devient de plus en plus plane à mesure qu'elle s'élève, et ses articles, qui sont oblongs, ou légèrement cunéiformes, ont une longueur de 1 à 1|2 millimètre. Les derniers, ceux qui terminent les rameaux de cette algue et lui impriment un caractère propre, sont dilatés en raquette ou en sabot de cheval et arrondis en leur bord blanchâtre, qui tranche sur la couleur pourpre ou rosée du reste de la plante, et ce bord est creusé d'un sillon très-apparent qui en suit le contour.

Nous devons ajouter que cet article étalé est quelquefois double ou triple, c'est-à-dire que l'avant-dernier article de la fronde en porte deux ou trois de la forme que nous venons de décrire.

Notre *Amphiroa* est chargé de nombreux conceptacles qui en envahissent tous les articles, excepté le dernier destiné à continuer la fronde. On peut dire de ceux-ci qu'ils en sont surchargés, encombrés même. Ces conceptacles renferment de 5 à 8 spores pédicellées, oblongues ou obovales, divisées en quatre par des cloisons transversales. De nombreux individus de *Biddulphia australis* Mntg. couvraient cette espèce.

41. AMPHIROA (Cheilosporum) ACUTILOBA Decn. *Corall.* in *Ann. Sc. nat.*, 2e sér. (1842), t. XVIII, p. 125 : Cæspitosa, pulvinata; fronde irregulariter dichotoma, basi cylindracea superne complanata arti-

culata, articulis inferioribus teretibus diametro subduplo longioribus mox obcordatis, lobis acutis subulatisque patenti-erectis, margine interiori conceptaculigeris; sporis ex oblongo obovoideis transverse triseptatis, quadrilocularibus. Nob. — Coll. n° 41.

Desc. La fronde a environ 3 à 4 centim. de longueur; elle est dichotome, mais fort irrégulièrement, et s'étale en éventail au sommet, où elle mesure la même dimension en largeur. Elle s'élève d'une sorte de réseau à mailles cylindriques qui rampe fixé aux rochers. De là, la forme que conservent les articles inférieurs, lesquels en changent bientôt pour s'aplatir et prendre celle d'une espèce de cœur. De chaque côté du sommet s'élève un lobe très-aigu plus ou moins patent et même subulé, dont la pointe est distante de celle du côté opposé d'environ un millim. à un millim. et demi.

C'est sur le côté intérieur de ce lobe que se montre le conceptacle, qui y forme une saillie fort apparente. Ce conceptacle fructifié (et les nôtres sont très-nombreux) est oblong dans une coupe et rétréci en col au sommet, où il s'ouvre par un pore. De son fond s'élèvent quatre spores oblongues un peu atténuées à la base, longues de 11 à 12 centimillim., et grosses de 5 centimillim. au sommet, séparées en quatre par trois cloisons transverses. La tige principale et les rameaux ont leur dernier article couronné par un rudiment d'article d'abord globuleux, mais qui prend peu à peu la forme d'une poire pour devenir sans doute à son tour un article semblable aux inférieurs.

Obs. Nous avons décrit peut-être un peu minutieusement cette jolie Corallinée qui n'était encore connue que par une phrase diagnostique, et ce n'est pas sans motif que nous l'avons fait. M. Harvey, dans sa *Nereis australis*, p. 101, t. XXXVIII, a publié sous le nom d'*Amphiroa elegans*, mais cinq ans plus tard, une espèce que nous avons sous les yeux et que l'illustre phycologiste de Dublin avoue lui-même être : *Near allied to A. acutiloba, but longer and more robust*. Ajoutons que ces deux espèces proviennent, la nôtre de Bourbon, et la sienne de Maurice. Nos exemplaires du cap Vert (*Flor. Gorgonea*, n° 37, sub *Cheilosporo*) ne sont pas différents.

42. CORALLINA POLYDACTYLA M. et M. mss. : fronde pollicari rigida, primaria irregulariter dichotomo-divisa ambitu flabelliformi ramis bipinnatis, pinnis secundariis multifidis, articulis inferioribus teretibus, mediis supremisque complanatis obovato-cuneatis apice sinuoso truncatis diametrum maximum longitudine superantibus medio conceptaculigeris, pinnis ultimis ex apice plures (3 ad 5, unde nomen) ramulos filiformes acutos subæquales proferentibus. — Coll. n° 9 (1). — (Pl. XXV, f. II.)

DESC. D'un lacis inextricable de frondes radiciformes, rampantes sur les rochers, s'élèvent des espèces de touffes (*cespites*) de frondes cylindriques, hautes de près de 3 centim., simples d'abord, puis plusieurs fois irrégulièrement dichotomes, comprimées, étalées en éventail et chargées sur leurs bords de pinnules de même forme et articulées comme elles. Les rameaux et le sommet des frondes sont souvent prolifères et se terminent par un appendice rameux et cylindrique. A mesure que la fronde s'élève, les articles s'élargissent en s'aplatissant de manière que dans le haut, avec la forme en coin, qui est propre à un grand nombre d'espèces de ce genre, ils acquièrent une hauteur et une largeur, à leur sommet sinueux, d'environ un demi à deux tiers de millim. Mais ce qui caractérise surtout cette algue et la distingue du *C. rosea* Lamx. dont nous l'avions rapprochée, ce sont les courts ramules qui comme les phalanges d'une main de squelette surgissent du haut de l'article tronqué et lui donnent un facies particulier.

La plante, d'abord rouge, pâlit peu à peu avant de devenir tout à fait blanche. Les conceptacles, en forme de phiole, occupent le milieu des articles supérieurs de la plante; ils renferment plusieurs spores dressées dont nous indiquons les dimensions dans l'explication des figures.

OBS. Nous avions adressé cette Corallinée à M. Kützing pour lui demander s'il la reconnaissait pour sa *C. rosea;* il nous répondit que non et qu'elle devait sans doute former une nouvelle espèce. Nous nous sommes rendus à son avis éclairé :

(1) Dans beaucoup d'individus, la fronde est prolifère au sommet, et ses prolifications sont cylindriques, rameuses, à courts articles, comme Kützing a représenté sa *Corallina palmata*.

43. Jania rubens Lamx. Var. concatenata Kg. *Tab. phycol.* Band VIII, t. LXXXIV, f.[e] iv. — Coll. n°s 5, 10, 12 et 61.

44. Laurencia papillosa (Forsk.) Grev. Montg. *Voy. Pole Sud*, p. 124. — *Chondria thyrsoïdea* Mart. *Fl. Bras.* I, p. 30. — Montag. *Cuba, Cryptog.* p. 42. — *Fucus* Turn. *Hist. Fuc.* t. XIX. — Coll. n° 42.

45. Laurencia obtusa Lamx. *Essai*, p. 142. —Turn. l. c. t. XXI. Sub *Fuco*. — Harvey, *Phyc. Brit.* Pl. CXLVIII. — Coll. n° 49.

46. Laurencia perforata (Bory) Montag. *Canar.* p. 155; *Sylloge*, p. 427. — *Fucus perforatus* Bory, *Essai sur les îles Fortunées*, p. 305, f. B, C, exclus. A. — Coll. n° 71.

Obs. Nous avons trouvé un seul individu de cette espèce dans la touffe du *Dictyosphæria enteromorpha.*

47. Digenea simplex (Wulf.) Ch. Ag. *Sp. Alg.* I, p. 389. — Suhr, *Flora*, 1836, f. xxxiv. — Harv. *Ner. Bor. Amer.* II, t. XIII. — Montag. *Florul. Gorgon.* in *Ann. Sc. nat.* 4e sér. t. XIV, p. 217. — Coll. n° 27.

Obs. Nous avons fait toutes ces citations pour les botanistes qui désireront suivre l'histoire de cette algue, dont Suhr avait, avant nous, fait connaître le fruit tétrasporique, et dont l'un de nous a pu, sur des exemplaires cueillis dans l'une des îles du cap Vert, par M. Bolle, observer et décrire les conceptacles et les anthéridies.

48. Acanthophora Thierii Lamx. *Essai*, p. 44, et *Dissertat.* t. XXX et XXXI, f. i. — Coll. n° 70.

49. Acanthophora muscoides (L.) Grev. *Chondria* Ch. Ag. *Sp. Alg.* p. 361, et *Icon. Alg. Europ.* t. XVIII. — Coll. n°s 45 et 56.

50. Epineuron fraxinifolium (Mert.) Harv. *Lond. Journ. of Bot.* 1845, p. 532, et *Phycol. Austral.* t. CXXIV. — Turn. *Hist. Fuc.* t. 193. — *Amansia* Ag. I, p. 194. — Coll. n° 28.

Obs. Les exemplaires, dépouillés par un acide d'un *Melobesia* qui les salissait, se sont montrés en bel état de fructification. Mais ce qui nous a rendu le numéro bien plus précieux encore, c'est que nous y avons trouvé un petit *Rhodymenia* nouveau que nous nous empressons de dédier à notre jeune et zélé collaborateur.

CHLOROSPERMÉES.

51. Sphacelaria furcigera Kg. *Tab. Phyc.* Band. V, p. 27, t. XC, f. 2. — Coll. nº 12.

Obs. Cette algue parasite couvrait la base d'un Sargasse en compagnie de la variété *concatenata* du *Jania rubens*. Un échantillon type que nous tenons de la générosité de M. Lenormand, qui l'avait communiqué au savant phycologiste prussien, nous a mis à même, par la comparaison des deux plantes, de nous prononcer sur leur identité.

52. Cladosiphon Frappieri M. et M. mss. : fronde atro-virente cylindracea solida ! repetito-dichotoma gelatinoso-lubrica ramosissima, ramis patenti-erectis sensim attenuatis, ultimis furcatis, filis periphericis horizontalibus di-trichotomis crassis, oblongis vel ovato-clavatis, ultimis minutis clavulatis multifidis; sporis..... — Coll. nº 23. — (Pl. XXVI, f. 1).

Desc. Fronde fixée au rocher par un épatement et successivement divisée ensuite en de nombreuses dichotomies qui lui donnent l'aspect d'un corymbe ou le port d'un arbre nain fort touffu. Sa hauteur atteint 4 à 5 centimètres, et son tronc principal mesure en diamètre plus d'un millimètre à l'état sec, pour s'atténuer peu à peu, en se divisant de façon à n'avoir plus que la grosseur d'une soie de sanglier. Si on la laisse quelques instants dans l'eau, elle se ramollit, se gonfle, devient gluante, et adhère fortement au papier sur lequel on l'étend. Quant à sa structure, l'axe est composé de nombreux filaments longitudinaux dont il est facile de distinguer le tube dans une section transversale, et desquels rayonnent, pour former la couche corticale solidifiée par la présence d'un mucilage, d'autres filaments perpendiculaires aux premiers. Ces filaments corticaux ont un calibre considérable à leur naissance, environ 15 millimillimètres de diamètre, et une longueur double de ce diamètre. La forme des cellules concaténées en collier est oblongue, un peu en massue, et se termine par d'autres cellules partant du sommet comme palmatifides ou même multifides, mais très-fluettes et aussi en massue non cloisonnée. Nous n'avons trouvé aucune spore à leur aisselle, malgré de nombreuses investigations. Des verrues que nous avons trouvées çà et là, consultées par l'analyse pour en connaître la structure, ne nous ont montré non plus aucun fruit bien distinct.

Nous dédions cette algue à M. Frappier, de Bourbon, amateur d'histoire naturelle et zélé collecteur qui a aidé M. Maillard dans ses fructueuses excursions.

Obs. On sent sur-le-champ qu'ayant affaire à une algue dont la fronde solide n'offre l'apparence d'aucun tube axile, nous hésitions à la placer dans le genre *Cladosiphon*. Toutefois, à part cette circonstance, nous ne voyons que ce genre dont la structure puisse concorder avec celle que nous avons observée et décrite. Au lieu de créer un cadre nouveau, nous préférons imiter M. J. Agardh, qui, pour éviter la formation d'un nouveau genre, plaça parmi les *Myriocladia* une espèce du Cap dont la fronde solide semblait l'en exclure.

53. Hydroclathrus cancellatus. Bory. Montag. *Sylloge*, p. 398, *Fl. Alger.* emend. — Harv. *Ner. Bor. Amer.* I, p. 119, t. IX, f. A. — Coll. n° 4 et 55.

54. Encœlium sinuosum (Roth.) Ch. Ag. *Sp. Alg.*, p. 146. — Kg. *Sp. Alg.*, p. 552, et *Tab. phycol.*, Band. IX, tab. 8, f. I. — *Asperococus* Bory, J. Ag. — Coll. n° 57.

Obs. Un échantillon unique et à peine reconnaissable se trouve dans la collection.

55. Dictyota dichotoma Grev. *Alg. Brit.*. tab. X, f. 5. — Harv. *Phyc. Brit.*, t. CIII, fig. I. — Kg. l. c., t. X, f. I. — Coll. n° 22.

56. Cutleria compressa Kg. *Sp. Alg.*, p. 559, et *Tab. Phyc.*, l. c., t. XLIII, fig. ii. — Coll. n° 33.

57. Padina Pavonia (L.) Gaill. Bory, *Voy. de la Coquille*, n° 42. — Grev. *Alg. Brit.*, p. 62, t. X. — Coll. n° 6.

58. Fucus serratus Lin. *Sp.* pl. II, p. 1626. — Turn. *Hist. Fuc.*, t. XC. — Harv. *Phyc. Brit.*, t. XLVII. — Coll. n° 21.

Obs. On avait mis en doute, au dire de M. J. Agardh, l'assertion de Suhr, qui avait signalé la présence de cette espèce sur les côtes du cap de Bonne-Espérance : elle est aujourd'hui confirmée par notre observation ; car, comme nous l'avons déjà dit, la végétation sous-marine de l'île de la Réunion est fort analogue à celle du Cap africain. Nous devons ajouter que notre exemplaire a été arraché aux rochers et non rejeté par les flots sur le rivage.

59. Cystosira...... — Coll. n° 78.

Obs. Il est impossible de déterminer une espèce de ce genre difficile, sur un fragment long comme le petit doigt.

60. Sargassum vulgare Ch. Ag. *Sp.* I, p. 3. — J. Ag. *Sp.* I, p. 342. — Grev. *Alg. Brit.*, p. 2, tab. I. — Turn. l. c., t. XLVI. — Harv., *Phyc. Brit.*, t. CCCXLIII. — Coll. n° 14.

Obs. Nous sommes restés quelque temps indécis sur la détermination de cette plante d'un des genres les plus embrouillés de la phycologie, et ce n'est qu'à force de chercher que nous avons enfin réussi à trouver quelques vésicules et des fruits, assez toutefois pour dissiper nos doutes.

Note du docteur Montagne. Puisque l'occasion s'en présente, je dois protester, dans l'intérêt de la vérité, contre la singulière confusion que M. J. Agardh me semble avoir opérée en réunissant à cette espèce comme variété, mon *S. polyceratium*, *Cuba*, *Crypt.*, p. 72, tab. I, qui offre un facies et des caractères si distincts. Certes, il n'est pas dans mes habitudes de multiplier les êtres sans nécessité, puisqu'un grand nombre de mes espèces ont été érigées en genres. Dans tous les cas, j'aimerais mieux distinguer que confondre, suivant en cela les principes fort judicieux professés par l'illustre père de notre savant critique.

« Si autem quæritur, *dit-il*, quid magis ad scientiam amplifican-
» dam et citius ad eam perficiendam conferat, contractio an sepa-
» ratio, unicuique manifestum est magis esse scientiæ noxiam
» contractionem quam separationem, etc.

» Ego itaque in re dubia mei esse officii potius distinguere
» quam contrahere duxi (1). »

61. Sargassum cristæfolium Ag. *Sp. Alg.* I, p. 13. — Montag., *Voy. Bonite*, *Cryptog.*, p. 42. — Kg. *Sp. Alg.*, p. 607. — *S. duplicatum* Bory, *Voy. Coquille*, p. 127. — Coll. n° 32, 43 et 59.

(1) Ch. Agardh, *Spec. Alg.* II, p. 53.

62. Sargassum lendigerum (L.) Ag. *Sp. Alg.*, I, p. 9. — Turn. *Hist. Fuc.*, t. LXVIII. — Coll. n° 54.

Obs. Nos exemplaires étant fructifiés, c'est une nouvelle localité à ajouter à celles déjà connues.

63. Sargassum Gaudichaudii Montag. 3e *Centur.* n° 52, et *Voy. Bonite, Crypt.*, p. 48, pl. cxli. — *Carpacanthus Gaudichaudii* Kg. *Sp. Alg.*, p. 623, et *Tab. phyc.* Band XI, t. XXXIX, f. i. — Coll. n° 40.

64. Sargassum Figarianum DNtrs. *Algologia del mar Rosso*, etc., p. 20. — Zanard., *Plantarum in mari Rubro hucusque collect. enumeratio*, p. 23. Venetiis, 1858. — Coll. n° 79.

EXPLICATION DES PLANCHES.

Planche XXIV.

Fig. I. Phyllophora Maillardi M. et M. *a*, portion d'une fronde jeune de cette algue, pennée et de grand. natur.; *b*, pinnule de la même, grossie trois fois à peu près, pour montrer les frondicules ou prolifications qui partent de la nervure médiane; *c*, rameau de la même plante parvenue à l'âge adulte et vue, comme la fig. *a*, de grand. natur.; *d*, coupe transversale d'une fronde fort grossie, dans laquelle on peut voir trois conceptacles immergés et percés d'un pore au sommet pour l'émission des spores; *e*, un conceptacle également vu dans une coupe longitudinale, grossie environ 200 fois, dans le centre duquel on peut voir le glomérule de spores; *f*, quelques spores isolées et grossies 400 fois; *g*, coupe longitudinale de la fronde, vue au même grossissement, comme la suivante *h*, qui offre une coupe dans le sens horizontal.

PLANCHE XXV.

Fig. 1. DICTYOSPHÆRIA ENTEROMORPHA M. et M.; *a*, touffe de plusieurs individus réunis, vue de grand. natur., où l'on peut voir saillir en *b*, *b*, les espèces de radicelles qui les fixent au rocher; *c*, un individu isolé, un peu grossi; *d*, forme hexagonale des cellules très-grossies.

Fig. 2. CORALLINA POLYDACTYLA M. et M. *a*, un individu isolé de la touffe et représenté de grand. natur.; *b*, sommet d'un rameau penné, grossi 4 fois; *c*, un article de la tige principale grossi 15 fois, au sommet duquel se voit par transparence le conceptacle ovoïde et atténué en col.; *d*, un autre article surmonté d'une corne à droite et à gauche, et fructifié comme le précédent; *e*, trois spores isolées grossies 80 fois; elles ont une longueur de 17 centimillim., et un diamètre de 25 millimillim.

Fig. 3. RHODYMENIA MILLARDETII Montag. *a*, algue entière, étalée et vue de grand. natur.; *b*, coupe d'une fronde grossie 220 fois pour en montrer la structure; *c*, coupe verticale passant par l'axe du conceptacle, grossie environ 30 fois; *d*, spores sériées partant du fond de celui-ci et rayonnant vers l'hémisphère supérieur, vues à un grossissement de 200 fois.

Fig. 4. AMPHIROA UNGULATA M. et M. vu en *a*, à un grossissement de 3 fois en diamètre; *b*, extrémité d'un rameau grossi 8 fois pour montrer la singulière forme de l'article qui le termine et les nombreux conceptacles qui le rendent rugueux; *c*, coupe transversale de ce rameau passant par l'axe des trois conceptacles *d*, *d*, *d*, fructifiés et grossis 40 fois; *e*, un de ces conceptacles ouverts vu de profil et à un grossissement d'environ 100 fois et du fond duquel s'élèvent les spores. On voit en *f* 5 de ces spores détachées et grossies environ 200 fois.

PLANCHE XXVI.

Fig. 1. CLADOSIPHON FRAPPIERI M. et M. *a*, deux individus partant du même point et vus de grand. natur.; *b*, coupe transversale d'une fronde grossie 10 à 12 fois; *c*, autre coupe longitudinale de la même, grossie 150 fois; *d*, coupe horizontale vue au même grossissement.

Fig. 2. PACHYCARPUS MORELII M. et M. *a*, algue vue de grand. natur.; *b*, coupe de la fronde de façon à en montrer le tissu et la place des tétraspores en *c*.

PLANCHE XXVII.

Fig. 1. GELIDIUM SCOPARIUM M. et M. *a*, algue avant la transformation de l'extrémité des rameaux, et *b*, un autre individu après la transformation de ceux-ci, représentés de grand. nat.; *c*, extrémité d'un ramule transformé et grossi trois fois; *d*, coupe longitudinale de la fronde principale, grossie 220 fois; *e*, coupe horizontale de la même, vue au même grossissement et laissant apercevoir sur la couche corticale externe cette masse de filaments serrés dont nous avons parlé dans la description; *f*, enfin une portion détachée de cette couche corticale montrant les filaments verts en *g*, et les granules qu'ils renferment sériés en *h* : cette figure est grossie 250 fois.

Fig. 2. POLYCLADIA COMMERSONII Montg. *a*, un rameau de grand. nat. *b*, coupe transversale de la fronde grossie 200 fois en diamètre; *c*, coupe longitudinale au même grossissement.

ANNEXE P

DE L'OUVRAGE INTITULÉ :

NOTES SUR L'ILE DE LA RÉUNION

PAR L. MAILLARD.

BOTANIQUE PHANÉROGAMIQUE,

PAR

M. DUCHARTRE,

MEMBRE DE L'INSTITUT.

GENRE MAILLARDIA DCTRE.

Ce genre nouveau, dont la place est dans la famille des Artocarpées, avait été distingué par M. Frappier, qui habite l'île de la Réunion, et il avait reçu de ce botaniste, dans des notes manuscrites dont j'ai eu communication, la dénomination que je suis heureux de pouvoir lui conserver. Ce n'est que justice, en effet, en le dédiant à M. Maillard, de signaler à la reconnaissance des naturalistes le nom de l'homme distingué qui, mû par un zèle des plus louables, a consacré, pendant une longue suite d'années, à la recherche des productions naturelles de l'île de la Réunion, tout le temps dont les fonctions éminemment absorbantes d'ingénieur colonial lui permettaient de disposer.

La place du genre *Maillardia* dans la famille des Artocarpées me semble peu difficile à déterminer, selon la division établie pour ce groupe naturel par M. Trécul dans sa Monographie (1); il rentre dans la tribu des Olmédiées, que caractérisent un ovule pendant et des fleurs femelles, tantôt solitaires, tantôt nombreuses, portées sur un réceptacle plan ou légèrement concave, qui porte extérieurement des écailles imbriquées. Il vient s'y ranger entre les deux genres à

(1) *Mémoire sur la famille des Artocarpées;* Annal. des scienc. natur., 3e série VIII, pp. 38-157, pl. I à VI.

fleur femelle solitaire, *Olmedia* Ruiz et Pav. et *Pseudolmedia* Trécul (loc. cit., p. 129), entre lesquels il semble être intermédiaire par son ovaire à demi infère, cet organe étant supère dans le premier de ces genres et tout à fait infère dans le dernier. Mais il se distingue au premier coup d'œil de l'un et de l'autre par son inflorescence mâle qui forme un épi plus ou moins allongé, tandis que celle des *Olmedia* et *Pseudolmedia* est ramassée sur un réceptacle plan ou peu concave qu'entoure un involucre; il diffère, en outre, des *Olmedia* par son calice non tubulé, par ses anthères introrses seulement dans le bouton, par la demi-adhérence de son ovaire, et des *Pseudolmedia* par ce dernier caractère, par ses anthères non apiculées, etc. J'ajouterai que les deux genres *Olmedia* et *Pseudolmedia* appartiennent exclusivement à l'Amérique tropicale, tandis que le *Maillardia* paraît être propre à l'île de la Réunion.

Voici les caractères du genre *Maillardia* :

Ses fleurs sont dioïques. Les mâles forment des épis axillaires, pédiculés, solitaires ou géminés, serrés, cylindriques ou un peu épaissis vers le sommet, quelquefois presque globuleux, dans lesquels l'axe reste nu d'un côté, sur une ligne longitudinale. Ces fleurs sont entremêlées de petites écailles orbiculaires et peltées. Elles offrent un calice quadrifide ou quadripartite, à lobes égaux, larges, ovales, obtus, imbriqués dans le bouton, concaves, finalement étalés; quatre étamines opposées aux lobes du calice, libres, hypogynes, dont le filet subulé, aplani d'un côté, infléchi dans le bouton et se redressant brusquement à l'anthèse, porte une anthère introrse dans le bouton et plus tard extrorse, à deux loges d'abord renflées et réniformes, contiguës, puis séparées et divergentes dans leur moitié inférieure. Au centre de la fleur, un rudiment de pistil se montre informe et chargé de poils blancs. Les fleurs femelles sont solitaires, axillaires, entourées à leur base d'un involucre à deux ou trois rangées de petites bractées ovales, imbriquées; elles ont un calice gamosépale, ovoïde, dont l'étroit orifice est bordé de quatre petites dents; un ovaire inclus, à demi infère, uniloculaire, qui renferme un seul ovule suspendu, anatrope; un style court, continu, qui dépasse le calice et qui se divise à son sommet en deux longues branches stigmatiques étalées, subulées, chargées, sauf à leur face inférieure, de longues papilles piliformes, unicellulées. Le fruit charnu résulte de la confluence du calice avec l'ovaire accru ; il est globuleux, légèrement déprimé, relevé de quatre côtes longitudinales peu prononcées, apiculé par suite de la persistance de la base du style ; il est accompagné des folioles de l'involucre qui ont persisté. La graine a deux téguments crustacés, fragiles, gris, luisants ; elle renferme un embryon à radicule supère, très-courte, à cotylédons très-inégaux, et pas d'albumen.

Ces caractères peuvent être résumés de la manière suivante :

MAILLARDIA Frappier et Dctre (Genus novum).

Flores dioici. *Masculi* spicati : spicæ cylindracæ, solitariæ vel geminæ, densæ, axi longitrorsum lineatimque uno latere denudata ; squamæ minutæ, orbiculares, *peltatæ*, floribus interpositæ ; calyx 4-fidus vel 4-partitus, æqualis ; stamina 4, hypogyna, filamento primum inflexo, sub anthesi elastice arrecto, anthera floris expansi extrorsa, obtusa, loculis 2 inferne sagittatim divergentibus. Flores *feminei* axillares, solitarii, involucro polyphyllo, 2-3-seriatim imbricato basi stipati : calyx ovoideus, gamosepalus, ore minuto 4-denticulato pervius ; ovarium semi-adhærens, 1-loculare, ovulo unico, anatropo, ex apice loculi pendulo fœtum ; stylus continuus, brevis, exsertus ; stigmata 2 elongata, subulata, facie infera nuda, superne velutino-papillosa. Drupa globosa, subdepressa, apiculata, obsolete 4-costata, e calyce cum ovario coadunato conflata, 1-sperma ; seminis integumentum duplex, crustaceum, fragile ; embryonis radicula brevissima, supera, recta, cotyledones valde inæquales, altera conglobata, maxima, quasi complicata, alteram minimam, appressam, planam fovente.

L'espèce unique de ce genre était nommée par M. Frappier, dans ses excellentes notes manuscrites, *Maillardia lancifolia*. Cette dénomination spécifique ne rappelant qu'imparfaitement la configuration la plus habituelle des feuilles de cet arbre, j'y substituerai celle de *Maillardia borbonica*, destinée à mettre en relief ce fait curieux de géographie botanique que ce genre est, à ma connaissance, le seul de sa tribu qui soit étranger à l'Amérique.

Le *Maillardia borbonica* Dctre. est un arbre de proportions généralement faibles, mais qui parfois deviennent beaucoup plus considérables. Il possède un suc laiteux. Son écorce, de couleur claire, présente un grand nombre de lenticelles qui, sur les jeunes rameaux, sont circulaires ou un peu allongées dans le sens longitudinal et en rendent la surface fort inégale. Ses rameaux alternes sont arrondis, glabres comme toute la plante. Ses feuilles sont alternes, distiques, pétiolées ; leur pétiole est long, en moyenne, de 0m 01, demi-cylindrique, canaliculé en dessus ; leur limbe est généralement ovale, longuement acuminé, entier, long de 0m 07 ou 0m 08, large de 0m 035 à 0m 04 ; parfois il s'allonge notablement en se rétrécissant et devient ovale, lancéolé ou même oblong, presque rubané, à côtés parallèles ; dans ce dernier cas, j'en mesure plusieurs qui ont 0m 14 de longueur sur 0m 035 au plus de largeur, et dont l'acumen, encore plus brusquement formé que de coutume, atteint 0m 025 de longueur. Ces feuilles sont coriaces, luisantes, d'un beau vert en dessus, d'un vert pâle en dessous ; de leur côte médiane, qui est proéminente à la face inférieure, partent presque perpendiculairement des nervures parallèles entre elles qui vont se réunir en arceau, à leur extrémité, en une nervure submarginale, et celle-ci se rattache, à son tour, par des veines secondaires à une nervure rigoureusement marginale ; chaque espace circonscrit par deux nervures parallèles est occupé par un réseau de veines et veinules à mailles anguleuses. Dans leur première jeunesse, les feuilles du *Maillardia* sont enveloppées par deux stipules longues d'environ 0m 005, presque latérales, linéaires-lancéolées, embrassantes à leur base, qui tombent de bonne heure, laissant à la base de chaque pétiole deux cicatrices bien visibles.

L'épi mâle a de 0m 03 à 0m 04 de longueur ; le pédoncule qu'il termine est long de 0m 01, grêle, et il porte, dans sa longueur, 2 ou 3 fort petites bractées ovales, espacées. Les fleurs qui le forment sont très-nombreuses et très-petites, chacune d'elles n'ayant guère qu'un demi-millimètre de diamètre.

La fleur femelle est aussi fort petite ; elle surmonte un pédoncule grêle, long de 0m 005 environ, et qui porte, dans sa longueur, 2 ou 3 très-petites bractées ovales, espacées. Tout entière, c'est-à-dire de sa base à l'extrémité des stigmates, elle n'a que 4 à 5 millimètres de longueur.

Le fruit est d'un rouge de corail à sa maturité. Il a le volume d'une petite cerise. M. Frappier le compare à une baie de Caféier pour sa grosseur, sa forme et même pour la saveur de sa pulpe.

Le *Maillardia borbonica* Dctre. croît naturellement dans les forêts de l'île de la Réunion, à l'altitude de 500 à 1,200 mètres; il est commun dans la localité appelée Grand-Tampon, près de Saint-Pierre. On le nomme vulgairement *Bois de Sagaie*, *Bois de Requin*, *Bois de Gaillard*, *Bois de Maillet*.

DUCHARTRE.

TABLE DES MATIÈRES.

PREMIÈRE PARTIE.

Q

DEUXIÈME PARTIE.

ANNEXES.

PLANCHES.

SAINT-CLOUD. — IMPRIMERIE DE Mme Ve BELIN.

ERRATA DES ANNEXES

LISTE DES OISEAUX.

Ligne 28, Æquinoctealis, *lisez*: Æquinoctialis.
— 33 à la fin, *supprimez* : Tn.

ANNEXE *A*.

Planche XVI (fig. 1). Echinoneus Crassus, Agassiz. *Lisez:* Planche XVI. Echinoneus Crassus, Agassiz (fig. 1).

ANNEXE *B*.

Ligne 18, ou par la, *lisez:* et par la.

ANNEXE *C*.

Pag. 2, lig. 4,	Greisoïde,	*lisez :*	griseoïde.
— 9 — 18 et 30,	Sicydium,	—	sicydiums.
— 10 — 2, 4, 10 et 22,	— d. —	—	— d. —
— 24, N° XVII,	Doules,	—	Dules.
— 27 — LXXIX,	Cobius,	—	Gobius.
Ajoutez page 29,	CXV bis		*Aseraggodes*, Kp.
—	264 —		A. guttulatus, Kp.

Plusieurs noms vulgaires sont à ajouter, savoir : au n° 1, Flamme; n° 2, Vivaneau-flamme; n° 11, Barbier; n° 54, Beauclair du large; n° 90, Gueule pavée de l'île de France; n° 98, Capitaine blanc; n° 100, Capitaine Maurice; n° 128, Thon; n° 173, Sauteur; n° 241, Montbrun; n° 242, Montbrun blanc.

ANNEXE *F*.

Page 10, ligne 25. Depuis la publication de mon mémoire sur la Faune carcinologique de l'île de la Réunion, j'ai reçu de Vienne un travail de M. le docteur Heller, en date de 1861 (1), dans lequel il fait connaître sous le nom de Cryptochires Coralliodytes (Heller) le petit crustacé que j'avais décrit et nommé Lithoscaptus Paradoxus (F. 10). Il le range parmi les Cotometopes, à la suite des Plagusies et des Acanthopus, tandis que d'après l'Examen de la femelle, j'avais cru devoir le placer dans la famille des Raniniens. — On doit donc rayer des cadres zoologiques le nom de Lithoscaptus Paradoxus, pour le remplacer par celui que le docteur Heller avait donné antérieurement à cette espèce.

A. M. E.

ANNEXE *G*.

Pag. 12 lig. 7,	à la première,	*lisez*:	à la 1.
— 12 — 12,	produites,	—	produits.
— 39 — 31,	de la 3e	—	de la 3.
— 53 — 17,	etc.	—	et.
— 67 — 28,	en la plaçant,	—	en le plaçant.
— 72 — 8,	sur la première,	—	sur la 1.

(1) Docteur Heller. *Beitrage zur Crustaceen-Fauna des Prothen Meeres* (Wien. 1861).

R

ANNEXE *H*.

Pag. 2 lig. 11,	lateralim,	*lisez :*	lateralem.
— 5 — 11,	(médiocre)	—	(mediocre).
— 6 — 34,	elongato ovatus,	—	elongato-ovatus.
— 10 — 31,	subliineato,	—	subbilineato.
— 15 — 5,	longius oculis,	—	longiusculis.
— 15 — 9,	apicique,	—	apiceque.
— 16 — 4,	singula,	—	singulis.

ANNEXE *I*.

Pag. 22 lig. 13,	inuncanus,	*lisez :*	inuncans.
— 23 — 22,	nourrissaient,	—	nourrissent.
— 21 — 16,	au-dessus,	—	en dessus.
— 24 — 21,	sortent,	—	partent.

ANNEXE *J*.

Pag. 26 lig. 30,	roisième,	*lisez :*	troisième.
— 29 — 13,	Mada-	—	Madagas-

ANNEXE *N*.

Pag. 39 lig. 9,	*Borbonica*, Pl. I,	*lisez :*	*Borbonica*, Blanch.
— 39 — 10,	anim. Art. Pl. XII,	—	anim. Ins. Pl. XII, lig. 3.

ANNEXE *O*.

Pag. 11 lig. 8,	viridi-at,	*lisez :*	viridi-aut.
— 12 — 9,	sphœrococeo	—	sphœrococco.
— 13 — 14,	du détroit,	—	le détroit.
— 16 — 2,	1/2 et 2/3	—	1 1/2 à 2/3.

ANNEXE *P*.

Pag. 3 lig. 10,	cylindracæ,	*lisez :*	cylindraceæ.

PLANCHES.

Algues. Pl. XVII, *lisez* Pl. XXVII (sur les premières Planches parues).

A AJOUTER AUX ERRATA DE LA PREMIÈRE PARTIE.

Pag. 306 lig. 8,	1838,	*lisez :*	1836.
— 342 — 31,	revendiqué,	—	rédigé.

SAINT-CLOUD — IMPRIMERIE DE Mme Ve BELIN.

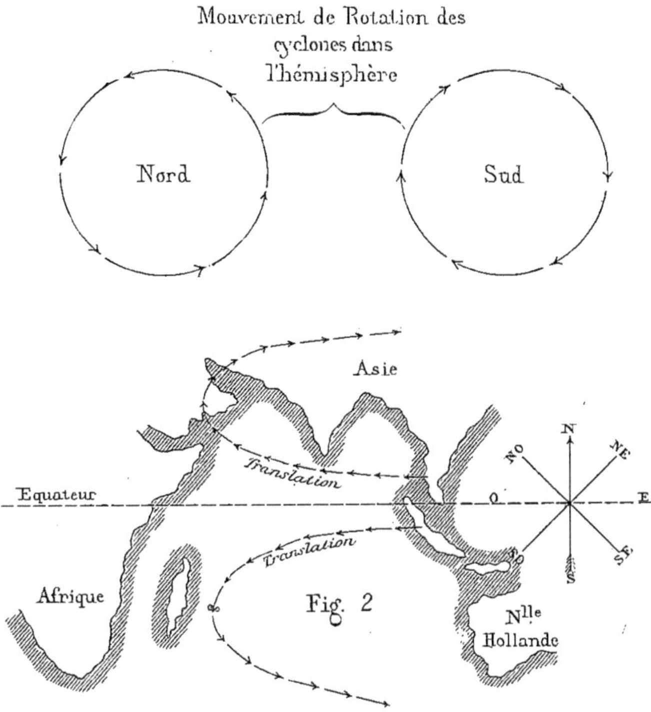

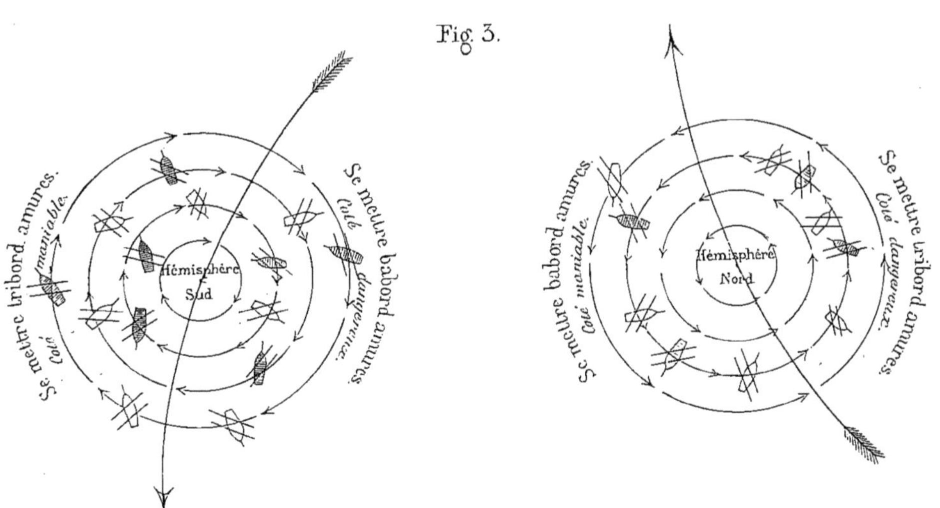

Les navires blancs sont sous les amures convenables pour ne pas masquer.

TABLEAU

comparatif des variations du Baromètre dans les Coups de vent et Ouragans.

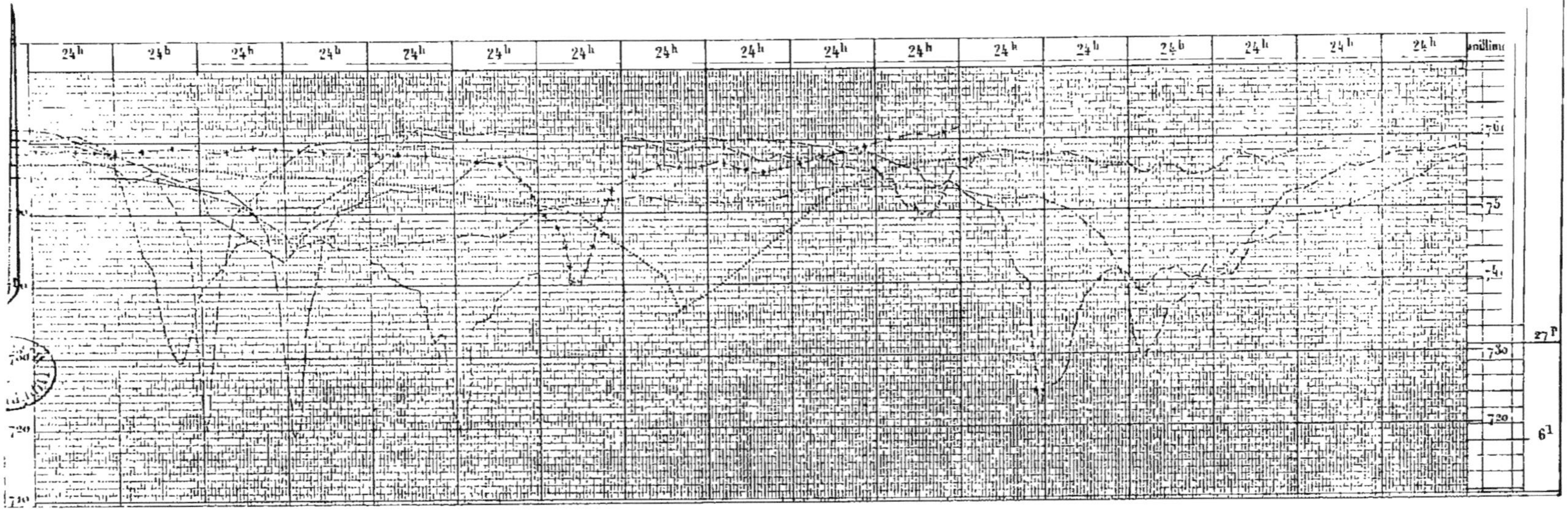

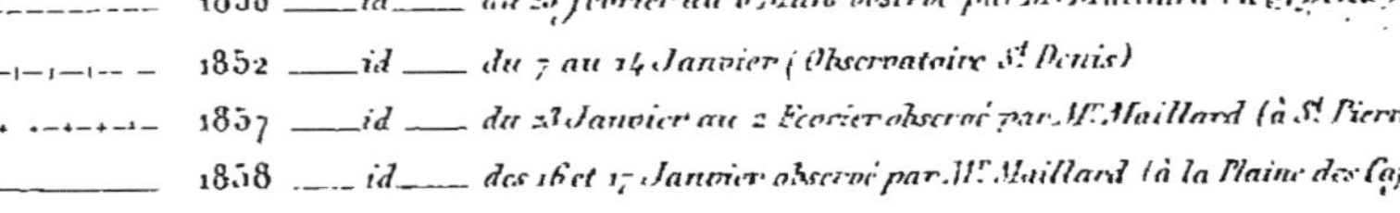

24h | 24h | 24h | 24h | 24h | 24h | 24h | 24h | 24h | 24h | 24h | 24h | 24h | 24h | 24h | 24h | 24h | millim

760 — 750 — 740 — 730 — 720 — 27P — 6l

1844 Coup de vent du 19 au 24 Fevrier observé par Mr Desmolières (à St Denis)
1844 — id — du 20 au 24 Fevrier observé par Mr Maillard (à St Benoit)
1844 — id — du 15 au 25 Decbre observé par Mr Desmolières (à St Denis)
1844 — id — du 18 au 22 Decbre observé par Mr Maillard (à St Benoit)
1847 — id — du 25 Janvier au 10 Fevrier observé par Mr Maillard (à St Denis)
1848 Coup de vent du 7 au 12 Mars observé par Mr Maillard (à St Denis)
1850 — id — du 25 fevrier au 6 Mars observé par Mr Maillard (à St Denis)
1852 — id — du 7 au 14 Janvier (Observatoire St Denis)
1857 — id — du 23 Janvier au 2 Fevrier observé par Mr Maillard (à St Pierre)
1858 — id — des 16 et 17 Janvier observé par Mr Maillard (à la Plaine des Cafres)

Pl. 1

Croquis à Echelles
Arbitraires.
A''
A'''
I
A'
A
R
R'
O
E
K
H
B
W
C
E'
D
R
E''
M
X
Niveau de la mer
R
E
A'
A
W
M
Niveau de la mer

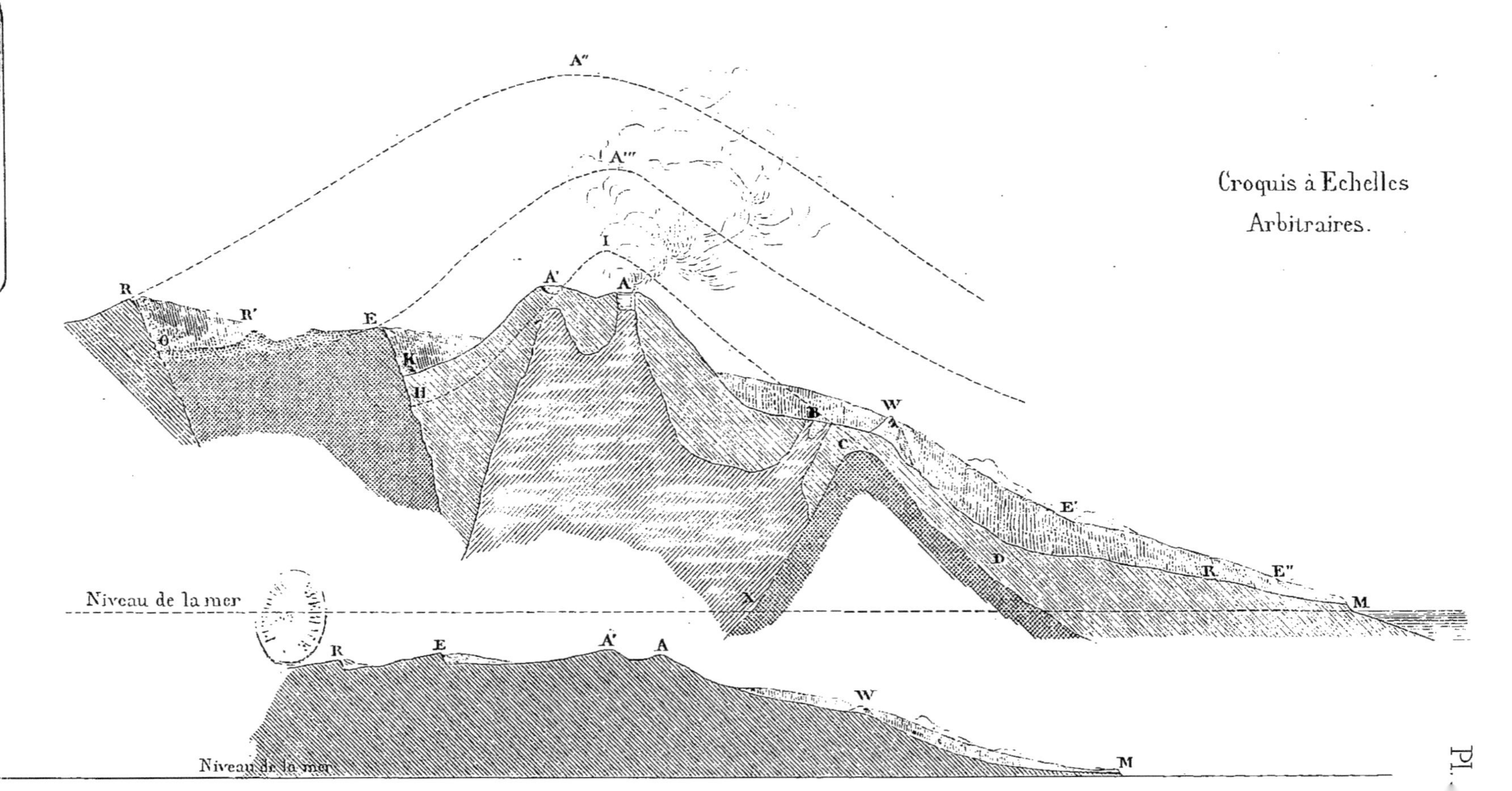

Pl.

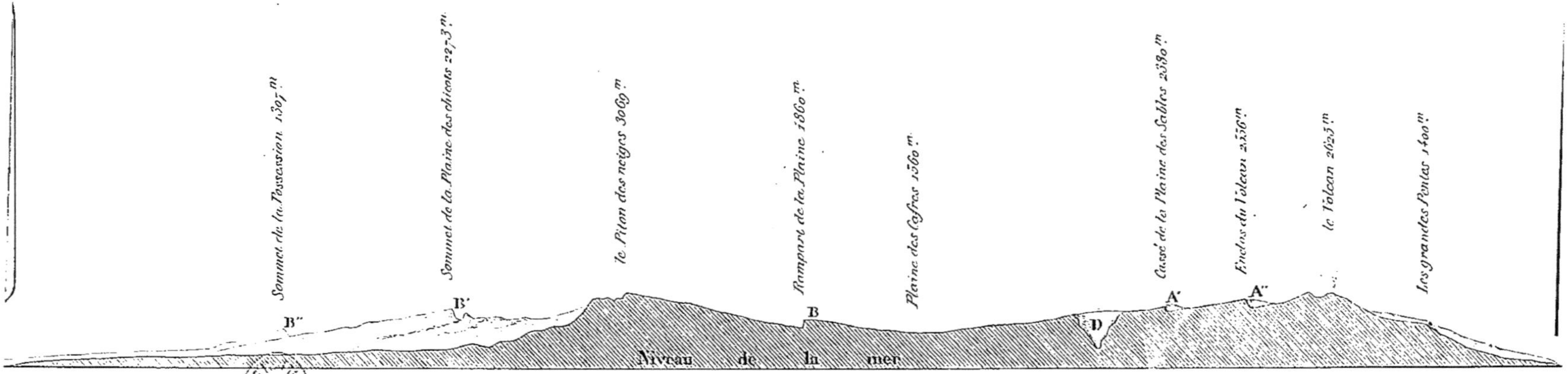

Sommet de la Possession 1307.m

B''

Sommet de la Plaine des chicots 2273.m

B'

le Piton des neiges 3069.m

Rampart de la Plaine 1860.m

B

Plaine des Cafres 1560.m

D

Cassé de la Plaine des Sables 2380.m

A'

Enclos du Volcan 2336.m

A''

le Volcan 2625.m

Les grandes Pentes 1400.m

Niveau de la mer

Coupe de l'Ile à travers le cirque de la Rivière des galets le Piton des neiges et le Volcan

$(\frac{1}{300.000})$

Canal intérieur des Coulées de laves.

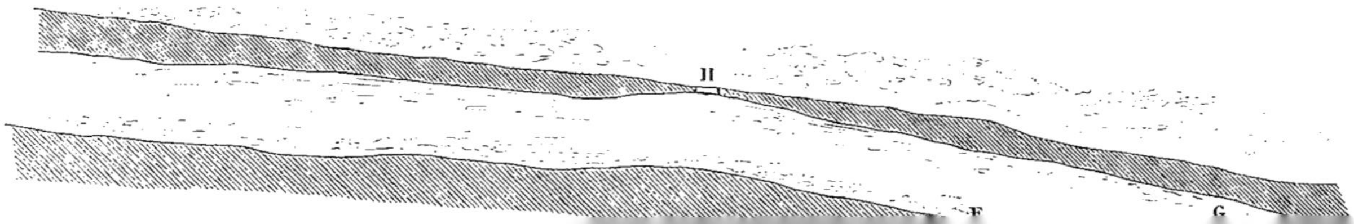

H

F

G

Pl. V.

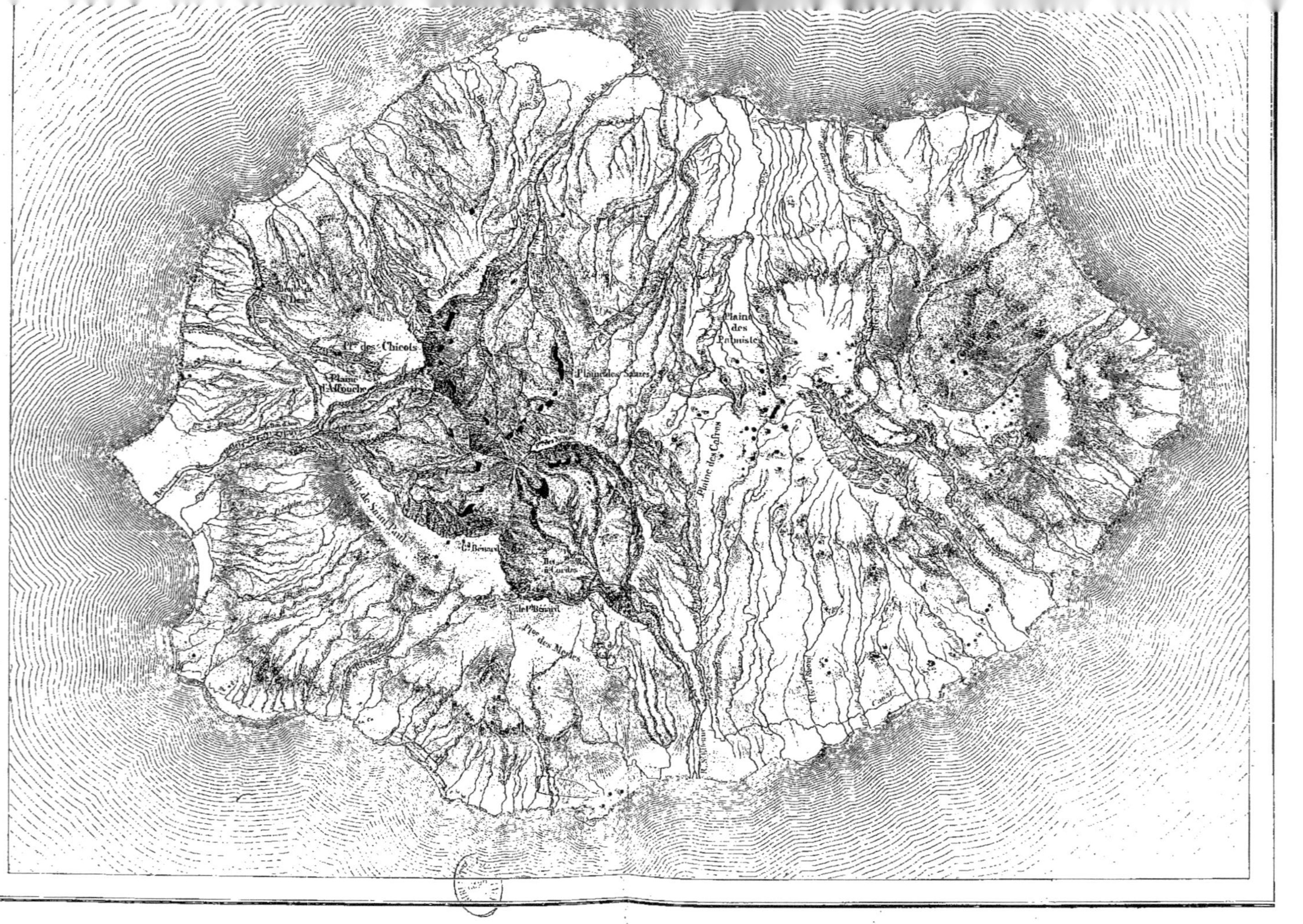
Pl.ne des Chicots
Plaine d'Affouche
Plaine des Salazes
Plaine des Palmiste
Plaine des Cafres

Extrait de la

Carta particolare dell mare de Lindie con la parte Tramontana de l'Isola S.to Lorenzo

(Fig. 1.) Coupe du cratère brulant

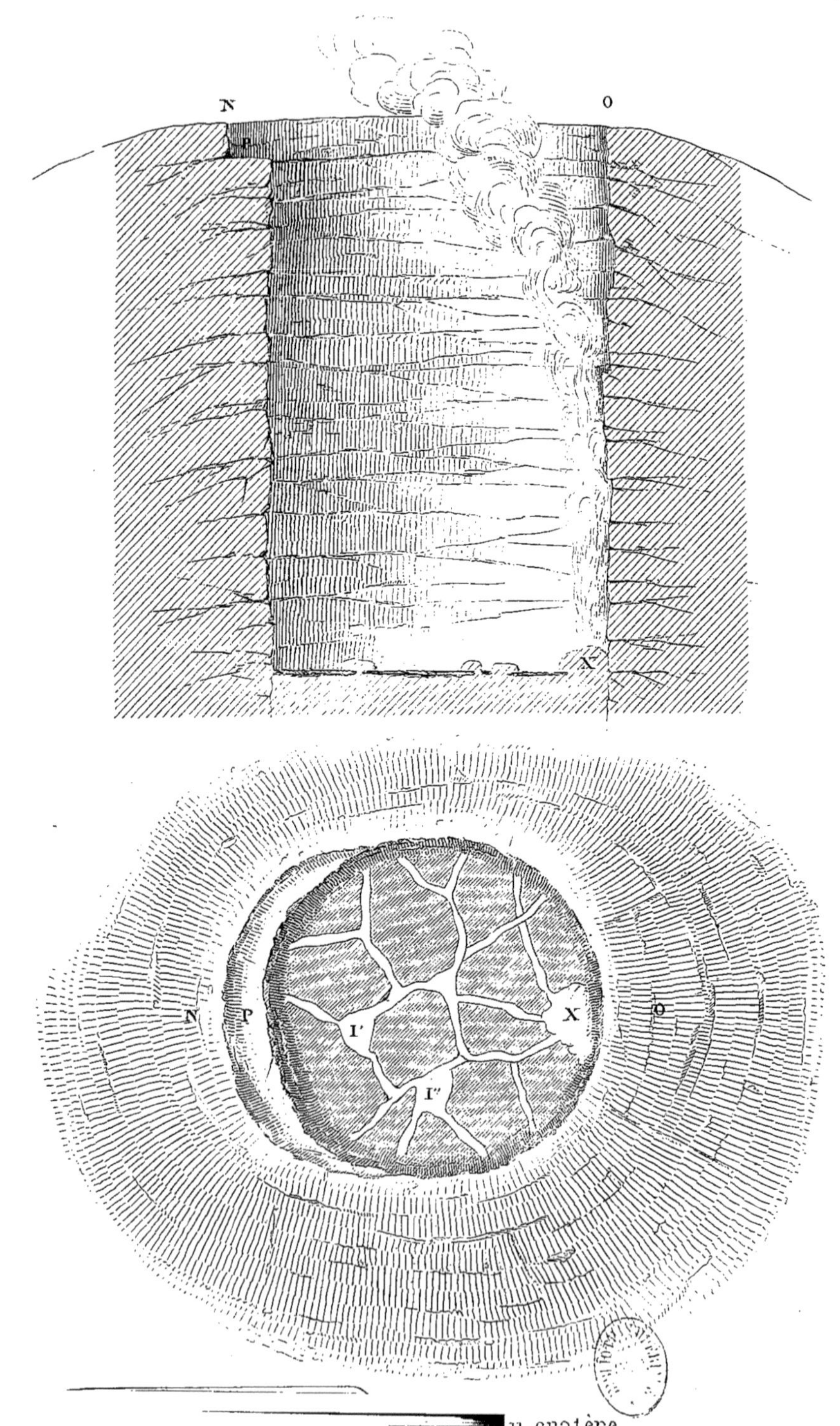

u cratère.

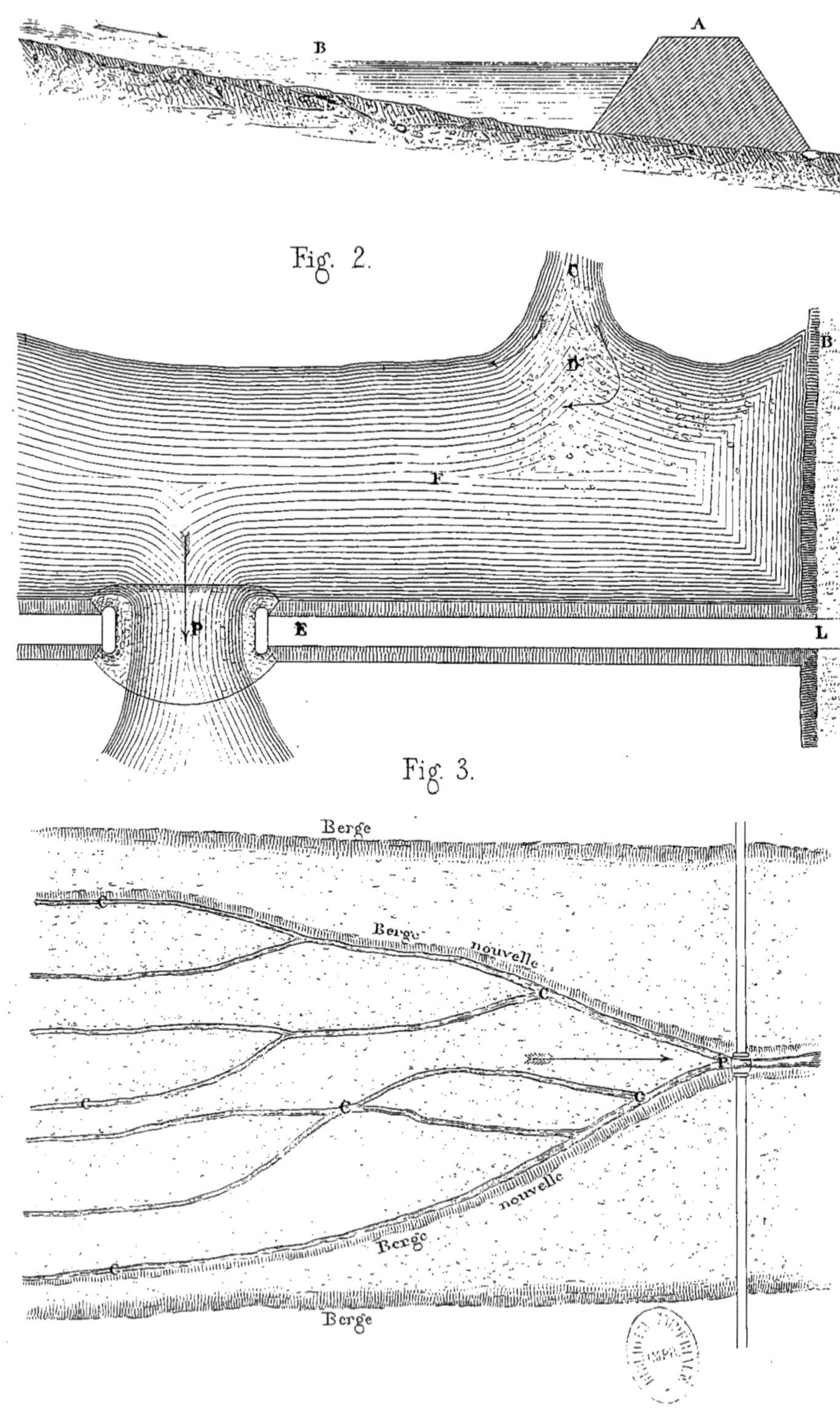

Fig. 1.
A
B
Fig. 2.
C
B
D
F
P
E
L
Fig. 3.
Berge
C
Berge
nouvelle
C
P
C
C
C
nouvelle
Berge
C
Berge

Fig. 4.

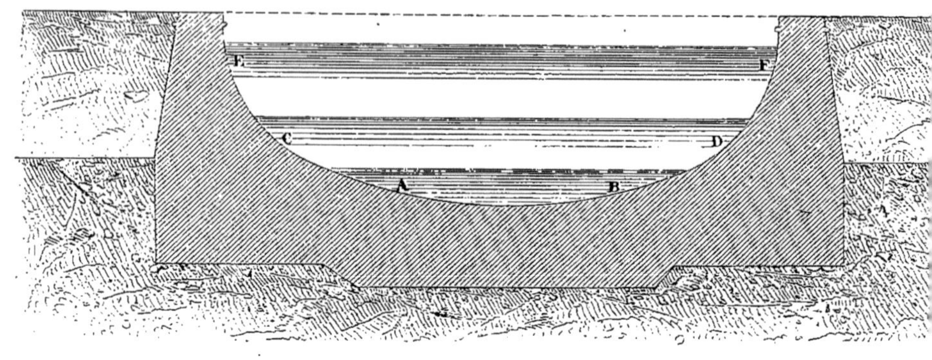

Fig. 5.

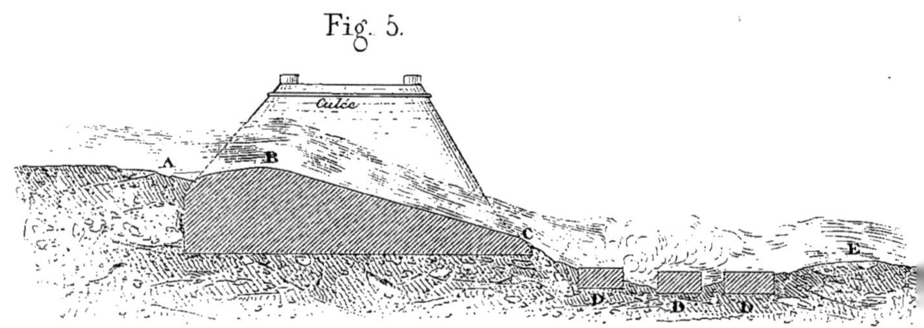

Fig. 6.

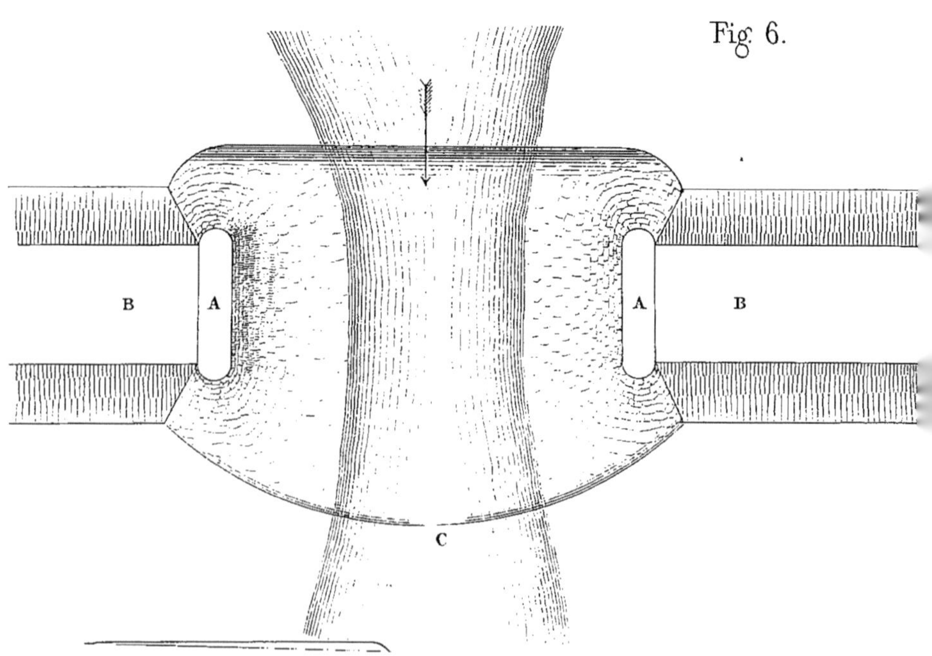

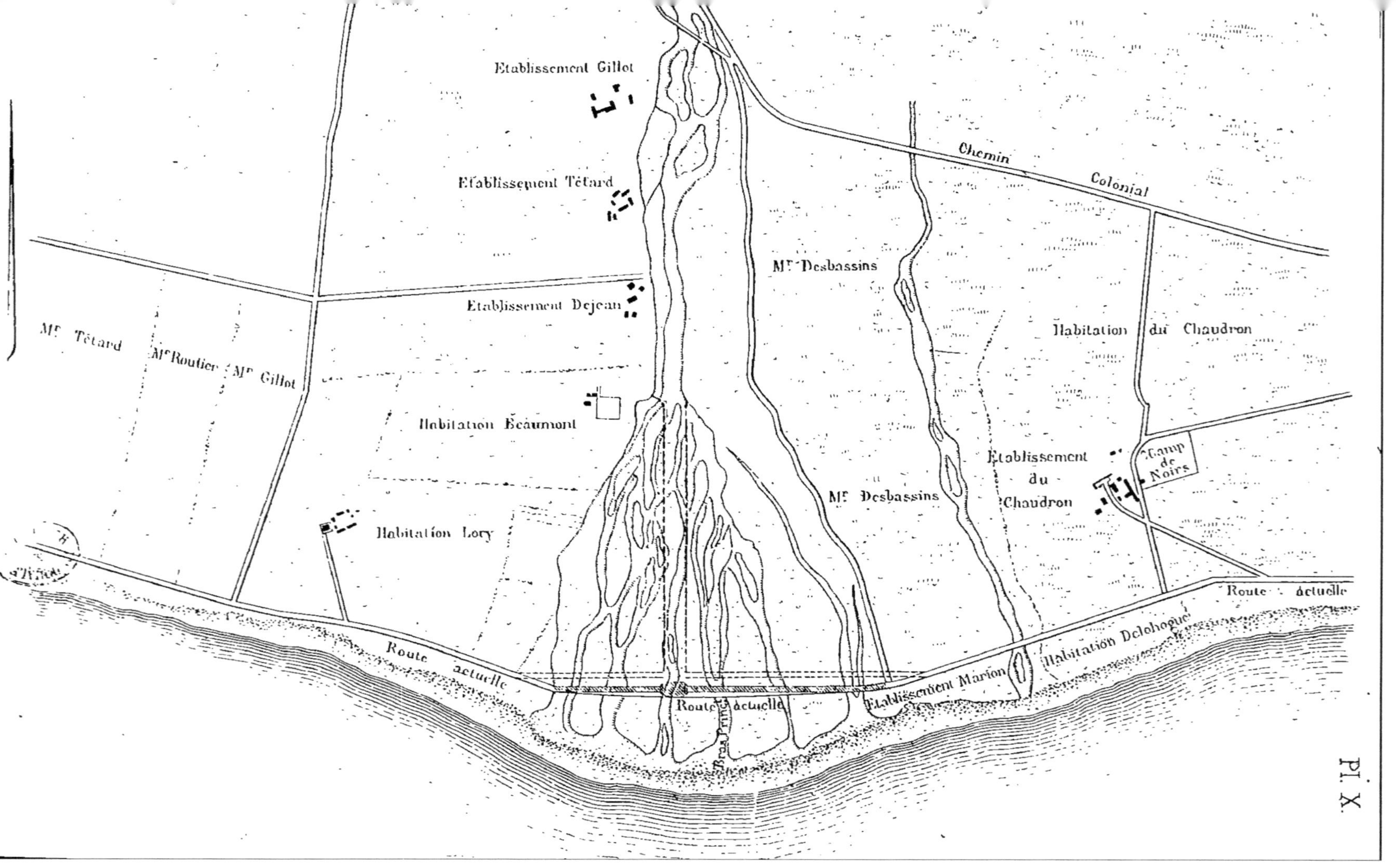
Etablissement Gillot
Etablissement Tétard
Etablissement Dejean
Mr Tétard
Mr Routier
Mr Gillot
Habitation Beaumont
Habitation Lory
Route actuelle
Route actuelle
Bras Princ
Etablissement Marion
Habitation Delohogue
Route actuelle
Mr Desbassins
Mr Desbassins
Chemin Colonial
Habitation du Chaudron
Etablissement du Chaudron
Camp de Noirs
Pl. X.

Cascade de la Ravine à malheur.

Bord de la mer.

PL. XIII.

Fig. 1. Fig. 2

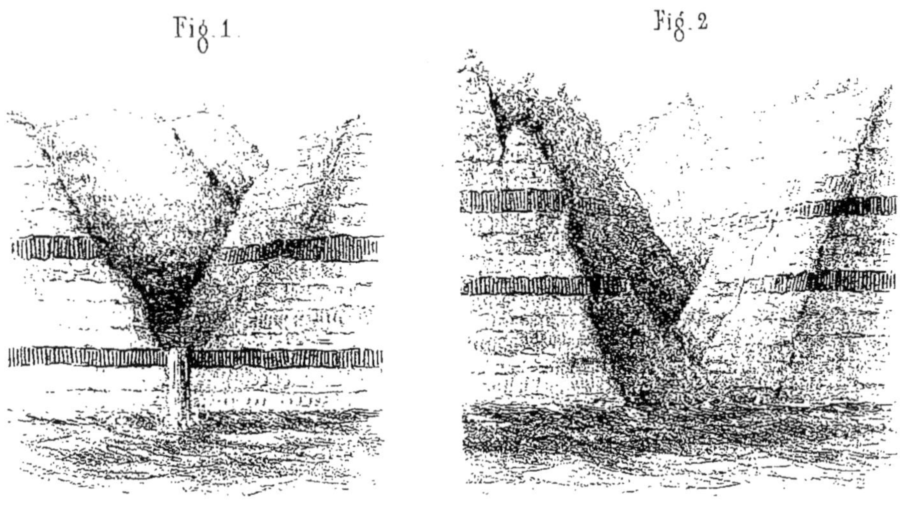

Fig. 3.

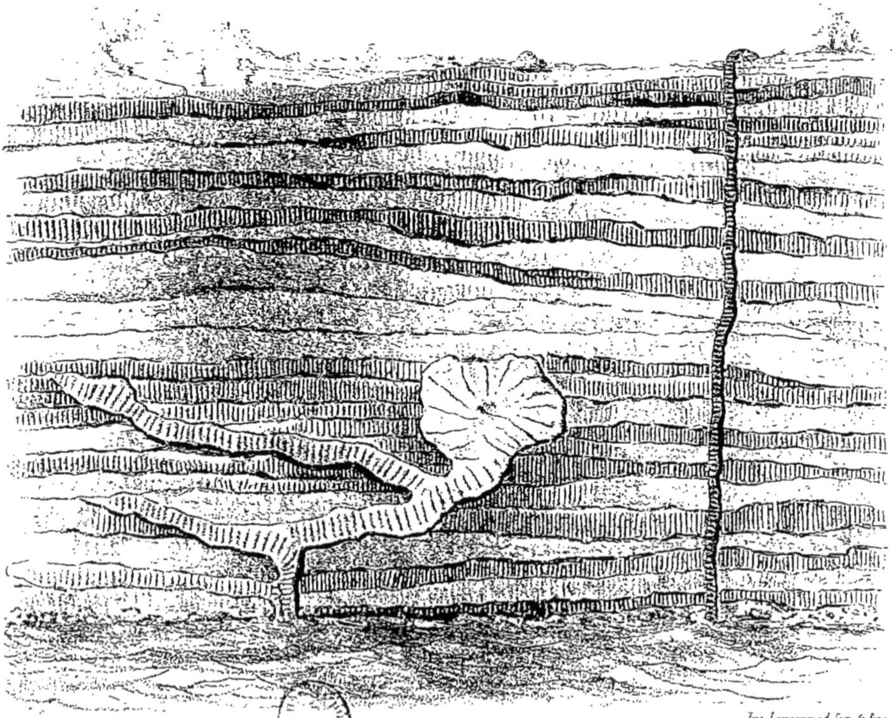

Imp. Lemercier r. de Seine 57 Paris

Le cap Bernard.

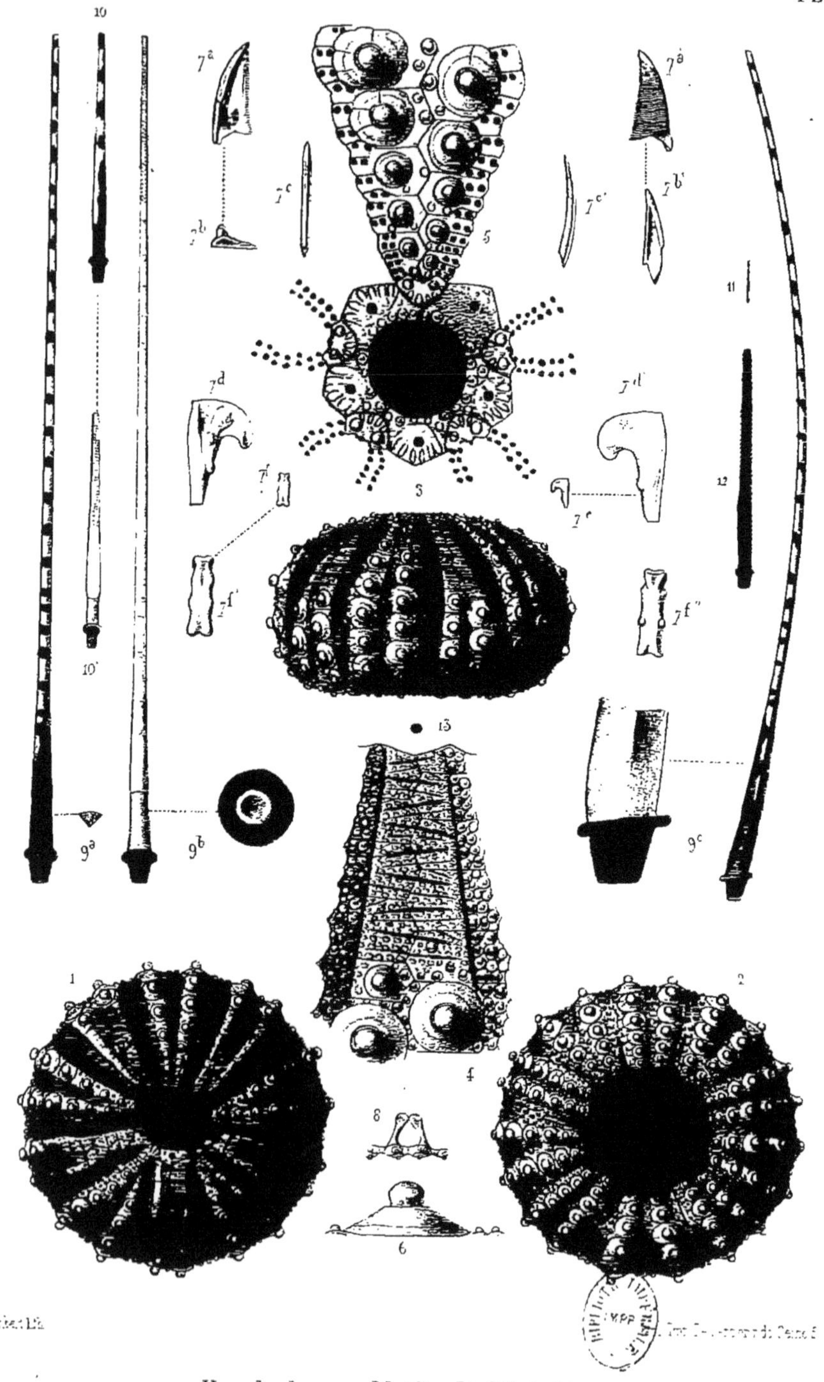

Keraiaphorus Maillardi, Michelin.

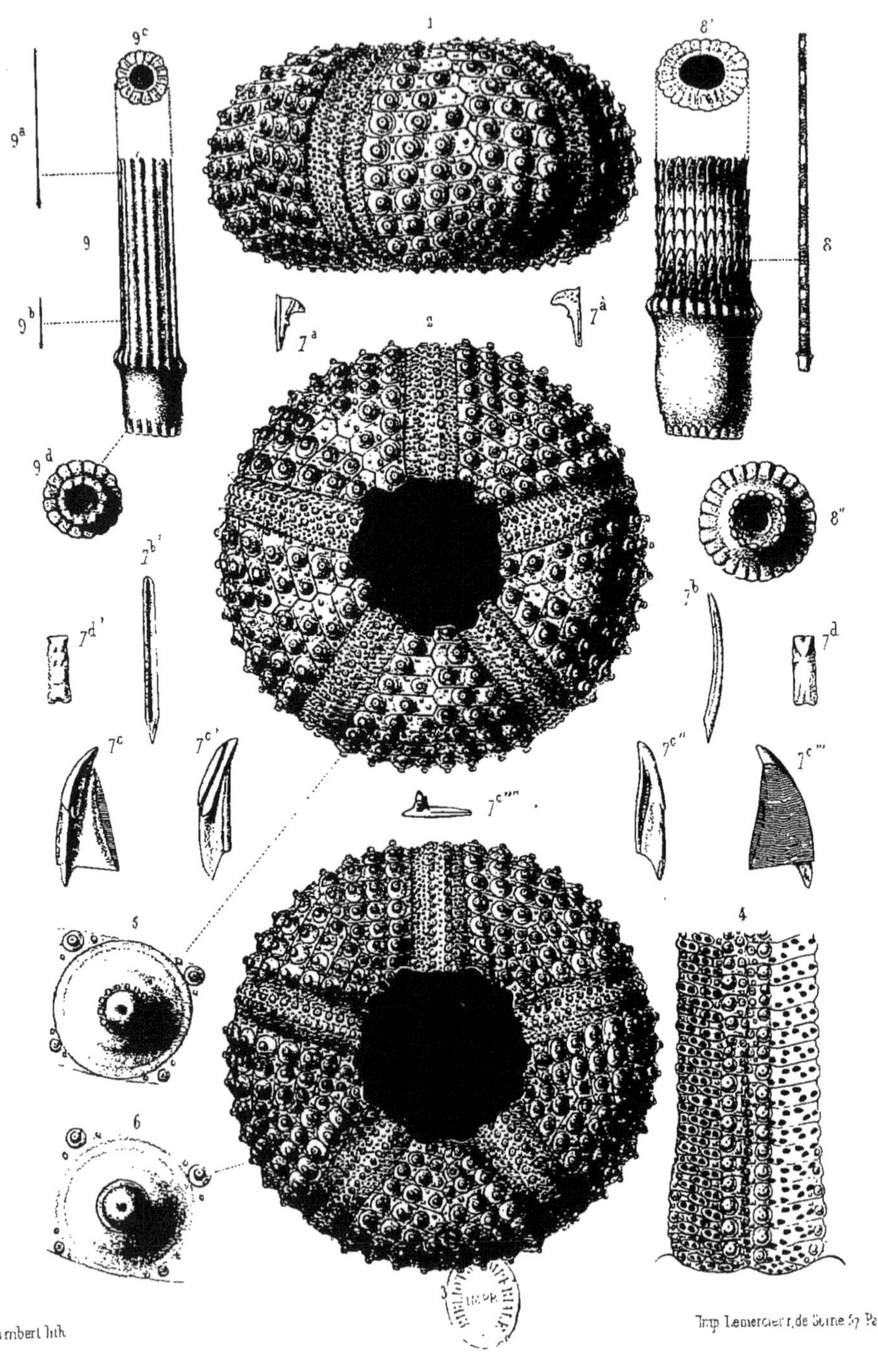

Humbert lith.

Imp. Lemercier r. de Seine 57 Paris

Savignya Frappieri, Michelin.

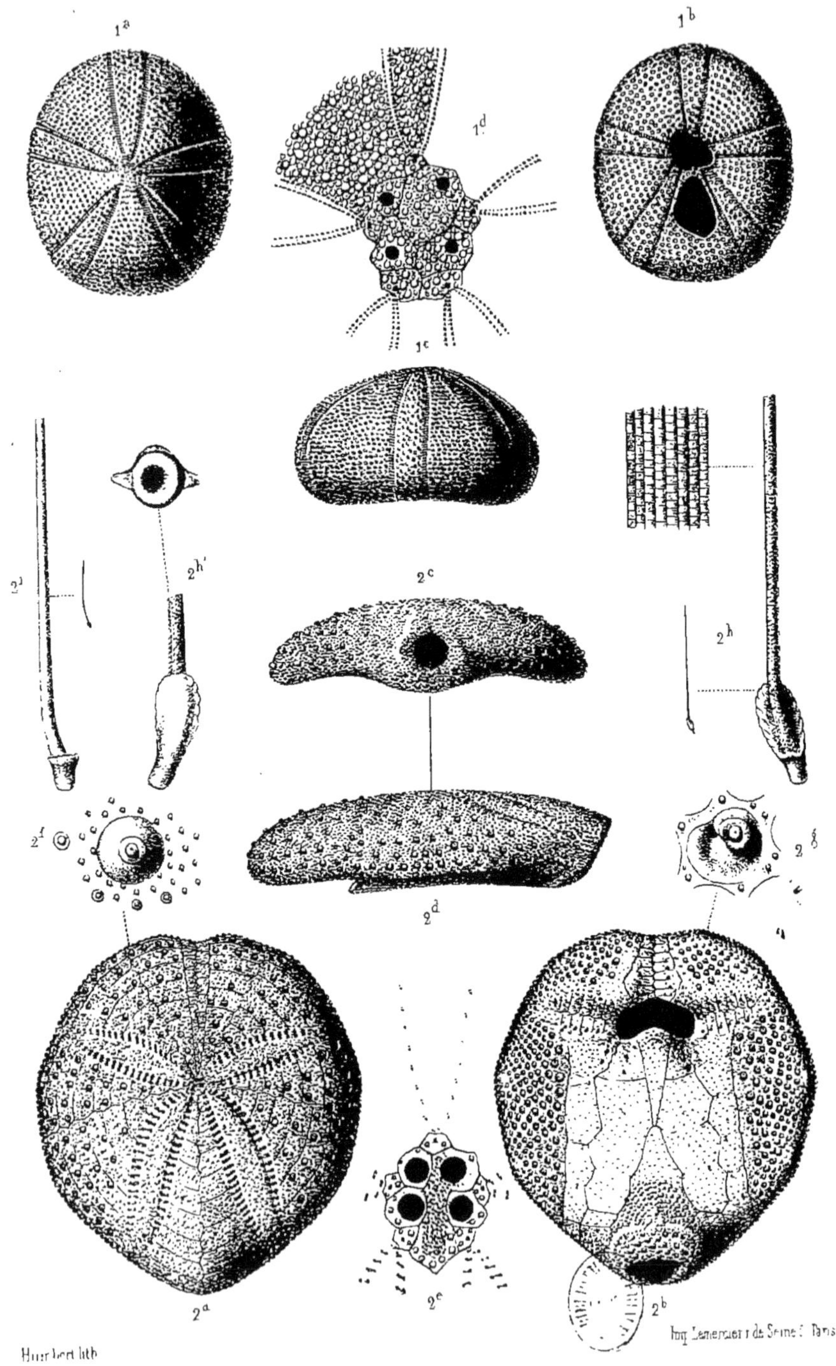

1 Echinoneus crassus, Agassiz.

2 Hemipatagus Mascareignarum, Michelin.

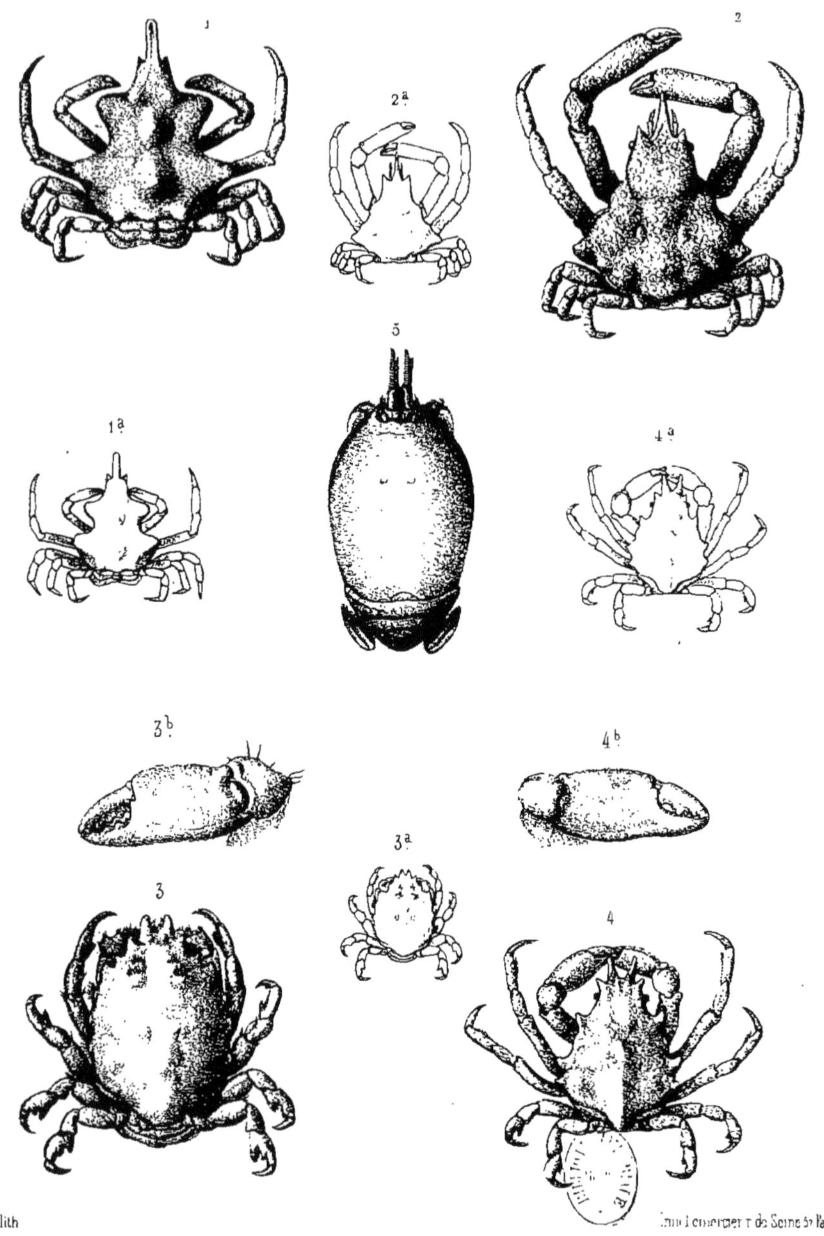

Humbert lith

Imp. Lemercier r. de Seine 57 Pa

1 Huenia Depressa. 2 Menœthius Rugosus.
3 Acanthonyx Consobrinus. 4 A. Limbatus.
5 Remipes Ovalis.

PL. XV.

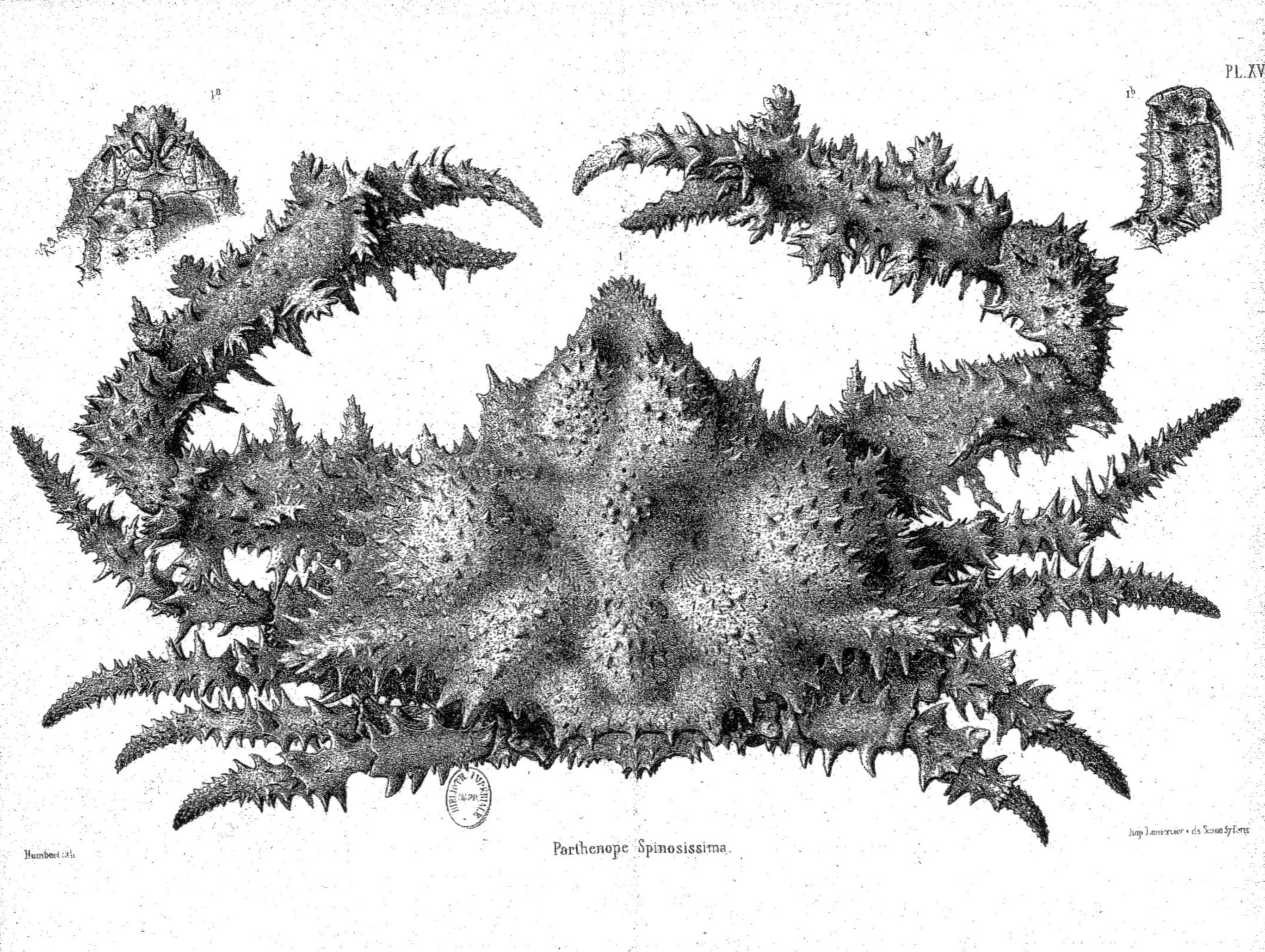

Humbert lith.

Parthenope Spinosissima.

Imp. Lemercier & Cie Paris

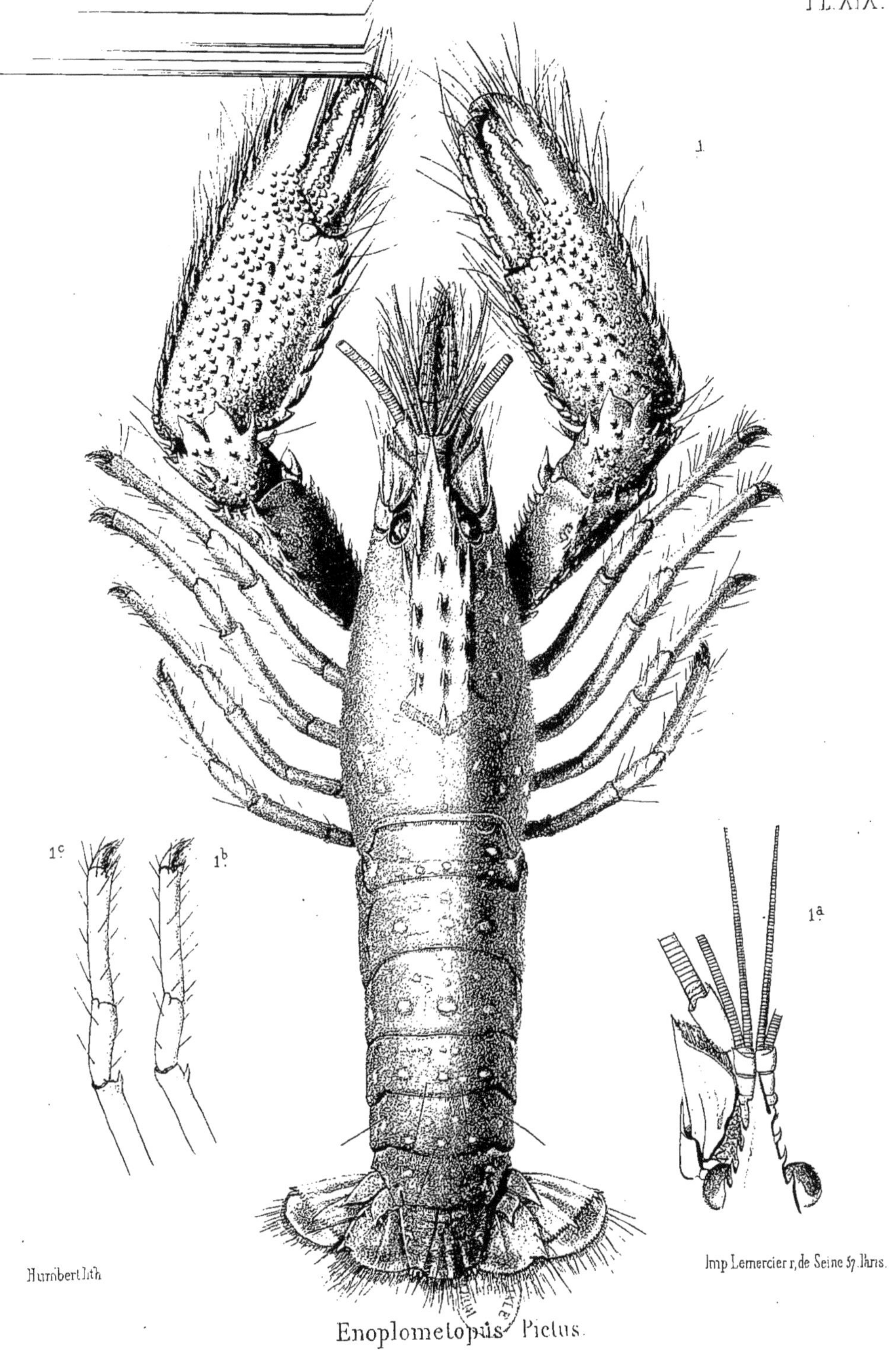

Humbert lith

Imp Lemercier r, de Seine 57, Paris.

Enoplometopus Pictus.

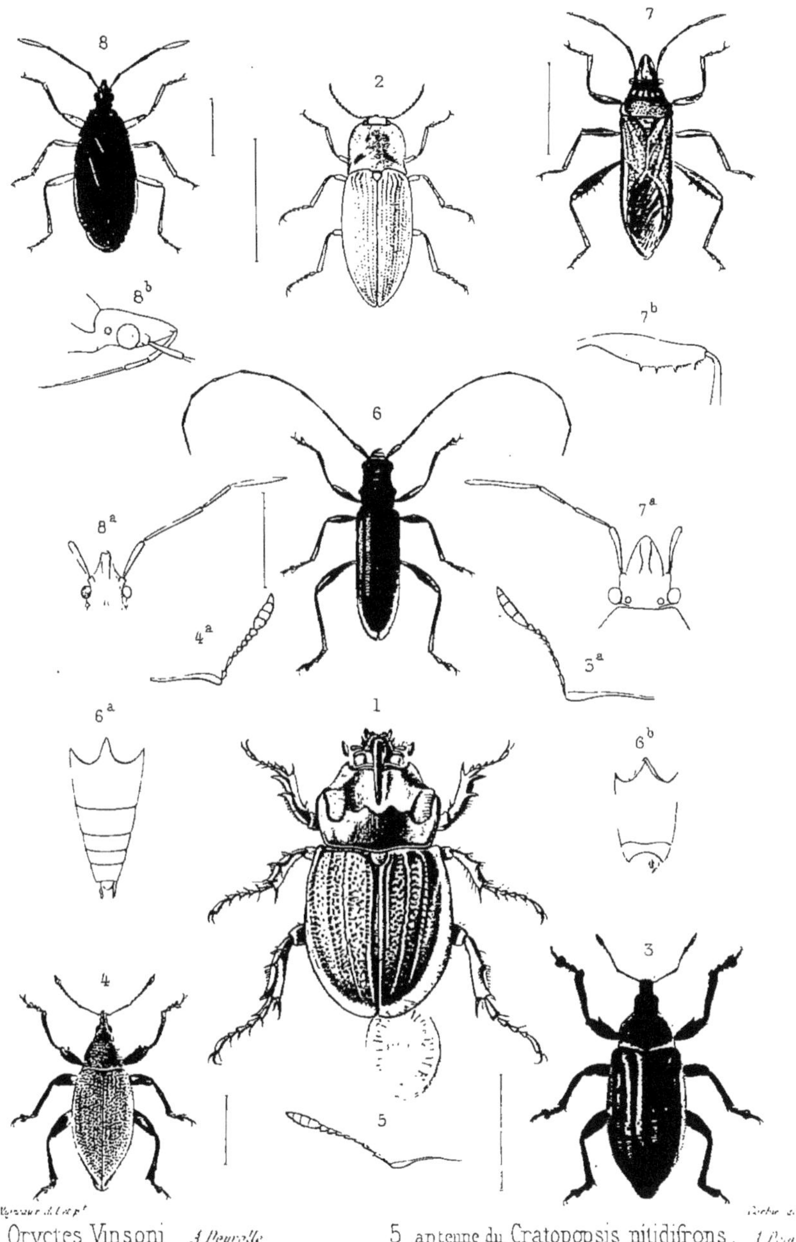

J. Migneaux del. Lith. Corbie sc.

1 Oryctes Vinsoni A. Peyrolle
2 Lacon Maillardi A. Peyr.
3 Cratopus septemvittatus A. Peyr.
4 ——— Sandi A. Peyr.
5 antenne du Cratopopsis nitidifrons. A. Peyr.
6 Anisogaster flavicans. A. Peyr.
7 Daclera punctata Sign.
8 Clerada apicicornis Sign.

Imp. Geny Gros Paris

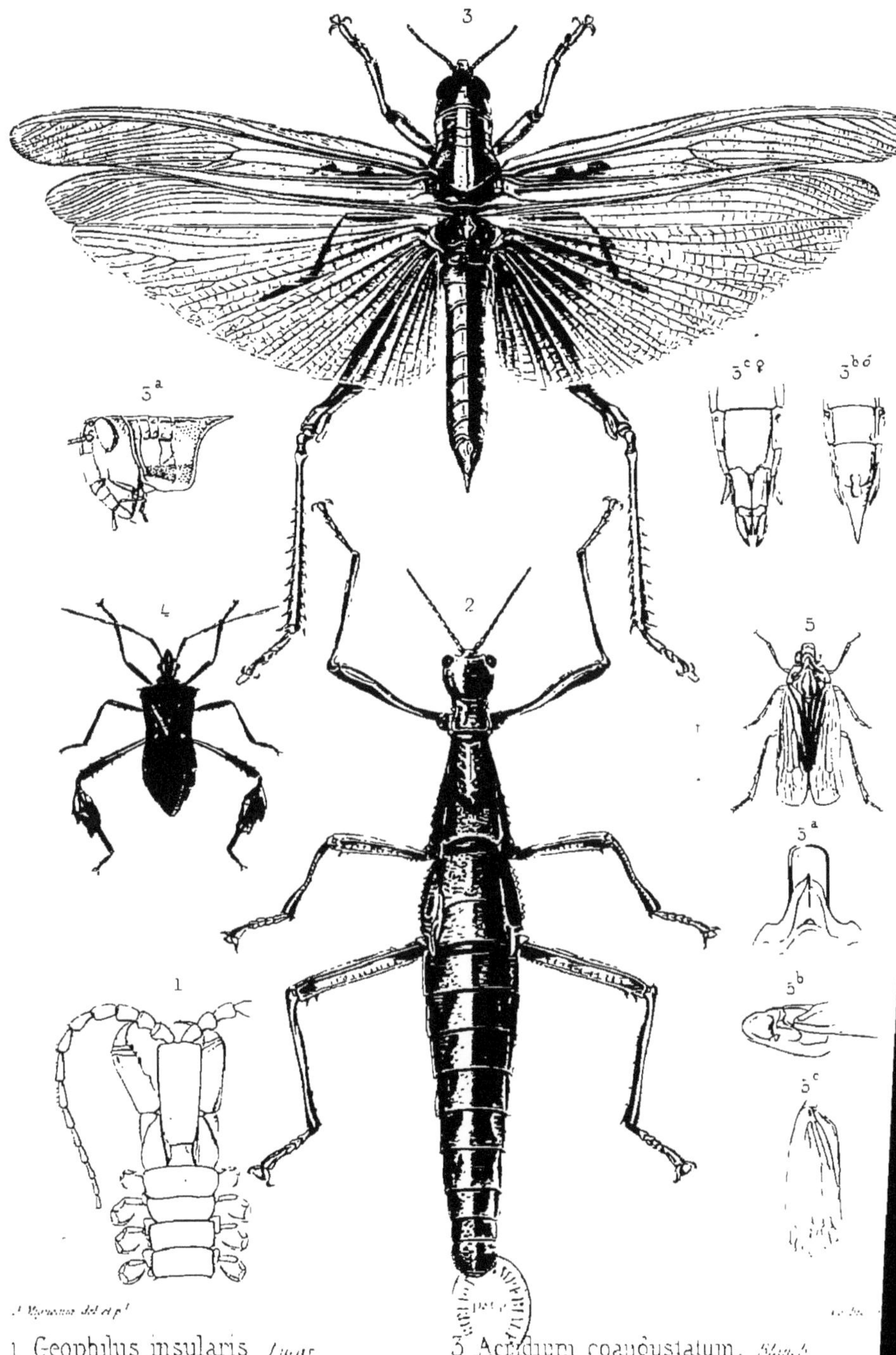

1 Geophilus insularis
2 Monandroptera spinigera
3 Acridium coangustatum
4 Anis[illegible]lis flavopunctatus
5 Cla[illegible]a unicolor

Pl XXII

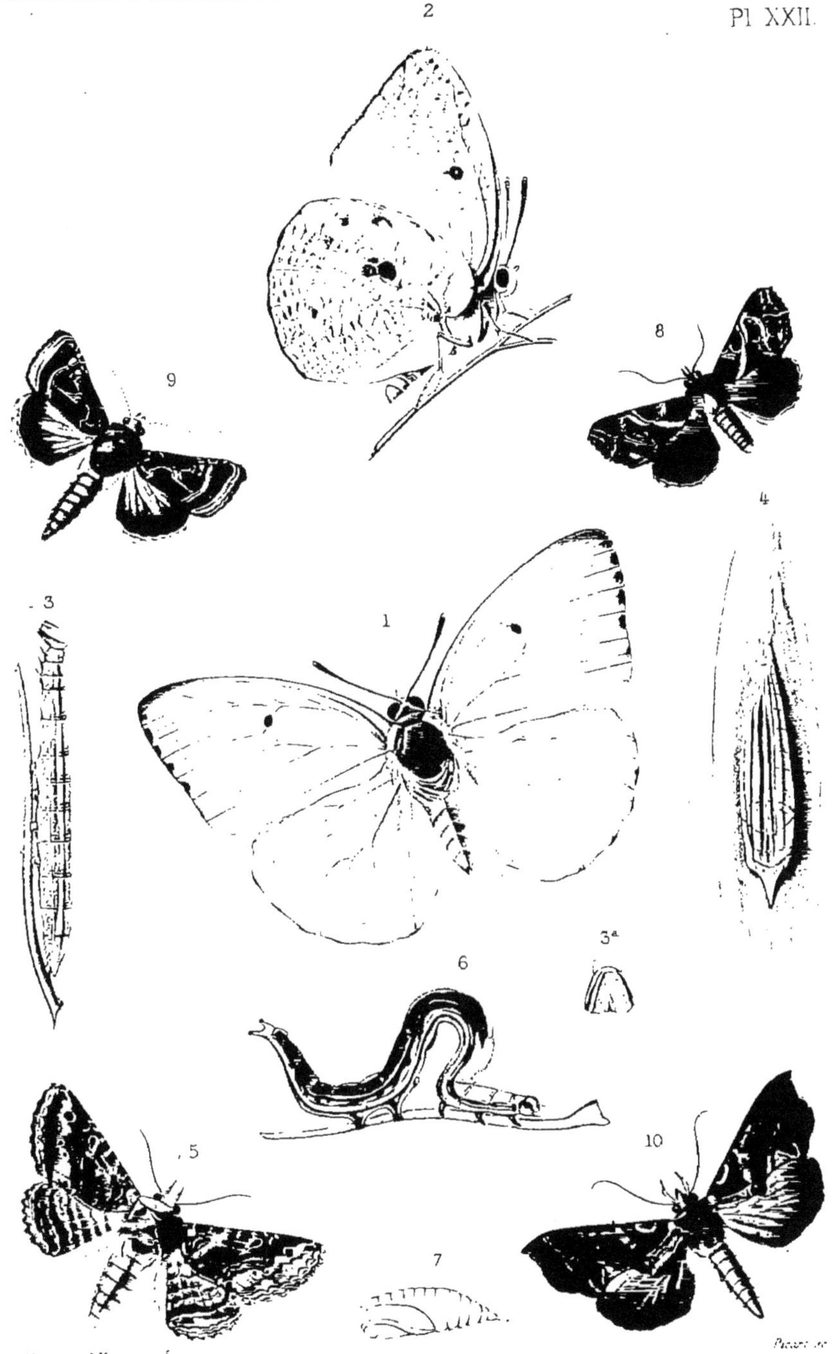

1. 2. Callidryas Florella Var ♀
3. 4. Hesperia Borbonica (Chenille)
5. 6. 7. Homoptera Vinsonii
8. Eriopus Maillardi
9. Plusia G Roseum
10. Odontina Excavata

1 Ophisma Klugii. Var — 4. Hypopalpis Perforaria. ♀
2. — — Trapezoides — 5 Boarmia Acaciaria Var ♀
3. Hypopalpis Terebraria. ♂ — 6 Cymoriza Upupalis
7 Phycis Irisella.

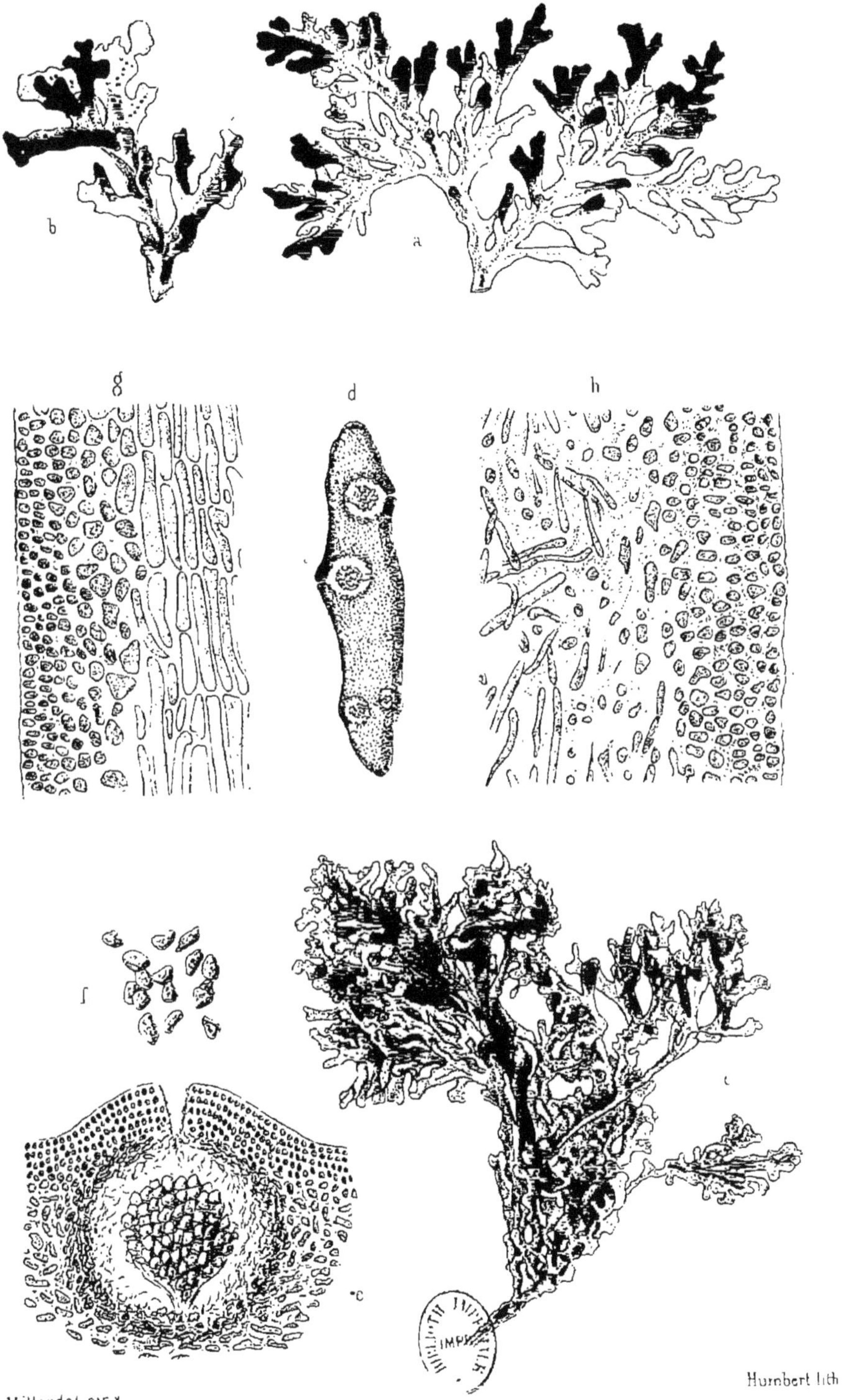

Millardet pinx.

Humbert lith.

Phyllophora Maillardi M. et M.

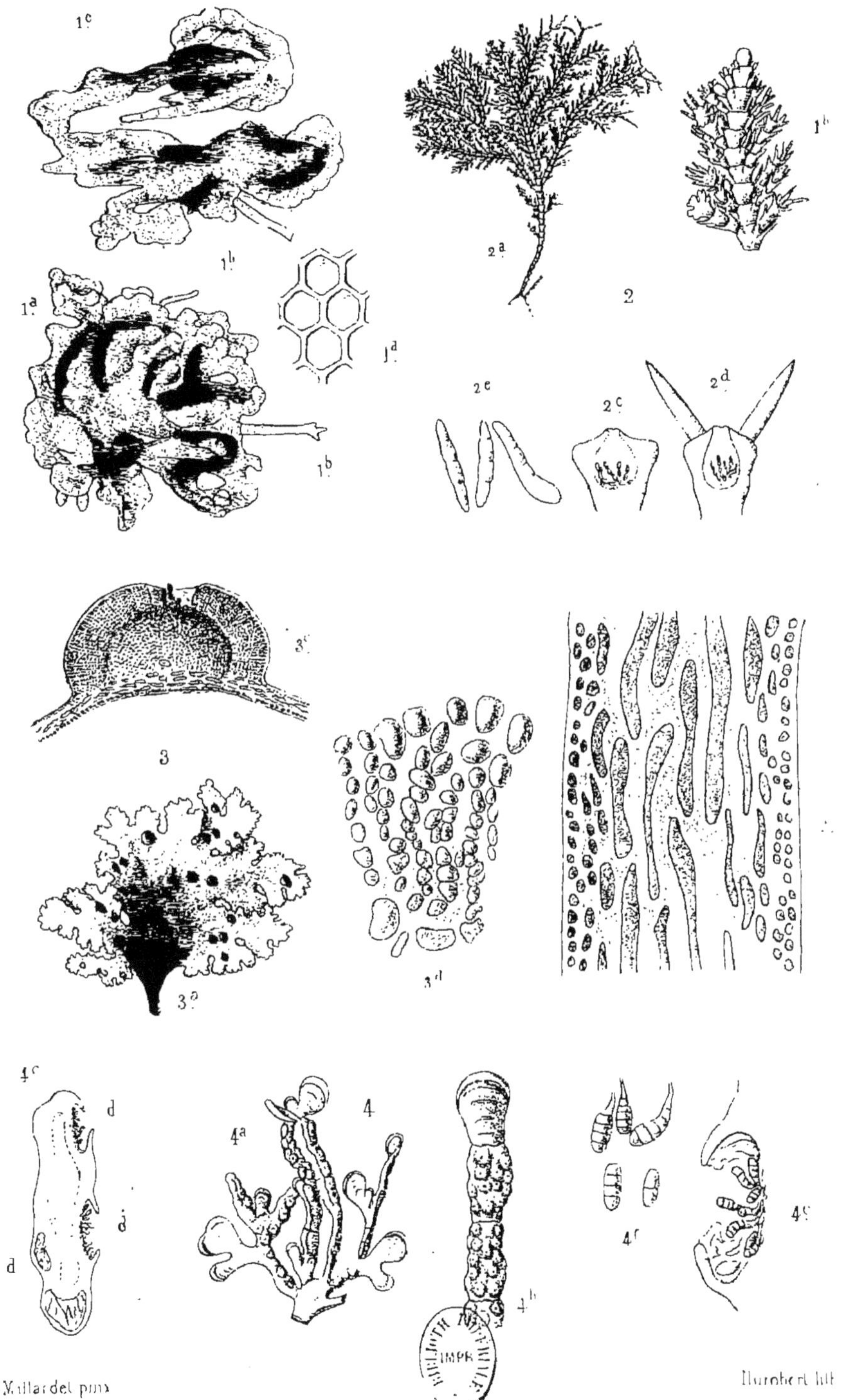

Millardet pinx.   Humbert lith.

1 Dictyosphæria enteromorpha M. et M.   2 Corallina polydactyla M. et M.
3 Rhodymenia Millardetii Mntg.   4 Amphiroa ungulata M. et M.

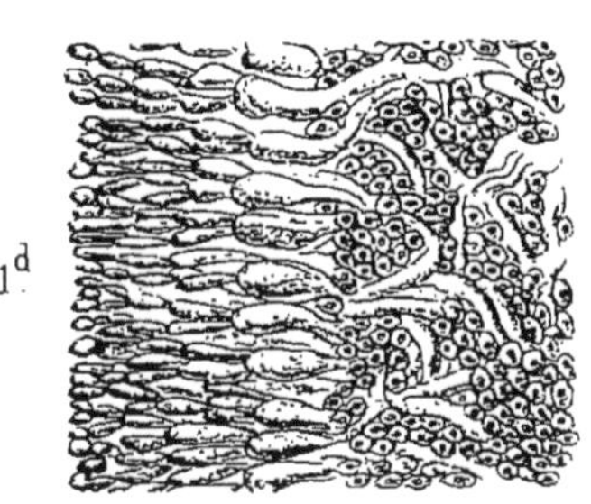

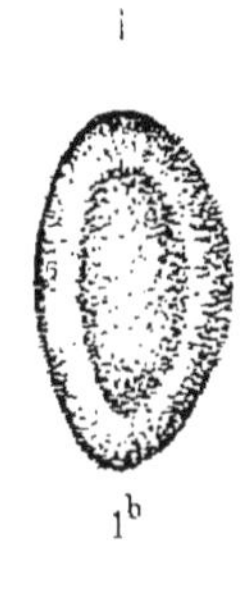

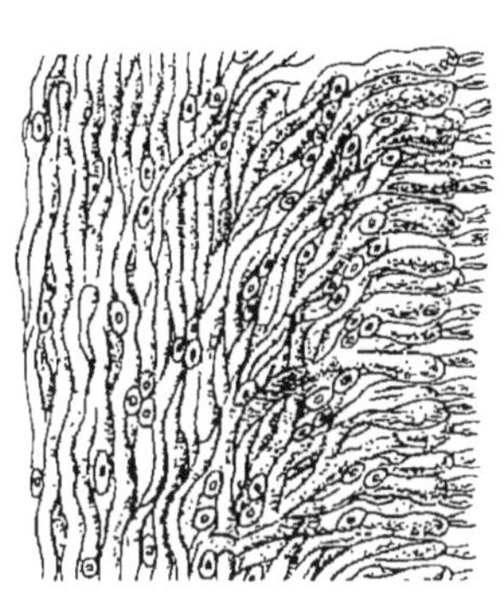

2

2a

2b

2c

Millardet pinx

1. Cladosiphon Frappieri M. et M.
2. Pachycarpus Morelii M. et M.

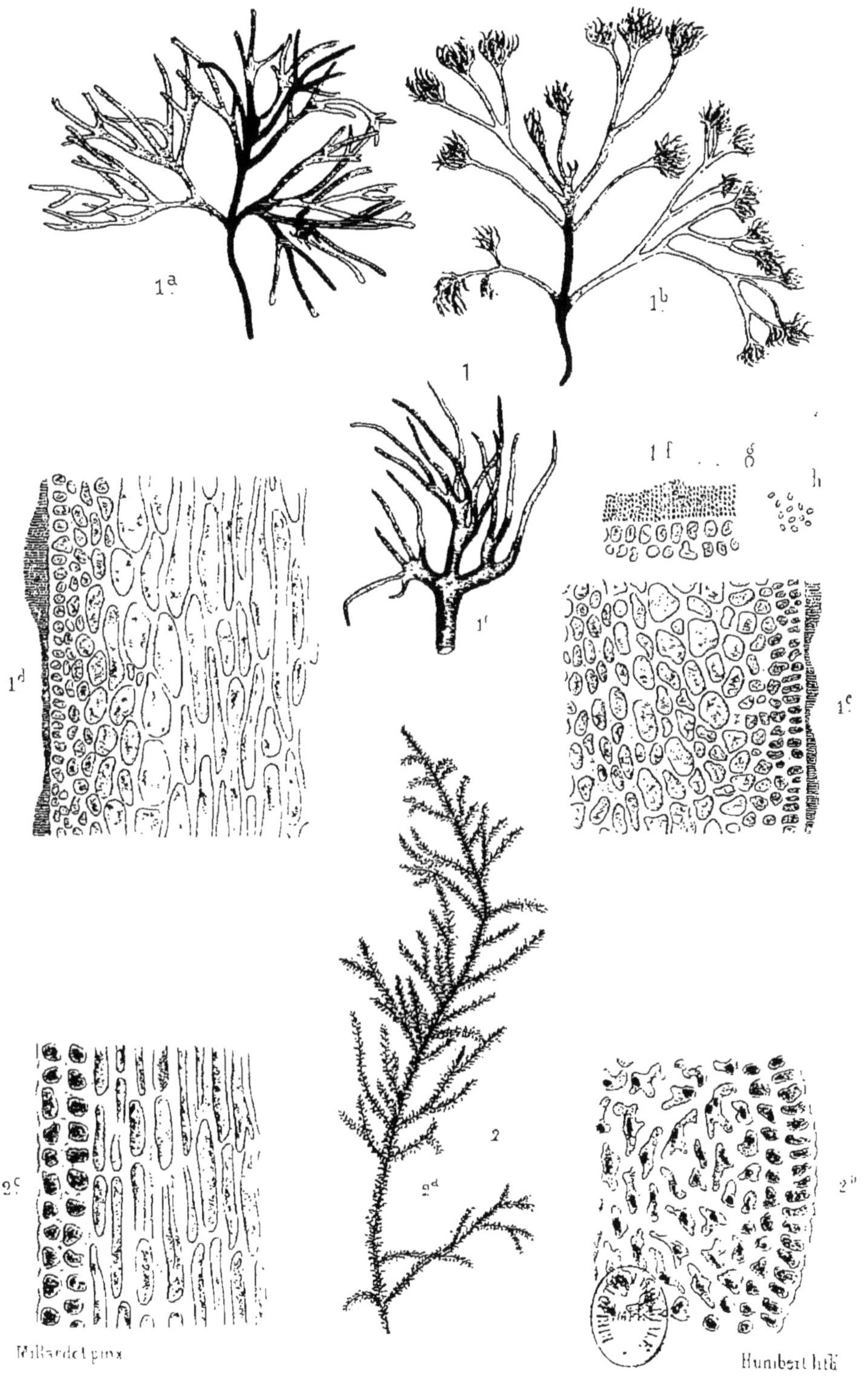

1 Gelidium Scoparium M et M.
2 Polycladia Commersonii Mntg.

www.ingramcontent.com/pod-product-compliance
Ingram Content Group UK Ltd.
Pitfield, Milton Keynes, MK11 3LW, UK
UKHW020442200726
13857UKWH00002B/534

9 782012 924475